Kathinka Beckmann, Franziska Breitfeld,
Claus Gollmann, Vera Morawetz, Katja Werner

Kindeswohlgefährdung – was kommt danach?

Ein multidisziplinärer Blick auf die Werdegänge 478 gewaltbelasteter Kinder und ihre Hilfesysteme auf Grundlage der KiD-Verlaufsstudie

Bibliografische Information der Deutschen Nationalbibliothek

Die Deutsche Nationalbibliothek verzeichnet diese Publikation in der Deutschen Nationalbibliografie; detaillierte bibliografische Daten sind im Internet unter http://dnb.d-nb.de abrufbar.

Die Realisierung des dritten Durchgangs der KiD-Studie sowie die Publikation wurden finanziell durch die Deutsche Kinderhilfe e.V. ermöglicht, wofür sich das Forschungsteam und das KiD herzlich bedanken.

www.wochenschau-verlag.de

Umschlaggestaltung: Ohl Design
Gedruckt auf chlorfrei gebleichtem Papier
Gesamtherstellung: Wochenschau Verlag
ISBN 978-3-7344-1158-8 (Buch)
E-Book ISBN 978-3-7344-1159-5 (PDF)

Inhalt

Ein Datensatz – drei Zugänge

Einführung

Hinter der großen Datenmenge der Verlaufsstudie der Düsseldorfer Diagnoseeinrichtung für gewaltgeschädigte Kinder „Kind in Diagnostik" (KiD) stehen 478 reale Kinder, die alle eine Gemeinsamkeit verbindet: Sie waren für viele Wochen Bewohner*innen einer Intensivgruppe in Düsseldorf. Einige von ihnen waren zum Zeitpunkt der Aufnahme gerade einmal drei Jahre alt, einige schon zwölf und die meisten im Grundschulalter. Doch egal welchen Alters hatten sie alle zu diesem Zeitpunkt schon Gewalt in unterschiedlichen Formen, oft durch ihr nahes soziales Umfeld, erdulden müssen. Die Studie eröffnet Einblicke in drei Lebensabschnitte der Kinder: Welche Unterstützungsleistungen der Kinder- und Jugendhilfe waren aufgrund von beobachteten Auffälligkeiten schon *vor* der Aufnahme seitens der zuständigen Jugendämter installiert worden; welche Informationen über ihr Erleben geben die Kinder *während* des Aufenthalts über Verhaltensäußerungen sowie auf anderen Wegen von sich preis und wie geht es *nach* der stationären Unterbringung im KiD für sie weiter. Mit anderen Worten: es können Aussagen zu den Wegen der Kinder im Jugendhilfesystem formuliert werden; der Diagnostikprozess im KiD lässt sich abbilden und die damit verbundenen Einschätzungen und Empfehlungen, wie es für das einzelne Kind weitergehen sollte, werden transparent. Sichtbar wird nicht nur die Geschichte oder besser der Leidensweg der Kinder, sondern auch wer – manchmal wie viele – ihn verursacht hat/haben. Die Stationen nach der Entlassung können zumindest für die meisten Kinder (bezogen auf weitere Jugendhilfemaßnahmen) rekonstruiert werden.

Die KiD-Verlaufsstudie entstand im Rahmen meiner Doktorarbeit in den Jahren 2005 bis 2008 und verfolgte einen sozialpädagogischen Blickwinkel, der politikwissenschaftlich gerahmt war. Schon damals und dann verstärkt bei der ersten Weiterführung im Jahr 2012 ist deutlich geworden, dass der Datensatz Zugänge zu weiteren Erkenntnissen eröffnet, die ich selbst qua fehlender Expertise nicht weiterverfolgen kann. Vor diesem Hintergrund kam 2018 bei der Vorbereitung der zweiten Weiterführung der Studie die Idee auf, der Fülle an Informationen durch eine konsequente Perspektivenerweiterung Rechnung zu tragen.

Ein sich schon 2006 im Datensatz abzeichnender Umstand war der Zusammenhang von Eltern, die in ihrer eigenen Kindheit Gewalt erleben mussten, und der Weitergabe dieser oft traumatischen Erfahrungen an die eigenen Kinder z.B.

durch Schläge in der Erziehung. Der Aspekt der transgenerationalen Gewaltweitergabe ist schon in einigen Publikationen meist in Einzelfallstudien beleuchtet worden; die KiD-Studie kann hier zur Erkenntniserweiterung einen wichtigen Beitrag leisten, da sie – traurigerweise – mit 478 Werdegängen über einen ausgesprochen großen Datensatz verfügt. Vera Morawetz und Claus Gollmann gehen in ihrem Beitrag nicht nur dieser Thematik nach, sondern setzen sich mit bisher kaum diskutierten Risikofaktoren (wie beispielsweise falsch verstandenem Datenschutz oder zu lang andauernder stationärer Unterbringung) für die Werdegänge von Kindern mit belastenden Erfahrungen auseinander. Sie nehmen hierbei eine psychologisch-therapeutische Perspektive ein.

Die meisten Impulsgeber*innen für die Aufnahme der 478 Kinder ins KiD befürchten, dass das Kind Opfer sexualisierter Gewalt geworden ist. Insofern lag ein besonderes Augenmerk der Studie von Beginn an nicht allein auf der Überprüfung dieser Verdachtsäußerung, sondern auch auf der während des Diagnostikprozesses feststellbaren Täter*innenschaft. An dieser Stelle fiel bei einer der ersten Sichtungen des Datenmaterials 2019 auf, dass sich eine Verschiebung in der Gruppe der schädigenden Personen abzeichnet: Waren bislang wenig überraschend die leiblichen Väter und die neuen Lebenspartner der Mütter die zwei Haupttätergruppen, so wurden diese nun deutlich von den Müttern „überholt". Angewachsen war auch die Zahl der übergriffig gewordenen Geschwisterkinder, die nun die viertgrößte Gruppe bilden. Diesem Befund gehen unter kriminologisch-juristischer Perspektive Franziska Breitfeld und Katja Werner nach. Sie diskutieren, wie sich sexuelle Geschwistergewalt auf die Werdegänge der betroffenen Kinder, aber auch auf die übergriffigen Geschwister, ihre Familien und die zuständigen Hilfesysteme Jugendhilfe und Strafjustiz auswirkt.

Der sozialpädagogisch-politikwissenschaftliche Blick meinerseits wird beibehalten, aber mit einem neuen Fokus versehen: Stand bisher die Abhängigkeit der kindlichen Werdegänge von der kommunalen Haushaltssituation im Vordergrund, so diskutiert der vorliegende Beitrag die Wichtigkeit einer sozialpädagogischen Falleinschätzung, die zu einem früheren Zeitpunkt eventuell die Aufnahme in ein stationäres Krisenzentrum überflüssig gemacht hätte. Daneben gewinnt der Blick auf die mittlerweile erwachsenen Kinder an Bedeutung, der die Frage von „Wirksamkeit von Jugendhilfemaßnahmen" nicht neu stellt, aber zumindest für die Gruppe der hier betrachteten Kinder mit belastenden Erfahrungen Tendenzen abbilden kann.

Köln, im April 2020,
Kathinka Beckmann

KATHINKA BECKMANN

Odysseen im Jugendhilfesystem:

Werdegänge im Kontext struktureller Problematiken

1. Einleitung

In fast allen Kitas und Schulen lassen sich Kinder bzw. Familien finden, bei denen das Jugendamt eine unterstützende Maßnahme installiert hat. Bei einigen Kindern kommt mehrmals pro Woche eine sozialpädagogische Familienhilfe oder ein Erziehungsbeistand vorbei, andere Kinder leben vielleicht nicht mehr bei ihren Herkunftseltern, sondern in einer Pflegefamilie oder in einer Wohngruppe. Mitunter gewinnen dabei Erzieher*innen oder Lehrer*innen den Eindruck, dass das Jugendamt „nicht genug" oder „nicht das Richtige" tut. Dieser Eindruck ist leider nicht immer falsch – warum das nicht ursächlich den Jugendämtern zuzuschreiben ist und vor allem welche langfristigen Effekte sich dadurch bei dem betroffenen Kind ergeben können, will dieser Beitrag unter Bezugnahme auf ausgewählte Ergebnisse der KiD-Verlaufsstudie (KiD-VS) klären.

Die KiD-VS nimmt die Werdegänge von insgesamt 478 Kindern in den Blick, die seit Gründung der stationären Krisengruppe im Jahr 1994 bis zum Stichtag 31.03.2018 dort untergebracht waren. Die gemeinnützige Einrichtung für Kinder im Alter von vier bis zwölf Jahren hält zwölf Plätze vor. Das KiD wird entlang des sozialwirtschaftlichen Dreiecks als spezialisierte Intensivgruppe vom Jugendamt beauftragt, für das Kind und seine Familie ein differenziertes und auf die individuelle Lebensgeschichte ausgerichtetes Hilfsangebot zu erarbeiten. Um diesen Auftrag ausführen zu können, wird das Kind für einen Zeitraum von ca. acht Monaten in der diagnostisch-therapeutischen Krisengruppe untergebracht. Während des Aufenthalts wird eine umfassende Diagnostik des Kinds, seines Entwicklungsstands, seiner Störungsbilder und Verhaltensauffälligkeiten und der bestehenden Problematik in Bezug auf seine Herkunftsfamilie erstellt (Beckmann 2014, 101). Gemäß dieser Befunde spricht die Einrichtung im letzten Hilfeplangespräch eine Empfehlung den weiteren Werdegang des Kinds betreffend aus. Auf Basis dieser Empfehlung kann das Jugendamt als Kostenträger weiterer Maßnahmen sein Handeln ausrichten. Die Studie[1] basiert zum einen

1 Eine ausführliche Beschreibung des Forschungsdesigns findet sich in diesem Buch.

auf einer Analyse der jeweiligen Fallakte zu jedem dort untergebrachten Kind und zum anderen auf einer Werdegangsrecherche, die die Wege der Kinder zum Teil bis ins Erwachsenenalter rekonstruiert.

2. Strukturelle Rahmungen der Jugendhilfe als potenzielles Problem für das einzelne Kind

In Deutschland sind die sozialen Dienste entlang des sogenannten sozialwirtschaftlichen Dreiecks organisiert. Die beteiligten Parteien dieses Dreiecks sind in der Jugendhilfe die Leistungsnutzer*innen (= Kinder, Jugendliche und ihre Sorgeberechtigten), die Leistungserbringer (= freie Träger) und der Leistungsfinanzierer*innen (= Jugendamt als öffentlicher Träger). Die rund 560 Jugendämter erbringen zwar viele Leistungen selbst, doch sehr viel mehr wird an die tausendfach vorhandenen freien Träger wie AWO, Caritas, Diakonisches Werk usw. delegiert. Diese betreiben quasi im Auftrag des öffentlichen Trägers Kitas, Wohngruppen, Erziehungsberatungsstellen, offene Treffs, Schulsozialarbeit oder führen ambulante Hilfen vor Ort durch. Anders formuliert stehen die freien Träger in einem finanziellen Abhängigkeitsverhältnis zum ortsansässigen Jugendamt, woraus sich wiederum ableiten lässt, dass sich finanzielle Engpässe des Jugendamts auf die freien Träger auswirken. Doch wie kann es überhaupt zu finanziellen Engpässen im Jugendamt kommen (Beckmann 2016, 176)?

Im Jahr 2018 sind für die Jugendhilfe bundesweit rund 51 Mrd. Euro aufgewendet worden (KomDat 2019): Gut 66 % flossen davon in den Kita-Sektor, 17 % dienten der Finanzierung der Hilfen zur Erziehung (HzE), also der Erziehungsberatung sowie den ambulanten und stationären Maßnahmen, und weitere 5 % entfielen auf den Bereich der Jugendarbeit wie außerschulische Jugendbildung und -erholung. Die restlichen 7 % wurden für Inobhutnahmen, Hilfen für junge Volljährige und seelisch behinderte junge Menschen benötigt (5 % flossen in „Sonstiges“). Die Antwort auf die Frage, woher die Milliarden eigentlich kommen, zeigt: Knapp 4 % haben die Leistungsberechtigten selbst getragen und zwar durch Teilnahmebeiträge, z.B. bei Freizeiten, oder durch Kita-Gebühren und Kostenbeiträge bei Heimunterbringungen, wenn die Eltern in wirtschaftlicher Lage dazu sind (siehe §§ 91, 93 SGB VIII). Rund 3 % werden durch Mieteinnahmen und Verkäufe gedeckt, 93 % der Aufwendungen werden aus Steuermitteln finanziert (BMFSFJ 2020, 17). Diese öffentlichen Mittel für die Leistungen der Jugendhilfe werden zu 85 % (!) auf der kommunalen Ebene erbracht, 12 % durch die Länder (ohne Stadtstaaten) und 3 % durch den Bund, der z.B. das System der Frühen Hilfen zur Hälfte mitfinanziert. Der genaue Blick auf die

Finanzierungsstruktur des Jugendhilfesystems zeigt also klar, dass die Kommunen die Hauptlast der Finanzierung tragen.

Die fiskalische Situation der Kommunen gestaltet sich allerdings sehr unterschiedlich, da sie ihren grundgesetzlichen Auftrag zur „sozialen Daseinsfürsorge" (Art. 20 GG) selbst finanzieren müssen und dafür im Gegensatz zu Bund und Ländern auf lediglich drei Einnahmequellen zurückgreifen können (Beckmann/Ehlting/Klaes 2018, 22): kommunale Steuern, staatliche Zuweisungen, Gebühren für bestimmte Dienstleistungen. Letztere machen den kleinsten Teil im kommunalen Haushalt aus, da sich die Gebühren zum Beispiel aus der Abfallentsorgung, aus Bußgeldern für Ordnungswidrigkeiten oder auch für die Ausstellung einer Geburtsurkunde ergeben. Die staatlichen Zuweisungen variieren ebenfalls Jahr für Jahr, mal gibt es Sonderzuschüsse für den Kita-Ausbau, mal für marode Brücken. Bei dem größten Einnahmeblock der kommunalen Steuern gewinnt die Einkommenssteuer durch die „überraschend positive Entwicklung auf dem Arbeitsmarkt" (Deutscher Städtetag 2013, 13) zunehmend an Bedeutung, dagegen gefährdet der aufgrund von Insolvenz oder Abwanderung von Betrieben sinkende Anteil der Gewerbesteuer die Finanzhoheit einiger Städte. Die drittergiebigste kommunale Steuer ist die Grundsteuer. Grundsätzlich gilt für die Kommunen, dass die Einnahmen aus dem Bereich der Gebühren und staatlichen Zuschüsse die potenziell auftretenden Verluste aus sinkenden Steuereinnahmen nicht angemessen auffangen können. Hinzu kommt die Problematik, die sich aus der Entwicklung der Ausgabenseite ergibt: Die Ausgaben der Kommunen waren und werden maßgeblich durch den teils dramatischen Anstieg der sozialen Ausgaben geprägt. Trotz der bundesweit festgestellten positiven Entwicklung auf dem Arbeitsmarkt gingen die Ausgaben bei den sozialen Leistungen nicht zurück, was auch im Zusammenhang mit den wachsenden Ausgaben der kommunalen Träger für die konjunkturunabhängigen Leistungen wie eben der Jugendhilfe oder auch der Eingliederungshilfe für Menschen mit Behinderung verstanden werden muss. Der Deutsche Städtetag konstatierte schon im Jahr 2013 eine Investitionsschwäche der Kommunen sowie einen „sich weiter vergrößernden Anteil der sozialen Leistungen. Diese betragen mittlerweile mehr als das Doppelte der Investitionen" (Deutscher Städtetag 2013, 14). Auch wurde für die kommenden Jahre ein stetiger Anstieg der Sozialausgaben prognostiziert, was der Gemeindefinanzbericht von 2017 bestätigt: „Jahr für Jahr steigen die Sozialausgaben der Kommunen um zwei Milliarden Euro oder mehr" (Deutscher Städtetag 2017, 27). Daneben verdeckt der allgemeine Rückgang der Arbeitslosenzahlen die Realität in den sogenannten strukturschwachen Regionen, in denen die anhaltende Erwerbslosigkeit den

Kommunen ein Doppelproblem beschert, da Arbeitslose keine Einkommenssteuer bezahlen und damit aus der Berechnung des kommunalen Anteils an der Einkommenssteuer herausfallen. Diese Einnahmeverluste gehen mit der Ausgabenbelastung für soziale Dienstleistungen einher. Mit den Einnahmen aus den oben skizzierten drei Blöcken müssen die Kommunen ihre Ausgaben decken – falls diese Zielvorgabe nicht erreicht wird, sich die Kommune also verschuldet, verliert sie ihre Haushaltsautonomie und wird gemäß der Gemeindehaushaltsverordnung dem zuständigen Haushaltssparkommissar des jeweiligen Bundeslands unterstellt. Ein Haushaltssicherungskonzept oder gar ein Nothaushalt bedeutet für eine Stadt faktisch das Ende der handlungsfähigen Selbstverwaltung; für den sozialen Bereich bedeutet es vor allem ‚mehr Verwaltung als Gestaltung'. Kredite gelten auf der kommunalen Ebene als letztrangiges Deckungsmittel und dürfen nur bei Unmöglichkeit einer anderen Finanzierung aufgenommen werden. Mit anderen Worten darf eine Stadt nur ausnahmsweise zur Überbrückung von Liquiditätsengpässen einen Kassenkredit aufnehmen. Nach der Finanzkrise ließ sich ein rasantes Anwachsen der kommunalen Kassenkredite beobachten, was mit einer strukturellen Unterfinanzierung der untersten föderalen Ebene zusammenhing (Deutscher Städtetag 2013, 20). Viele Gemeinden sehen sich mit den Altschulden dieser schwierigen Haushaltsjahre konfrontiert:

> Die Altschulden stellen nach wie vor ein nur begrenzt beherrschbares Risiko in den Haushalten der betroffenen Städte dar. Ein nachhaltiges Abtragen dieser Schulden ist selbst langfristig nicht in Sicht. Hohe Altschuldenbestände sind keinesfalls vorrangig Ergebnis eigener kommunaler Entscheidungen, sondern vielmehr Ergebnis eines langen Prozesses aus wirtschaftlichen Entwicklungen, Strukturkrisen vor Ort und nicht bzw. nicht rechtzeitig gelungenem Strukturwandel. (Deutscher Städtetag 2017, 29)

Insgesamt betrachtet waren die Kommunen über Jahre hinweg folgendem Problemzusammenhang ausgesetzt: Bundes- und Landesgesetzgeber haben den Städten in wachsendem Umfang Aufgaben in den Bereichen Jugendhilfe, Abfallentsorgung, Flüchtlingshilfe u.a.m. übertragen, ohne für eine entsprechend ausreichende Finanzierung Sorge zu tragen. Der bundesweite Blick auf die kommunale Landschaft offenbart eine Spaltung in arme und reiche Städte bzw. in strukturschwache und wirtschaftsstarke Regionen. Dies muss im Zusammenhang mit der 2009 gesetzlich verankerten Schuldenbremse gesehen werden, die den Sparzwang in allen Kommunen verschärft hat und die Parole ‚Kostensparen' in den kommunalen Fachbehörden ausrief. An dieser Stelle ist in Erinnerung zu rufen, dass das Jugendamt ebenso wie das Finanzamt oder Bauamt eine Verwaltungseinheit der Stadt ist und damit diesem Effizienzgebot unterliegt. Wie jedes Fachamt beantragt das Jugendamt in der zweiten Jahreshälfte sein Budget für das kommende Haushaltsjahr und über die Höhe des Budgets stimmt das Kommunalparlament ab. Die Einnahmesituation der Kommunen spielt offenkundig eine bedeutende Rolle, so schrieb Schnurr schon 2005:

> Es kann dem unvoreingenommenen Beobachter nicht verborgen bleiben, dass die Entscheidung darüber, ob und wann eine Einzelfallhilfe sinnvoll und notwendig ist, auch davon beeinflusst wird, welche Ressourcen eine Kommune für dieses Arbeitsfeld bereitstellen will und kann. (103)

Wiesner warnte in diesem Zusammenhang bereits 2004 vor einer Steuerung der Jugendhilfe durch Geld (Wiesner 2004, zit. nach ebd.). Aktuell lassen sich Kommunen identifizieren, deren Versuch, dem Sparzwang mit betriebswirtschaftlichen Konzepten zu begegnen, zu einer Schieflage zwischen wirtschaftsnaher und sozialer Infrastruktur geführt hat. Diese Konzepte beinhalten oft Ansätze eines Ausstiegs der Kommune aus der aktiven Gestaltung der sozialen Infrastruktur und können auch als Versuch interpretiert werden, sich von den kostenintensiven sozialen Aufgaben zu entlasten.

Für das einzelne Kind kann sich die skizzierte Finanzierungssystematik, in der das Spardiktat die Fachlichkeit beiseite zu drängen droht, durchaus katastrophal auswirken (Beckmann/Ehlting/Klaes 2018, 26): Grundsätzlich ist für die Jugendämter als öffentlicher Träger der Jugendhilfe die Budgetierung problematisch, da die Hilfebedarfe der Kinder und die damit verbundenen Kosten nicht zu kalkulieren sind. Gelingt das noch bei Vorausberechnungen benötigter Kita-Plätze, versagt das Prognostizieren spätestens bei Gefährdungslagen, die sich individuell ergeben und in der Regel multifaktoriell bedingt sind. Tatsächlich geben also die Kommunen, die mit dem § 79 SGB VIII für die finanzielle und personelle Ausstattung der Jugendämter zuständig sind, viel Geld für die lokale Jugendhilfe aus. Umgekehrt birgt das die Gefahr, dass genau an dieser Stelle Gelder eingespart werden. Einer der größten publik gewordenen Sparversuche war die Dienstanweisung der Oberbürgermeisterin von Halle, die am 03.09.2007 die Mitarbeitenden des Jugendamts anwies, „dass innerhalb von 3 Wochen alle 314 Kinder und Jugendlichen aus stationären Einrichtungen zu entlassen seien“ (Herwig-Lempp 2008, 30). Damit sollte das Jugendamt seinen Beitrag zur Haushaltskonsolidierung leisten. Die Rückführung der 314 Kinder, so wurde berechnet, hätte der Stadt Einsparungen in Höhe von rund 2,19 Mio. Euro gebracht. Durch mutige Fachkräfte im Allgemeinen Sozialen Dienst (ASD)[2] wurde diese Dienstanweisung öffentlich; aufgrund ihrer Rechtswidrigkeit kam sie nicht zur Umsetzung. Neben den als Dienstanweisungen getarnten Sparvorgaben gibt es andere Realität gewordene Formen der Kostenersparnis: Schaut man sich die äußerst differenten Fallzahlbelastungen der Mitarbeitenden in den Jugendämtern an, dann liegt auf der Hand, dass häufig am Personal gespart wird. Es gibt reiche Städte oder strukturstarke Regionen, in denen eine pädagogische Fachkraft für nicht mehr als 25 Kinder und deren Familien zuständig sein darf, um z.B. problematische Kinderschutzfälle rechtzeitig erkennen und diese auch begleiten zu können. Dann gibt es arme Städte oder strukturschwache Regionen, in denen die einzelne Fachkraft für mehr als 100 Kinder und deren Familien zuständig ist, wie z.B. die ASD-Studie von 2018 illustriert (Beckmann/Ehlting/Klaes 2018). Nicht nur bei den Jugendämtern, sondern auch bei freien Trägern lassen sich Einsparmethoden wie das Nichtbesetzen freier Stellen oder das Beschäftigen von „billigem" Personal wie Berufseinsteiger*innen oder nicht ausreichend qualifizierten Honorarkräften beobachten. Daneben gibt es Wege, bei den Leistungen selbst zu sparen: Hilfen werden vorzeitig beendet, Zeitkontingente bei den Familien vor Ort werden runtergefahren und statt der teuren stationären Hilfe wird eine kostengünstigere ambulante installiert, was sich auch in der KiD-VS abzeichnet.

Neben der skizzierten finanziellen Abhängigkeit des Jugendamts von der kommunalen Haushaltssituation kann sich auch die finanzielle Abhängigkeit der freien Träger vom lokalen Jugendamt als problematisch erweisen, welche in Verbindung mit dem 1999 eingeführten Kontraktmanagement steht. Dieses wiederum ist eingebettet in ein System sozialer Dienste, das sich über die letzten zwei Jahrzehnte hinweg zu einem organisierten Wettbewerb entwickelt hat (Beckmann/Ehlting/Klaes 2018, 27 ff.): Motor für diese Entwicklung war die staatliche Haushaltskonsolidierungspolitik der 1980er Jahre. Damals führte die Kritik am überbordenden Sozialstaat mit seinen massiv angestiegenen Sozial- und Staatsausgaben zu der Idee, dem Sozialsektor ein Sparprogramm zu verordnen. Parallel dazu etablierte die EU die Sichtweise, soziale Dienste fortan als Teil

2 Der Allgemeine Soziale Dienst (ASD) ist die Abteilung im Jugendamt, die neben der Trennungs- und Scheidungsberatung, den durchzuführenden Inobhutnahmen und der Bearbeitung aller eingehenden Kinderschutzmeldungen alle ambulanten und (teil-)stationären Hilfen gemäß §§ 27 ff. SGB VIII in der Fallfederführung verantwortet. In einigen Regionen wird der ASD z.B. als Kommunaler Sozialdienst (KSD) bezeichnet; da jedoch in den rund 560 Jugendämtern die Bezeichnung ASD überwiegt, wird sie auch im vorliegenden Beitrag verwendet.

des Wirtschaftssektors zu begreifen, und machte damit das Wettbewerbsprinzip für den Sozial- und Gesundheitssektor auch in Deutschland geltend. Die Verschlankung des Sozialstaats begann in Deutschland unter Aufsicht der Kommunalen Gemeinschaftsstelle für Verwaltungsvereinfachung (KGSt) zu Beginn der 1990er mit der Einführung des Neuen Steuerungsmodells (NSM) in den Kommunen. Das Ziel des NSM lässt sich einfach formulieren: mit weniger Ressourceneinsatz mehr erreichen! Elemente der Reform waren und sind erstens die Einführung dezentraler Führungs- und Organisationsstrukturen, die uns heutzutage u.a. in Form von Bürger*innenbüros begegnen, zweitens der Aufbau einer ‚Neuen Steuerung' durch modernes Personal- und Kontraktmanagement, welches noch näher beleuchtet wird, und drittens die Einführung von Wettbewerb und Kund*innenorientierung, wobei wir Letztere vor allem durch veränderte bzw. verlängerte Öffnungs- und Sprechzeiten der Ämter kennen (Beckmann 2014, 68).

In den Jugendämtern kam die Verwaltungsmodernisierung Ende der 1990er Jahre an und wirkte sich entlang der Logik des sozialwirtschaftlichen Dreiecks auch auf die freien Träger aus:

> Mit etwas Zeitverzögerung nahm das NSM auch Einfluss auf die Jugendhilfe als Teil der Kommunalverwaltung. Die knappen Haushalte der Kommunen schürten die Idee, soziale Dienstleistungen warenförmig zu erbringen und gleichzeitig eine Konkurrenzsituation unter den Leistungserbringern der Jugendhilfe zu etablieren. (ebd.)

Vor diesem Hintergrund wurde im Jahr 1998 das betriebswirtschaftlich gedachte ‚Kontraktmanagement' zu einem Teil der Sozialgesetzgebung und mit dem neu formulierten § 78a–g SGB VIII traten 1999 die „Leistungs- und Entgeltvereinbarungen" in der Jugendhilfe in Kraft. Ziel des Kontraktmanagements (KM) ist die „Verbesserung der Versorgungsqualität bei gleichzeitiger Kostensenkung". Um dieses Ziel zu erreichen, bedient sich das KM zweier Methoden (Beckmann 2016, 179): Zunächst wurde die traditionell bedarfsorientierte Defizitfinanzierung abgeschafft, sodass anfallende Kosten (wenn z.B. eine Maßnahme länger dauert) über das Budget hinaus seitdem von den Einrichtungen selbst getragen werden müssen. Man könnte auch sagen, dass die Leistungsvereinbarungen das Kostendeckungsprinzip abgelöst haben. Das kann in der pädagogischen Praxis bedeuten, dass Unterstützungsleistungen nach fachlichen Gesichtspunkten zu früh beendet werden oder in einem geringeren Stundenumfang erbracht werden als eigentlich notwendig, was sich auch in den Ergebnissen der

KiD-VS abzeichnet. Bei Außenstehenden wie den Lehrenden in den Schulen oder den Fachkräften in den Kitas schleicht sich dann das Gefühl ein, dass das Kind vom Jugendamt nicht die richtige Hilfe bekommt. Mitarbeitende im ASD beschreiben die für ihre Adressat*innen und sie selbst entstandene Situation wie folgt: „Es gab auf einmal Budgets. Wir dürften jetzt unser Geld selbst verwalten, hieß es verlockend. Aber was wir nun selber entscheiden konnten, war nur die Frage, was wir und wo wir in unserem Haushalt die von oben vorgeschriebene Summe einsparen wollten. Denn das Sparen war nun scheinbar das Hauptziel unseres Daseins geworden. Stellen wurden ganz eingespart, Abteilungen zusammengelegt, Projekte gestrichen, Mittel gekürzt. Wir wurden aufgefordert, mehr Synergieeffekte zu nutzen und endlich dafür zu sorgen, dass kostspielige Hilfen und Projekte zugunsten günstigerer Alternativen aufgegeben wurden" (Jugendamtsmitarbeiterin, zit. nach Seithe 2012, 117). Den pädagogischen Fachkräften im ASD hat die mit dem Kontraktmanagement eingeführte Budgetierung neben ihrem bestehenden Doppelmandat aus Hilfe und Kontrolle noch eine weitere Doppelrolle aufgebürdet: Als Angestellte müssen sie die Interessen ihres Arbeitgebers wahrnehmen und möglicherweise zu erreichende Zielzahlen und Budgetvorgaben berücksichtigen; als Sozialarbeitende sind sie einer klient*innenzentrierten Grundhaltung und einer professionellen Autonomie verpflichtet, die sich am gesetzlichen Auftrag der Interessensvertretung ihrer Adressat*innen orientiert (Krone et al. 2009, 10). Diese Rollen kollidieren mitunter heftig – mal ist man ein*e gute*r Mitarbeiter*in z. B. durch die Einhaltung der Budgetvorgaben, die aber ihrem Anspruch auf Fachlichkeit nicht gerecht wird, mal ist man eine gute pädagogische Fachkraft, der genau für diese Fachlichkeit eine Abmahnung droht. In diesem Zusammenhang konstatierte Flösser schon 1996:

> Die im Konzept des Kontraktmanagements angelegte Konzentration von Handlungsmotiven in den Verwaltungen auf ökonomisch-rationale Interessenlagen kollidiert partiell mit professionellen Handlungsstandards in der Sozialen Arbeit, die gerade nicht schematisiert und eindeutig kalkuliert werden können und deren spezifischer Charakter gerade in der flexiblen, individuellen Bearbeitung sozialer Probleme liegt. (Zit. nach Krone et al. 2009, 8)

Das zweite methodische Element des KM war die Einführung des sogenannten Quasi-Markts, auf dem privatrechtlich Leistungsverträge vergeben werden. Mit erstaunlich wenig Gegenwind aus der Fachwelt ist 1999 das Verhältnis zwischen den öffentlichen und freien Trägern jenseits des Subsidiaritätsprinzips neu geordnet worden. Eigentlich will und soll das Subsidiaritätsprinzip gemäß § 4 SGB VIII die in der finanziellen Abhängigkeit vom Jugendamt befindlichen freien Träger durch die korporatistische Einbindung in die Sozialplanung durch die Mitgliedschaft im Jugendhilfeausschuss sowie durch den Vorrang bei den Angeboten der Unterstützungsmaßnahmen stärken, um die freien und den öffentlichen Träger Jugendamt mehr auf Augenhöhe agieren zu lassen. Das KM allerdings schwächt die zahlenmäßig dominierenden freien Träger durch die Einführung einer dritten Gruppe der freien Träger – nämlich die privatgewerblichen – und lässt diese seither in größerer Konkurrenzsituation um ausgeschriebene Hilfen buhlen. Der ‚Jugendhilfemarkt' ist heute flächendeckend Realität, wobei das betriebswirtschaftliche Vokabular wie Produkt, Kund*innen und Wettbewerb von der Tatsache ablenkt, dass es in der Sozialen Arbeit keinen echten Markt gibt, da ‚Kund*innen' als Leistungsnutzer*innen in der Regel eben diese Leistung nicht selbst bezahlen. Die Eltern bzw. Sorgeberechtigten sind gerade nicht souveräne Kund*innen, die sich frei zwischen einer Vielzahl von Produkten entscheiden können, sondern sie sind vielmehr Nutzer*innen unterstützender Maßnahmen, die sie beim Jugendamt als Kostenträger schriftlich beantragen müssen. Die Mitarbeitenden der Jugendhilfe und insbesondere die des ASD müssen sich seither immer wieder vor Augen führen, dass sie die Deklarierung der Klient*innen zu Kund*innen bzw. die Hilfemaßnahme zur sozialen Dienstleistung im Gefährdungsfall nicht von der Ausübung des staatlichen Wächteramts befreit. Die Einführung des Quasi-Markts im Zuge des Kontraktmanagements suggeriert darüber hinaus ‚echte' Konkurrenzverhältnisse, die sich bei genauerer Betrachtung aber nur auf eine Ebene beziehen (Seithe 2012, 140). Die Leistungserbringer, also die freigemeinnützigen oder auch privatgewerblichen Träger, konkurrieren seit 1999 zum Teil sehr hart um den Zuschlag des *einen* Käufers der Leistung, nämlich des zuständigen Jugendamts. Damit haben die Jugendämter als Kostenträger der Jugendhilfeleistungen de facto eine konkurrenzlose Monopolstellung auf dem Quasi-Markt. An dieser Stelle lässt sich schlussfolgern, dass nachvollziehbare Gewinninteressen aufseiten der privatgewerblichen Träger und Kosteneinsparungsinteressen aufseiten des Leistungsfinanziers das eigentlich sozialstaatlich angestrebte Gemeinwohlinteresse verdrängen. Schon im 11. Jugendbericht der Bundesregierung findet sich ein Passus zu dieser Problematik: „Die Einführung der Kosten-Leistungsrechnung kann für die Zusammenarbeit zwischen öffentlichen und freien Trägern zur Konsequenz haben, dass zunehmend allein Kostenaspekte dominieren" (BMFSFJ 2002b, 93). Seit Jahren geben Führungskräfte freier Träger offen zu, „dass fiskalische Aspekte bei der Auftragsvergabe durch öffentliche Träger insgesamt maßgeblicher seien als fachliche Erwägungen“ (Otto/Ziegler 2012, 18).

Tritt man einen Schritt zurück und betrachtet den Quasi-Markt von außen, dann wird der verhängnisvolle Dominoeffekt sichtbar (Beckmann 2016, 180): Der Bund hat seinen Willen zum Sparen z.B. in Form der Schuldenbremse an die kommunale Ebene weitergegeben, die allerdings im Gegensatz zur Landes- und Bundesebene nur einen äußerst begrenzten Spielraum bei ihren Einnahmequellen hat. Da der Einfluss bei den Einnahmen für die Kommunen so begrenzt ist, konzentrieren sie sich auf die Ausgabenseite, was sich bei den Fachämtern in Form von eng gesteckten Budgets und Sparanweisungen ablesen lässt. Im Jugendamt schlägt sich das Spardiktat besonders in der Auswahl des freien Trägers nieder, der letztlich mit dem Kind und seiner Familie vor Ort arbeitet. Am Ende der Kette steht das Kind mit seinen Angehörigen, das je nach Ausmaß des Spardiktats oder der professionellen Widerständigkeit der fallzuständigen Fachkraft entweder die bedarfsgerechte oder die kostengünstige Hilfe bekommt, was sich auch in einigen Ergebnissen der KiD-VS widerspiegelt.

3. Aufwachsen mit und in Jugendhilfemaßnahmen

Die Ausführungen zur Einbettung der Jugendämter in die kommunale Sozial- und Haushaltspolitik sowie der Blick auf die durch das KM veränderte Trägerlandschaft zeigen, dass die Kinder- und Jugendhilfe seit Jahren wachsenden Legitimationsanfragen im Kontext ihrer Wirtschaftlichkeit ausgesetzt ist. Vielerorts hat die damit verbundene Budgetierung zu enormem Druck auf die Mitarbeitenden der ASD geführt, die nun fachlich bedarfsgerechte und oft kostenintensive Maßnahmen gegen Sparvorgaben durchkämpfen müssen. Neben knappen Budgets sehen sich viele Fachkräfte steigenden Fallzahlen bei oft gleichbleibender Personaldecke ausgesetzt. Betrachtet man die Situation der Fachkräfte im ASD, die fallfederführend über den Einsatz einer Hilfeleistung für das Kind und seine Familie entscheiden, drängt sich die Frage auf, ob ihnen überhaupt die Zeit für Gespräche, Hausbesuche und dementsprechend die Grundlage für eine fundierte sozialpädagogische Falldiagnostik bleibt. Vor diesem Hintergrund und mit Blick auf ausgewählte Ergebnisse der KiD-Verlaufsstudie rückt folgende These ins Zentrum der Betrachtung: Die Durchführung einer sozialpädagogischen Falleinschätzung und die Berücksichtigung der sich daraus ergebenden Bedarfslage für das Kind verhindert emotional aufreibende und finanziell kostenintensive (Um-)Wege im Jugendhilfesystem.

3.1 Die Zeit *vor* KiD

Die Zahl der betrachteten kindlichen Werdegänge beläuft sich im insgesamt 24 Jahre umfassenden Beobachtungszeitraum auf 479 bzw. 478 Kinder, da für ein Kind eine Akte angelegt worden ist, es jedoch nie zur Aufnahme im stationären Krisenzentrum kam. Mit 238 weiblichen und 241 männlichen Kindern liegt eine sehr ausgewogene Verteilung hinsichtlich des Geschlechts vor; 452 Kinder besitzen die deutsche Staatsbürger*innenschaft.

Die Analyse der Akten trägt deutlich zutage, dass im Vorfeld der Aufnahme ins KiD bei nahezu allen Kindern auffällige Verhaltensweisen in der Kita, in der Schule oder von Fachkräften ambulanter Sozialer Dienste beobachtet worden sind. Diesen Berichten ist zu entnehmen, dass die pädagogischen Fachkräfte und/oder Lehrer*innen vor allem Folgendes wahrgenommen haben (Beckmann 2014, 114ff.):

Aggressionen	– bezogen auf Personen: meist Prügeleien im schulischen Kontext, gezielte Attacken z. B. auf Nachbars- oder Geschwisterkinder, selten bezogen auf Erwachsene durch Tritte, (Faust-)Schläge, Kratzen, Beißen, An-den-Haaren-Ziehen, in Einzelfällen Angriffe mit Scheren oder Messern – bezogen auf Gegenstände: äußert sich meist im „Zerlegen des Zimmerinventars", kann aber auch bewusstes Zerstören von Gegenständen beinhalten, die anderen wichtig sind (z. B. Handy des Bruders), Sonderfall des Zündelns – bezogen auf Tiere: insbesondere Quälereien von Katzen und Hunden durch „Strangulationsspiele"
Autoaggressionen	– Sich-selbst-Verletzen durch Haareschneiden oder -verunstalten, Ein- und Ausreißen von Finger- und Fußnägeln, permanentes Aufkratzen vorhandener Wunden, Ritzen mit Scheren/Messern/Scherben, Schlagen von Kopf oder Händen gegen Wände/Türen/Scheiben – selbstgefährdendes Verhalten durch bewusstes Sich-in-Gefahr-Bringen wie z. B. Balancieren auf Dächern oder Sich-auf-die-Straße-Legen
offenkundige Misshandlungsspuren	– Hämatome am ganzen Körper, Spuren von Schlägen mit Gegenständen (z. B. Gürtel), Verbrennungen durch Zigarettenspitzen
sexualisiertes Verhalten	– sexualisierte Sprache, die durch ausgesprochene Derbheit und (Frauen-)Abwertung gekennzeichnet ist (typische Beispiele: „Fick deinen Vater im Grab", „Fotzenleckerin") – sexualisiertes Verhalten, angefangen damit, dass sich das Kind angezogen vor anderen in den Schritt greift, sich vor anderen die Hose herunterzieht, vor anderen onaniert oder andere gegen ihren Willen an den Geschlechtsteilen berührt bis hin zu (versuchtem) vollzogenem Geschlechtsverkehr – selbstgefährdendes sexualisiertes Verhalten in dem Sinne, dass sich das Kind z. B. älteren Männern anbietet (vom lolitahaften Flirten bis hin zur Aufforderung zum Akt) oder gefährliche Plätze aufsucht (z. B. Stricherszene)

Daneben wird in den Berichten, die der Aufnahme im KiD vorangehen, von *Essstörungen* im Spektrum totaler Essensverweigerung bis hin zum nächtlichen „Kühlschrankkahlfressen“ berichtet. Bei vielen Kindern sind *offenkundige Versorgungsdefizite* beobachtet worden, wie z.B. das Tragen der immer gleichen Kleidung sommers wie winters, ungewaschen-ungepflegtes Erscheinungsbild, Einschlafen im Unterricht, keine Essensverpflegung für die Schule, Entwicklungsverzögerungen, die auf zu wenig Fürsorge schließen lassen (Sprechen in Zweiwortsätzen, unterentwickelte soziale Fähigkeiten, keinerlei Regelverständnis). *Somatische Auffälligkeiten*, wie altersunangemessenes Einnässen oder Einkoten, häufiges Bauch- und Kopfweh, Tics wie Augenzwinkern oder Grimassenziehen, sind ebenso beobachtet worden wie *entgrenztes Verhalten* (z.B. in Ecken Urinieren, Koten oder Spucken). Lehrende berichteten von *Schulschwierigkeiten* wie massiv lärmendem Verhalten, kompletter Verweigerung der Mitarbeit oder extremer Aufsässigkeit oder Respektlosigkeit der Lehrkraft gegenüber.

Die Aktenanalyse zeigt deutlich, dass die 478 Kinder im Alter von vier bis zwölf Jahren[3] schon längere Zeit vor ihrer Aufnahme im KiD durch irritierendes Verhalten in ihrem Umfeld aufgefallen sind. Da Intensivgruppen wie das KiD sehr hohe Kostensätze haben und eine stationäre Unterbringung dementsprechend teuer für das Jugendamt und damit die Kommune ist, muss vor dem in Kapitel 2 skizzierten Hintergrund davon ausgegangen werden, dass der Aufnahme kostengünstigere Jugendhilfeleistungen vorausgingen. In der Tat zeigt sich, dass für nur 23 der 478 Kinder das KiD die erste Maßnahme seitens der Jugendhilfe gewesen ist, was einem Anteil von nur 5 % entspricht. Dagegen hatten die fallzuständigen ASD-Fachkräfte bei 19 % schon eine Maßnahme, bei 31 % zwei und bei 23 % der Kinder schon drei Maßnahmen veranlasst. 85 Kinder durchliefen sogar vier Maßnahmen und bei 19 Kindern waren vor der Aufnahme fünf Maßnahmen installiert (insgesamt 22 %). Mindestens bei diesen 104 Kindern lässt sich der sogenannte Drehtüreffekt vermuten, d.h. sie sind von Maßnahme zu Maßnahme „weitergereicht“ worden. Vergleicht man die drei Erhebungszeiträume[4] so fällt auf, dass erst ab 2006 die Kategorie „Fünf Maßnahmen“ hinzugenommen werden musste. Welche „vorherigen Maßnahmen“ die Kinder erlebten, illustriert die folgende Tabelle:

3 Neben dem konzeptionell festgeschriebenen Aufnahmealter von 4 bis 12 Jahren sind aus verschiedenen Dringlichkeitsgründen insgesamt zehn 13-Jährige, elf 3-Jährige und ein 2-jähriges Kind aufgenommen worden.

4 Der erste Erhebungszeitraum umfasst die Werdegänge der 201 Kinder im Zeitraum 1994 bis 2006, der zweite weitere 146 Werdegänge der Jahre 2006 bis 2012 und der dritte Erhebungszeitraum blickt auf weitere 132 Kinder der Jahre 2012 bis 2018.

	Anzahl
Sozialpädagogische Familienhilfe	259
Erziehungsbeistandschaft	36
zwischenzeitliche Fremdunterbringung	247
andauernde Fremdunterbringung	109
ambulante therapeutische Maßnahme	239
Sonstiges	254

Tabelle 5: Art der Maßnahme

Deutlich wird, dass 247 Kinder schon vor der Aufnahme im KiD mindestens einmal vorübergehend außerhalb ihrer Herkunftsfamilie stationär in einem Heim oder in einer Pflegefamilie untergebracht worden sind und 109 der 478 Kinder sogar länger als ein halbes Jahr in institutionell finanzierten Lebensorten gelebt haben. Offensichtlich haben diese Fremdunterbringungen nicht zum erhofften Effekt geführt. Dieses Ergebnis korrespondiert mit dem Befund der JES-Studie, die schon vor nahezu zwei Jahrzehnten festgestellt hat, dass „für 15 % der Kinder [in JH-Maßnahmen] ungeeignete Hilfen ausgewählt" (BMFSFJ 2002a, 36) worden sind. An dieser Stelle lässt sich entlang der aufgestellten These vermuten, dass zu Beginn der jeweilig veranlassten Leistung eine fundierte sozialpädagogische Falldiagnose *nicht* durchgeführt worden ist und dies nun (sehr kostenintensiv) in einer spezialisierten Intensivgruppe nachgeholt werden sollte.

Die Vokabel „Diagnose" mag für einige durchaus missverständlich sein, da es in der Sozialen Arbeit anders als z.B. in der Medizin nicht darum geht, festzustellen, was ein Patient hat. Für die Ärzteschaft ist es möglich, durch Bluttests oder Röntgenbilder objektiv zu bestimmen, was für ein „Problem" vorliegt und eine dementsprechende Diagnose auszusprechen. Im Zentrum der sozialpädagogischen Diagnose steht hingegen die Klärung von Beziehungen zwischen Personen und ihrer Umwelt, wobei die entscheidende Quelle für die Einschätzung eben dieser Beziehungen die Adressat*innen selbst sind. Müller verweist in diesem Zusammenhang auf den „doppelten Beratungs- und Entscheidungsprozess" (2017, 95) der Hilfeplanung gemäß § 36 SGB VIII, da zum einen die Adressat*innen mithilfe der Beratung seitens der Fachkräfte entscheidungsfähig gemacht werden, ob sie Hilfe annehmen wollen und, wenn ja, welche. Zum anderen sind die Fachkräfte auf Informationen und Einschätzungen der beteiligten Familienmitglieder angewiesen, um überhaupt entscheidungsfähig zu sein. Eine der Gelingensbedingungen für diesen „doppelten Prozess" ist die Fähigkeit der

Fachkraft zum einfühlsamen Zuhören entlang der Fragen: Wer hat welches Problem? Welche Fakten geben Auskunft über die aktuelle Lebenslage? Welche Bedeutung hat das Umfeld für die betroffene Person, hier vor allem für das jeweilige Kind? Welche Änderungen wären hilfreich und welche Ressourcen sind vorhanden? Welche Erfahrungen haben die Adressat*innen bisher mit öffentlicher Hilfe und Einrichtungen gemacht und welche Erfahrungen haben umgekehrt beteiligte Helfer*innen mit dieser Familie gemacht? Schlüsselelement für gelingendes Fallverstehen ist also das Schaffen einer Situation oder vielmehr Gesprächsatmosphäre, in der das Kind und die Sorgeberechtigten angstfrei ihre Sicht der Dinge erzählen können. Es wird deutlich, dass eine weitere Gelingensbedingung ausreichend Zeit für das Führen eben dieser Gespräche ist. Schrapper verortet in diesem Zusammenhang drei grundlegende Schwierigkeiten, mit denen diagnostische Arbeit im ASD zu kämpfen hat (2015, 207):

1. Ständiger Zeit- und Arbeitsdruck, der sich u.a. aus zu hoher Fallbelastung und hohem Dokumentationsaufwand ergibt. Dieser verleitet zu unterkomplexen Wahrnehmungen und segmentierten Einschätzungen, sodass relevante Aspekte und damit Handlungsbedarfe übersehen werden können.
2. Die Fallarbeit im ASD ist auf die Verständigung mit Erwachsenen konzentriert, da mit den Eltern Vereinbarungen getroffen werden müssen und in erster Linie sie zur Zusammenarbeit oder zu Veränderungen motiviert werden müssen. Je jünger die Kinder sind, desto eher geraten sie aus dem Blick.
3. Die betroffene Familie, aber auch die eigene Organisation (hier das Jugendamt) und kooperierende Arbeitsbereiche wie Kitas oder Schulen sind an schnellen Lösungen interessiert und nicht an komplexen Erklärungsversuchen, die oft mehr Fragen aufwerfen als beantworten.

Der Umstand, dass 23 % der KiD-Kinder aufgrund ihrer Verhaltensauffälligkeiten ihre Pflegefamilien oder Regelheimeinrichtungen verlassen mussten, spricht dafür, dass das Nichtverstehen von Problemhintergründen und Verursachungskontexten aufseiten der Fachkräfte zu ungeeigneten Lösungsversuchen geführt hat.

Neben den drei von Schrapper angeführten Schwierigkeiten zeichnet sich eine weitere ab, die ähnlich wie der grassierende Zeitdruck im ASD in äußeren Rahmenbedingungen verankert ist: Die Verfahrensregeln gemäß des Hilfeplanverfahrens (§ 36 SGB VIII) sind die zentralen konzeptionellen Bezugspunkte für das diagnostische Fallverstehen und verlangen von der fallzuständigen Fachkraft neben der Beteiligung von Kindern und Eltern sowie dem Zusammenwirken mehrerer Fachkräfte eine Einschätzung, ob für das Kind ein erzieherischer Bedarf besteht und welcher Art denn dieser Bedarf ist. Das impliziert ein fundiertes Fachwissen nicht nur über die kindliche Entwicklung in allen Lebensphasen, sondern auch über Alarmsignale für Gefährdungslagen in dieser Entwicklung. Mit Blick auf die hochschulischen Curricula muss festgestellt werden, dass bis dato Kinderschutz im Sinne von „Formen der Kindeswohlgefährdung erkennen und professionell handeln" nicht als Pflichtmodul[5] verankert ist und in dieser Logik davon ausgegangen werden muss, dass viele Fachkräfte zumindest einen Teilbereich ihrer Arbeit nicht fachlich angemessen ausüben können.

3.2 Die Zeit *im* KiD

Diejenige Person, der die im vorherigen Kapitel beschriebenen Verhaltensweisen auffallen, entwickelt einen Verdacht, wie es zu derartigen Auffälligkeiten kommen kann. Trägt sie diesen Verdacht nach außen, wendet sich beispielsweise zunächst an die Eltern und/oder an das Jugendamt, kann sie damit zum*r Impulsgeber*in einer Maßnahme seitens der Jugendhilfe werden und hier konkret für die Aufnahme ins Krisenzentrum. Die Dokumentenanalyse ergibt folgende Zusammensetzung der Impulsgeberschaft für die Aufnahme im KiD, wobei letztlich immer – von Gerichtsbeschlüssen abgesehen – das Jugendamt als Entscheidungsträger anzusehen ist:

In 104 von den 478 ausgewerteten Werdegängen ging der Impuls von der Kernfamilie, also den Eltern oder den Geschwistern, aus. Hierbei beschrieben die Angehörigen meist eine Situation der Überforderung und baten die ASD-Fachkraft um Hilfe für sich und das Kind. Bei fünf Kindern haben sich Verwandte beim Jugendamt gemeldet, viermal meldeten sich Freund*innen/Bekannte der Familie und dreimal baten aufmerksame Nachbar*innen das Jugendamt, „doch mal nach dem Rechten zu sehen".

Insgesamt 145-mal schätzten die Akteur*innen der „bisherigen Hilfen", wie z.B. die installierte Sozialpädagogische Familienhilfe, die Problematik des Kinds als so gravierend ein, dass sie beim Jugendamt eine stationäre Abklärung vorschlugen.

Von Schulen und Kindertagesstätten gingen insgesamt 59 Impulse aus, von der Polizei bzw. Staatsanwaltschaft acht.

In 22 Fällen wandten sich durch ein verletztes Genital oder ähnlich auffällige Misshandlungsspuren alarmierte Ärzt*innen mit der Bitte um Klärung der Situation ans Jugendamt. In 114 Fällen fungierte die ASD-Fachkraft selbst als Initiator*in für die Aufnahme im KiD. Das ist meist darauf zurückzuführen, dass

5 Zur Sinnhaftigkeit eines Pflichtmoduls „Kinderschutz" s. Berneiser/Baz Bartels (2017).

bei den sogenannten „Multiproblemfamilien" über viele Jahre, wenn nicht sogar Jahrzehnte, hinweg das Jugendamt mit verschiedenen Aufträgen involviert ist.

Bei sieben Kindern konnte aufgrund der Aktenlage kein Impulsgeber zurückverfolgt werden.

Insgesamt sind 1.039 Verdachtsdiagnosen von den verschiedenen Impulsgebern geäußert worden, was sich mit der Annahme mehrerer Möglichkeiten von Gewalt gegen das jeweilige Kind erklärt:

	Sexuelle Gewalt	physische Gewalt-erfahrung	seelische Gewalt-erfahrung	Versorgungs-defizit/Ver-nachlässigung	Verhaltensauf-fälligkeiten
Verwandte	1	1	1	3	2
Freund*innen/Bekannte der Familie	3	2	1	2	1
Nachbar*innen	3	2	1	2	3
Kindergarten/ Kinderhort/Kita	14	12	6	8	12
Schule	12	15	7	13	18
Arzt/Ärztin/Klinik	10	10	4	7	13
bisherige Hilfe (spez. Abt. v. JA)	84	64	44	61	112
Jugendamt	69	49	31	46	67
Kernfamilie	66	20	12	15	75
Polizei/Staatsanwaltschaft/Gericht	4	4	1	2	0
Sonstiges	3	4	5	1	4
Keine Angabe	3	1	0	1	2
Gesamt	**272**	**184**	**113**	**161**	**309**

Tabelle 8: Impulsgeber*innen für Verdachtsdiagnose

Mit Blick auf die Kreuztabelle ist es frappierend festzustellen, dass sowohl Privatpersonen als auch Institutionen eher bereit sind, einen vagen Missbrauchsverdacht zu äußern (272-mal), als ein sehr viel leichter zu identifizierendes Versorgungsdefizit (161) zu melden. Ein möglicher Erklärungszugang könnte sein, dass durch die mediale Aufbereitung die Sensibilität für sexuelle Gewalt erhöht worden ist. Vielleicht gehören aber nicht adäquat versorgte Kinder immer noch so sehr zu unserem alltäglichen Straßenbild, dass sie schlichtweg übersehen werden, oder es überwiegt die Scheu, sich in die Erziehungsmethoden anderer Eltern einzuschalten.

Mit der Aufnahme ins KiD kann ein unbestreitbarer Vorteil stationärer Diagnostik genutzt werden, da den kindlichen Hinweisen für stattgefundene Gewalt und der Vermutung seitens der Impulsgebenden in einem geschützten Setting außerhalb des familiären Kontexts zügig nachgegangen werden kann. Durch die hohe Frequenz der Diagnostiktermine und der damit einhergehenden intensiven Vertrauensbeziehung zu den Therapeut*innen sowie der alltagspädagogischen Beobachtungen tags- und nachtsüber ergeben sich sehr viel schneller als in ambulanten Kontexten Zugänge zu lebensgeschichtlich bedeutsamen Erlebnissen und (Gewalt-)Erfahrungen. Im KiD steht am Anfang des durchschnittlich acht Monate währenden Aufenthalts die Anamneseerhebung, die als Basis der Diagnostik dient. Im Mittelpunkt geht es dabei um die klinische Exploration der Eltern, wichtiger Bezugspersonen und des Kinds selbst. Die Anamnese gibt Aufschluss über die Entstehung kognitiver Fähigkeiten, über den Kern psychischer Auffälligkeiten des Kinds und über familiäre Konstellationen (Beckmann 2014, 122):

In der *Familienanamnese* werden Daten wie die Wohnverhältnisse, Kindheit, Schul- und Berufskarriere u.a.m. erhoben, wobei insbesondere auf die möglicherweise stattgefundenen Gewalterfahrungen der Eltern[6] eingegangen wird. Bei jüngeren Kindern setzt sich die *Eigenanamnese* aus den Angaben der Erziehungsberechtigten des Kinds zusammen. Hierbei kann die diagnostizierende Person einerseits eine Vorstellung über die frühkindliche Entwicklung und spätere Sozialintegration des Kinds entwickeln und andererseits ist es ihr möglich, sich durch die elterliche Wahrnehmung der Bedürfnisse des Kinds ein Bild zu verschaffen. In manchen Fällen erweist es sich als hilfreich, die von den Bezugspersonen gemachten Angaben durch eine *Fremdanamnese* zu relativieren. Dies kann durch Gespräche mit anderen Akteur*innen z.B. der Jugendhilfe oder durch Rückgriff auf deren Berichte erfolgen. Auf Grundlage der Anamnese erfolgen nun diagnostische Verfahren, die eine differenzierte, störungsspezifische Erfassung der psychischen Auffälligkeiten ermöglichen. Im KiD werden verschiedene Methoden eingesetzt wie z.B. standardisierte Fragebogenverfahren, Methoden der Verhaltensbeobachtungen und psychologische Testverfahren. Daneben finden auch medizinische Untersuchungen bei einer Kinderärztin und bei einer auf Kindergynäkologie spezialisierten Frauenärztin statt. Der Alltag der Kinder ist dabei trotz der spezialisierten Bedingungen an pädagogischen Maßstäben ausgerichtet. Die Normalität eines Schulbesuchs oder Freizeitaktivitäten

6 Dem Themenbereich „Weitergabe von Gewalterfahrungen" gehen Gollmann und Morawetz in ihrem Beitrag nach.

im örtlichen Gemeinwesen spielen eine stabilisierende Rolle für das Kind, in dem sie in einer existenziellen Krise Halt und Orientierung geben.

Sowohl die anamnestischen Befunde und diagnostischen Einschätzungen der therapeutischen als auch die Beobachtungen der pädagogischen Fachkräfte im Gruppenalltag fließen in Berichtsform in die jeweilige Fallakte ein und sind somit der Dokumentenanalyse zugänglich. Den Schriftstücken ist dementsprechend zu entnehmen, welche Gewalterfahrungen die Kinder erleben mussten und ob diese mit den Vermutungen seitens der Impulsgeber*innen korrespondieren.

Mit der Begrifflichkeit „physische Gewalterfahrung“ oder auch Kindesmisshandlung bezeichnete Faltermeier schon 1997 Gewalthandlungen gegen Kinder, „die entweder körperliche Verletzungen (oder sogar den Tod) zur Folge haben oder/und im Kind existenzbedrohende Angstgefühle hervorrufen“ (552). Das Bundesfamilienministerium definierte zu Beginn des Jahrtausends Misshandlung als ein aktives und absichtliches Handeln, das seelischen und körperlichen Schaden zufügt wie beispielsweise Schläge, Stöße, Stiche und Verbrennungen (BMFSFJ 2002b, 220). Für das Jahr 2019 bezifferte das Bundeskriminalamt das Hellfeld physischer Kindesmisshandlung auf 4.100 Kinder jünger als 14 Jahre, was bedeutet, dass der Polizei durchschnittlich elf Kinder pro Tag in diesem Deliktbereich gemeldet worden sind (BKA 2020). Wie der Blick auf die Verdachtsdiagnosen zeigt, vermuteten die Impulsgeber bei 184 Kindern eine Kindesmisshandlung und in 139 Fällen konnte seitens des KiD dieser Verdacht bestätigt werden. Bei 285 Kindern gingen die Impulsgeber *nicht* von Misshandlungen aus und haben sich in 137 (!) Fällen damit geirrt. Insgesamt diagnostizierte KiD bei 277 Kindern physische Gewalterfahrungen; bei weiteren 18 Kindern konnte eine Gewalterfahrung nicht zweifelsfrei festgestellt, aber auch nicht ausgeschlossen werden.

Verdachtsdiagnose/Diagnose physische Gewalterfahrung	keine	Gewalterfahrung	möglich	k. A.	Gesamt
keine physische Gewalterfahrung	125	137	14	9	285
physische Gewalterfahrung	39	139	3	3	184
keine Angabe	3	1	1	3	8
Gesamt	**167**	**277**	**18**	**15**	**477**[7]

Tabelle 9: Verdachtsdiagnose physische Gewalterfahrung/Diagnose physische Gewalterfahrung

7 Die Gesamtheit der Fälle weicht bei allen drei Kreuztabellierungen von 478 auf 477 ab, da bei einem Kind aufgrund zu kurzer Aufenthaltsdauer keine abgeschlossene Diagnostik vorlag.

Bei 334 Kindern diagnostizierte KiD ein erlebtes Versorgungsdefizit, welches in physischer Hinsicht durch mangelhafte Ernährung, Pflege und Versorgung zu schweren Gedeih- und Entwicklungsstörungen und im schlimmsten Fall zum Tod führen kann (BMFSFJ 2002b, 220). Unter Versorgungsdefiziten psychischer Art werden mangelhafte Aufmerksamkeit, Zuwendung und fehlendes Verständnis für die kindlichen Bedürfnisse verstanden. Ein Versorgungsdefizit liegt auch dann vor, wenn ein Kind nicht ausreichend vor Gefahren geschützt wird und erforderliche medizinische und/oder therapeutische Maßnahmen nicht veranlasst werden (ebd.). Insgesamt sind Kinder dann defizitär versorgt, wenn sie nicht die Erziehung, Förderung und Ausbildung erhalten, die sie für die Entwicklung von Lebenskompetenzen benötigen. Im Jahr 2019 sind insgesamt 112 Kinder jünger als 14 Jahre Opfer in der Deliktkategorie „Mord und Totschlag" geworden (BKA 2020). Die meisten von ihnen haben das sechste Lebensjahr nicht erreicht (93 der 112 Kinder) und sind meist im häuslichen Umfeld durch aktive Misshandlung oder/und durch Nichtversorgung getötet worden. Umgerechnet auf die Wochen im Jahr ergibt sich die schockierende Zahl von zwei toten Kindern pro Woche in Deutschland:

Für die Gesamtheit der KiD-Kinder zeigt sich, dass die Impulsgeber bei 161 Kindern Versorgungsdefizite vermuteten und in 148 Fällen mit ihrem Verdacht richtig lagen. Die therapeutischen Fachkräfte diagnostizierten bei weiteren 182 Kindern Versorgungsdefizite, bei denen seitens der Impulsgeber*innen kein Verdacht vorlag.

Verdachtsdiagnose/Diagnose Versorgungsdefizit	keine	Versorgungs-defizite	möglich	k. A.	Gesamt
kein Versorgungsdefizit	116	182	3	6	307
Versorgungsdefizite/ Verwahrlosung	6	148	1	6	161
keine Angabe	2	4	0	3	9
Gesamt	**124**	**334**	**4**	**15**	**477**

Tabelle 10: Verdachtsdiagnose/Diagnose Versorgungsdefizit

Bei 272 Kindern vermuteten die unterschiedlichsten Impulsgebergruppen sexuellen Missbrauch, der von Bange und Deegener schon 1996 folgendermaßen definiert worden ist:

> Sexueller Missbrauch an Kindern ist jede sexuelle Handlung, die an oder vor einem Kind entweder gegen den Willen des Kindes vorgenommen wird oder

> der das Kind aufgrund körperlicher, psychischer, kognitiver oder sprachlicher Unterlegenheit nicht wissentlich zustimmen kann. Der Täter nutzt seine Macht- und Autoritätsposition aus, um seine eigenen Bedürfnisse auf Kosten des Kindes zu befriedigen. (105)

Sexuelle Gewalt gegen Kinder vollzieht sich in unterschiedlichen Kategorien, wobei diese nichts über die Intensität des kindlichen Erlebens aussagen. Je nach persönlichem Erleben und vorhandener bzw. nicht vorhandener Resilienz kann ein als wenig intensiv kategorisierter Missbrauch größere Schäden in der kindlichen Psyche hinterlassen als ein als intensiv kategorisierter.

Sexuelle Gewalt ohne Körperkontakt	– der*die Täter*in entblößt sich und präsentiert sich nackt vor dem Kind – der*die Täter*in zeigt dem Kind seine*ihre Genitalien – das Kind wird gezwungen, sich pornografische Abbildungen/Filme anzusehen – der*die Täter*in beobachtet das Kind beim Ausziehen, Baden, auf der Toilette, macht Fotos oder Videos – altersunangemessene Aufklärung des Kinds über Sexualität, die den exhibitionistischen Bedürfnissen der erwachsenen Person dient
Weniger intensive sexuelle Gewalt	– der*die Täter*in versucht, das Kind auf intime Weise zu küssen – der*die Täter*in versucht, die Genitalien des Kinds zu begutachten und zu berühren
Intensive sexuelle Gewalt	– das Kind muss dem*der Täter*in seine Geschlechtsteile zeigen – der*die Täter*in masturbiert in Anwesenheit des Kinds – der*die Täter*in veranlasst das Kind, in seinem Beisein zu masturbieren – Berührung und Manipulation der Genitalien des Kinds – das Kind muss die Geschlechtsteile des*r Täters*Täterin anfassen
Sehr intensive sexuelle Gewalt	– versuchte/vollendete Vergewaltigung, d. h. Eindringen in das kindliche Geschlecht mit Fingern, Fremdkörpern oder Penis – versuchte/vollendete orale Vergewaltigung – das Kind wird gezwungen, den*die Täter*in oral zu befriedigen – das männliche Kind wird gezwungen, den*die Täter*in zu penetrieren

Zum bundesweiten Ausmaß lässt sich sagen, dass der Polizei im Jahr 2019 insgesamt 15.936 Fälle angezeigt worden sind, was pro Tag durchschnittlich 40 gemeldeten Kindern entspricht. Die Auswertung der Daten hat ergeben, dass die Impulsgeber 272-mal einen Missbrauch vermuteten. In 151 Fällen konnte KiD diese Vermutung bestätigen, bei 56 Kindern konnte dieser Verdacht entkräftet werden. Bei 199 Kindern bestand seitens der Impulsgeber kein Verdacht auf sexuellen Missbrauch, hingegen sind bei 42 dieser 199 Kindern sexuelle Grenzüberschreitungen diagnostiziert worden. Insgesamt stellte KiD die Missbrauchsdiagnose bei 76 Jungen und 117 Mädchen.

Verdachtsdiagnose/Diagnose sexueller Missbrauch	kein	sexueller Missbrauch	möglich	k. A.	Gesamt
kein sexueller Missbrauch	122	42	29	6	199
sexueller Missbrauch	56	151	59	6	272
keine Angabe	2	0	1	3	6
Gesamt	**180**	**193**	**89**	**15**	**477**

Tabelle 11: Verdachtsdiagnose Missbrauch/Diagnose Missbrauch

Der Blick auf die Schädiger*innen im Bereich der sexuellen Gewalt weist einen überraschenden, an anderer Stelle zu diskutierenden Befund auf, da mit 128 Nennungen die leiblichen Mütter (!) die größte Gruppe darstellen. Die leiblichen Väter werden 120-mal als Täter benannt und die neuen Lebenspartner der Mütter 66-mal. Neben den Erwachsenen bilden schädigende Minderjährigen eine weitere große Gruppe: 52 (Stief-/Pflege-)Geschwisterkinder sind von den Kindern als Täter*innen benannt worden und 30-mal werden familienexterne Minderjährige benannt. Angesichts der Anzahl der benannten Schädiger*innen wird deutlich, dass viele Kinder von mehreren Personen sexuelle Gewalt erleiden mussten.

Schädiger*innen	ja	möglich	nein	keine Angabe	Summe
mehrere Geschwister der Sorgeberechtigten	1	3	464	10	478
Pflegebruder	2	2	464	10	478
Sohn des neuen Lebenspartners	2	3	463	10	478
Halbschwester	3	2	463	10	478
Tante	3	2	463	10	478
neue Lebenspartnerin d. Vaters	3	3	462	10	478
Pflege-/Adoptivmutter	3	4	460	11	478
Freundin der Familie	4	1	463	10	478
Halbbruder	5	3	460	10	478
mehrere Geschwister	6	1	460	11	478
sonstige Verwandte	6	5	457	10	478
unbekannt	7	14	447	10	478
Pflege-/Adoptivvater	8	3	456	11	478
Großmutter	9	10	449	10	478
Onkel	9	18	441	10	478

Schädiger*innen	ja	möglich	nein	keine Angabe	Summe
Schwester	10	3	455	10	478
familienextern: erwachsen	22	20	426	10	478
Bruder	24	15	429	10	478
Freund der Familie	26	15	427	10	478
Großvater	26	19	423	10	478
familienextern: minderjährig	30	24	414	10	478
neuer Lebenspartner d. Mutter	66	32	371	9	478
Vater	120	78	271	9	478
Mutter	128	33	307	10	478

Tabelle 13: Schädiger*innen

Insbesondere die Analyse der Abschlussberichte hat gezeigt, dass nahezu alle untergebrachten Kinder Grenzverletzungen unterschiedlicher Art meist durch Angehörige erlebt haben, was in der Regel mit einem Vertrauensverlust anderen und vor allem Erwachsenen gegenüber einhergeht (Beckmann 2015, 148). So konnten z.B. bei 334 Kindern Versorgungsdefizite attestiert werden, bei 277 eine körperliche Misshandlung, bei 193 ein sexueller Missbrauch. Daneben sind Störungsbilder wie depressiver Verarbeitungsmodus (254 Kinder), Entwicklungsstörungen (250), reaktive Bindungsstörungen (304) oder auch posttraumatische Belastungsstörung (262) festgestellt worden. Die Zahlen machen deutlich, dass bei vielen Kindern nicht nur *ein* Störungsbild diagnostiziert worden ist. Symptomatisch äußern sich diese Störungsbilder z.B. durch aggressive (340 Kinder) oder autoaggressive (101) Verhaltensweisen; Affektlabilität oder Affektisolation (195 Kindern), sexuell entgrenztes Verhalten (277) oder auch dissoziative Zustände (99). Diese Verhaltensweisen entwickeln gewaltgeschädigte Kinder im Sinne von Überlebensstrategien, da sie ihnen dazu dienen, den „Kern ihres Selbst“ zu erhalten. Für das Umfeld sind sie dagegen sehr anstrengend und oft kaum auszuhalten. Führt man sich die Not der Kinder vor Augen, wird die emotionale Zumutung durch inadäquate Maßnahmen seitens der Jugendhilfe deutlich. Anders formuliert ist davon auszugehen, dass zumindest für einige – sehr wahrscheinlich für die 104 Kinder, die vier bzw. fünf Maßnahmen vor ihrer Aufnahme ins KiD durchlaufen mussten – der 478 Kinder mit einer früher erfolgten diagnostischen Einschätzung seitens der Fachkräfte der Leidensweg hätte verkürzt werden können.

3.3 Die Zeit *nach* KiD

Nach erfolgter Diagnostik spricht das KiD im letzten Hilfeplangespräch (HPG)[8] im Beisein aller Beteiligten eine Empfehlung für das weitere Vorgehen des Jugendamts aus. Eine Empfehlung konnte für 461 der insgesamt 478 Kinder entwickelt werden und 346-mal folgten die jeweilig zuständigen Fachkräfte des ASD ebendieser. Bedenkt man, dass das jeweilige Jugendamt als Auftraggeber der Maßnahme zu diesem Zeitpunkt schon sehr viel Geld an die Krisengruppe gezahlt hat, ist es sehr irritierend, wie viele der über 100 Jugendämter der Empfehlung nicht gefolgt sind: In 25 % der Fälle setzte das zuständige Jugendamt die Empfehlung nicht um. Das bedeutet bei einem zugrunde gelegten Tagessatz von 214[9] Euro mal der durchschnittlichen Aufenthaltsdauer von 250 Tagen, dass das Jugendamt 53.500 Euro für eine Diagnostik plus Empfehlung ausgegeben hat, um dieser dann nicht zu entsprechen. Die Gesamtkosten für die 115 Kinder, bei denen nach dem KiD-Aufenthalt die Empfehlung seitens der Jugendämter nicht umgesetzt worden ist, belaufen sich auf rund 6,15 Mio. Euro. In diesem Zusammenhang scheinen neben der kommunalen Haushaltslage und der damit einhergehenden Budgetierung der Jugendämter auch die jugendamtsinternen Strukturen von erheblicher Bedeutung zu sein. Wie vertritt die fallzuständige Fachkraft eine weitere (empfehlungsgemäße) kostenintensive Maßnahme argumentativ gegenüber der vorgesetzten Person, die wiederum angehalten ist, entlang des zur Verfügung stehenden Budgets zu entscheiden? Es ist davon auszugehen, dass in diesem Entscheidungsprozess auch Faktoren wie eine befristete oder unbefristete Anstellung, die Bereitschaft zum Konflikt sowie die Berufserfahrung zum Tragen kommen.

Die Werdegangsrecherche bildet den zweiten großen Arbeitsschritt der Verlaufsstudie und nimmt ihren Ausgang in dem in der Akte hinterlegten Entlassungsort des Kinds:

---

8 In der Regel finden in dem achtmonatigen Zeitraum drei HPG gemäß § 36 SGB VIII in den Räumlichkeiten der Einrichtung statt: nach ca. sechs Wochen mit Beendigung der Anamnesen, dann nach ca. drei bis vier Monaten, um die Diagnostikergebnisse vorzustellen und dann am Ende der Unterbringung, um die Empfehlung auszusprechen.

9 Alle berechneten Kosten beziehen sich auf die Durchschnittswerte der Jahre 2005/2006, d.h., die Kostenentwicklung der Tagessätze von 1994 bis 2018 bleibt unberücksichtigt. Es handelt sich bei allen Berechnungen also nicht um real entstandene Kosten, sondern um den Versuch, die Kostenintensität der Jugendhilfemaßnahmen in dem beobachteten Zeitraum darzustellen.

	Empfehlung										
Lebensort n. KID	**vorh. Lebensort Mutter/ Vater**	**Stockum**	**Wohngruppe**	**Intensivgruppe**	**5-Tagesgruppe**	**Tagesklinik**	**Erziehungsstelle**	**Pflegefamilie**	**Kinder- und Jugendpsychiatrie**	**Sonstiges**	**Gesamt**
vorh. Lebensort Mutter/Vater	34	1	21	23	1	1	9	1	5	9	**105**
Stockum (Außenwohngruppe KiD)	0	26	0	2	0	0	0	0	0	0	**28**
Wohngruppe	1	0	84	14	0	0	3	1	0	0	**103**
Intensivgruppe	0	0	1	114	0	0	1	1	0	2	**119**
5-Tagesgruppe	0	0	0	0	3	0	0	0	0	0	**3**
Tagesklinik	0	0	0	0	0	0	0	0	0	1	**1**
Erziehungsstelle	0	0	1	4	0	0	57	0	0	1	**63**
Pflegefamilie	0	0	2	3	0	0	1	4	0	0	**10**
KJP Kinder- und Jugendpsychiatrie	0	0	0	1	0	0	0	0	3	1	**5**
Sonstiges	0	0	0	2	0	0	3	0	0	19	**24**
Gesamt	**35**	**27**	**109**	**163**	**4**	**1**	**74**	**7**	**8**	**33**	**461**

Tabelle 19: Lebensort nach KiD/Empfehlung

Wie aus der Kreuztabelle hervorgeht, konnte das Krisenzentrum die Rückkehr an den vorherigen Lebensort bzw. zur Mutter und/oder dem Vater nur für 35 der 461 Kinder empfehlen. In 34 Fällen entsprach das jeweils zuständige Jugendamt diesem Vorschlag. Überraschenderweise wurde ein Kind seitens des Jugendamts in einer Wohngruppe untergebracht, obwohl KiD dies nicht für notwendig befand. In 71 weiteren Fällen wurden die Kinder entgegen der Empfehlung in ihr ehemaliges soziales Umfeld zurückgebracht.

Von diesen 71 Kindern sollten nach Ansicht der Diagnostikeinrichtung eigentlich 23 in einer Intensivgruppe weiter therapeutisch begleitet und aufgefangen werden, für 21 hielt KiD die Unterbringung in einer „normalen" Wohngruppe für angemessen und fünf sollten nach professioneller Ansicht im Anschluss an KiD in einer Kinder- und Jugendpsychiatrie begutachtet werden. Ein weiteres hätte die Einrichtung gern in ihrer Außenwohngruppe „Stockum" beheimatet. Zehn der 71 Kinder hätte KiD gern in eine neue Familie vermittelt, davon neun in eine „professionelle“ (= Erziehungsstelle). Für ein Kind hielten die Fachleute die Übergangslösung einer 5-Tages-Gruppe für notwendig.

109-mal schlug KiD die Weitervermittlung in „normale“ Wohngruppen vor – in 84 Fällen ging das zuständige Jugendamt auf diesen Vorschlag ein. 21 Kinder sind anstelle der stationären Unterbringung an ihre vorherigen Lebensorte zurückgekehrt.

Wirklich fatal verhält es sich mit den acht Kindern, bei denen KiD aufgrund massiver Störungsbilder bzw. psychiatrischer Krankheitsbilder einen Aufenthalt in der Kinder- und Jugendpsychiatrie für sinnvoll hielt: Fünf von ihnen kehrten ohne jegliche therapeutische Begleitung in ihr vorheriges Umfeld zurück. Sind die Plätze in den wenigen Kinder- und Jugendpsychiatrien auch rar, so hätte man doch seitens der Jugendhilfe versuchen müssen, für diese Kinder und ihre Familien Übergangslösungen zu installieren. Es muss jedoch darauf hingewiesen werden, dass die Suche nach einer geeigneten bzw. empfehlungsgemäßen Unterbringung für die ASD-Fachkraft nicht selten mit Schwierigkeiten verbunden ist: Nicht immer hat eine infrage kommende Einrichtung einen Platz frei. Bei anderen Fällen findet sich eine adäquate Institution, aber sie ist vielleicht zu weit weg für die Angehörigen oder gefällt dem Kind nach einem Probewochenende absolut nicht.

Die emotionalen Kosten einer das ganze Leben prägenden Gewaltschädigung lassen sich nicht abbilden; was sich sehr wohl abbilden lässt, ist die Kostenintensität der empfehlungsgemäßen bzw. nicht empfehlungsgemäßen Werdegänge. Diese sind jeweils für die erste (1994–2006), zweite (2006–2012) und dritte (2012–2018) Kohorte berechnet worden. Es ist gelungen, die Werdegänge für insgesamt 342 der 461 Kinder, für die das KiD eine Empfehlung ausgesprochen hat, zu rekonstruieren.

Da der erste Erhebungszeitraum zwölf Jahre umfasst, werden in der folgenden Darstellung die Ergebnisse der zweiten und dritten Kohorte zusammengefasst, um auch hier einen zwölf Jahre umfassenden Zeitraum abbilden zu können: Für 187 Kinder der ersten Kohorte konnte der institutionelle Werdegang, also welche Maßnahmen nach dem Entlassungstag durchgeführt worden sind, nachgezeichnet werden. Insgesamt sind den Jugendämtern in einem zwölf Jahre umfassenden Zeitraum Kosten in Höhe von rund 28,49 Mio. Euro entstanden. Die differenzierte Betrachtung in empfehlungsgemäße und nicht empfehlungsgemäße Werdegänge zeigt, dass die durchschnittlichen Kosten für einen *empfehlungsgemäßen* Werdegang bei rund 161.199 Euro liegen und die durchschnittlichen Kosten für einen *nicht empfehlungsgemäßen* Werdegang bei rund 133.234 Euro. Mit anderen Worten war der nicht empfehlungsgemäße Weg für das jeweilige Jugendamt im Zeitraum 1994 bis 2006 um 27.965 Euro kostengünstiger. Für die Jahre 2006 bis 2018 konnten die (institutionellen) Wege für insgesamt 155 von 265 Kindern, für die eine Empfehlung ausgesprochen werden konnte, nachgezeichnet werden. In diesem Zeitraum entstanden den Jugendämtern bzw. den Kommunen Kosten in Höhe von 19,94 Mio. Euro. Bei der Aufschlüsselung in empfehlungsgemäße und nicht empfehlungsgemäße Werdegänge zeigt sich, dass die durchschnittlichen Kosten für einen *empfehlungsgemäßen* Werdegang bei rund 128.258 Euro liegen und die durchschnittlichen Kosten für einen *nicht empfehlungsgemäßen* Werdegang bei rund 130.868 Euro. Im Zeitraum 2006 bis 2018 war also der empfehlungsgemäße Weg für das jeweilige Jugendamt um 2.610 Euro kostengünstiger. Es zeigt sich ein dementsprechend uneinheitliches Bild im Vergleich der zwei jeweils zwölf Jahre umfassenden Zeiträume.

Da die Betrachtung der Kostenintensität allein nicht aussagekräftig ist, rückten die am Stichtag 31.03.2018 erwachsenen Kinder in den Fokus und zwar unter Berücksichtigung folgender Annahmen: Ein empfehlungsgemäß untergebrachtes Kind wird aufgrund der professionell pädagogischen Unterstützung eher einen Schulabschluss erlangen als ein *nicht* empfehlungsgemäß untergebrachtes Kind. Mit dem Schulabschluss wird es anschlussfähiger an den Arbeitsmarkt sein und in diesem Sinne langfristig gesehen den Staat als steuerzahlende*r Arbeitnehmer*in unterstützen. In der Umkehrung ergibt sich die Annahme, dass die nicht empfehlungsgemäß untergebrachten Kinder aufgrund mangelnder fachlicher Begleitung auch der Bezugspersonen weniger oft einen Schulabschluss schaffen. Damit steigt das Risiko von gering qualifizierter Beschäftigung und Erwerbslosigkeit, womit langfristig der Staat finanziell belastet wird. Von den 478 Kindern waren am Stichtag insgesamt 240 volljährig; 146 von ihnen konnten mittels aufwendiger Recherche gefunden werden und 52 von ihnen beantworteten den an sie verschickten Fragebogen (siehe Anhang).

Folgendes Szenario lässt sich abbilden: 46 % verfügen über einen Hauptschul-, 20 % über einen Realschulabschluss, 7 % haben Abitur und 27 % haben keinen Abschluss. Kreuztabelliert man Schulabschluss/Empfehlung zeigt sich, dass zwei Drittel derjenigen, die *nicht* empfehlungsgemäß untergebracht worden sind, die Schule *ohne* Abschluss verließen. Die Daten zur Ausbildungssituation weisen in die gleiche Richtung, da im Falle von *nicht* umgesetzter Empfehlung 67 % keine Ausbildung absolvieren bzw. absolviert haben.

Bei der Frage zum Familienstand ergibt sich, dass insgesamt 93 % der jetzt erwachsenen KiD-Kinder ledig, 5 % verheiratet und 2 % geschieden sind. Zum aktuellen Partnerschaftsstatus geben 69 % an, dass sie allein leben, 23 % leben mit jemandem zusammen und 8 % in Trennung – hier zeigt sich eine ausgewogene Verteilung zwischen denjenigen mit umgesetzter und nicht umgesetzter Empfehlung. Zwölf Befragte haben Kinder; sieben von ihnen waren bei der Geburt des ersten Kinds zwischen 17 und 19 Jahre alt, und es fällt auf, dass sechs der sieben jungen Mütter bzw. Väter der Gruppe der *nicht* umgesetzten Empfehlungen zuzuordnen sind.

Auf die Frage nach ihrem Lebensweg geben sechs der jetzt Volljährigen an, dass sie Psychiatrieaufenthalte „hinter sich hätten". Bei genauerer Betrachtung zeigt sich, dass fünf von ihnen nach dem KiD *nicht* empfehlungsgemäß seitens des Jugendamts untergebracht worden sind. Weitere zwei waren längere Zeit obdachlos, ein ehemaliges KiD-Kind war suchtkrank, zwei haben sich prostituiert, weitere zwei waren in Haft und eins ist verstorben.[10]

4. Schlussfolgerungen

Der vorliegende Beitrag zeigte auf, zu welch langfristigen Folgen Entscheidungen der ASD-Fachkräfte führen, und formulierte in diesem Sinne die These, dass die Durchführung einer sozialpädagogischen Falleinschätzung und die Berücksichtigung der sich daraus ergebenden Bedarfslage für das Kind emotional aufreibende und finanziell kostenintensive (Um-)Wege im Jugendhilfesystem verhindert.

Blickt man in diesem Zusammenhang auf die berechneten Kosten der Werdegänge (Kapitel 3.3) kann zumindest der finanziell kostenintensive Umweg aufgrund fehlender Falleinschätzung bzw. die Missachtung der Bedarfslage – in der KiD-VS verstanden als nicht umgesetzte Empfehlung – nicht bestätigt werden, da zumindest im ersten Erhebungszeitraum (1994–2006) der Weg gemäß fachlich eingeschätzter Bedarfslage wesentlich teurer war. Auch die rekonstruierten Werdegänge der zum Stichtag 31.03.2018 erwachsenen Kinder scheinen der These zu widersprechen. Diese Teilgruppe der KiD-Kinder hat die Jugendhilfe vom Tag ihrer Entlassung bis ins Erwachsenenalter rund 30,06 Mio. Euro gekostet. Entgegen der zugrunde gelegten Annahme ist allerdings die *nicht* umgesetzte Empfehlung durchschnittlich um rund 62.000 Euro deutlich kostengünstiger gewesen. Bei genauerer Betrachtung zeigt sich ein möglicher Grund für diesen erheblichen Kostenunterschied zwischen umgesetzter und nicht umgesetzter Empfehlung: Bei den meisten dieser Kinder lautete die Empfehlung „Unterbringung in einer therapeutisch begleiteten Wohngruppe", was einen Tagessatz von min-

---

10 Hier füllte die Mutter den Fragebogen aus.

destens 170 Euro[11] bedeutet. So belaufen sich allein für ein Kind bei einer durchschnittlich zwei Jahre andauernden Fremdunterbringung in einer Intensivgruppe die Kosten auf 124.100 Euro (730 Tage x 170 Euro). Hinzu kommen die Kinder, die empfehlungsgemäß in „Stockum", der soziotherapeutischen Außenwohngruppe des KiD, untergebracht worden sind. Hier können sich die aufgenommenen Kinder über viele Jahre hinweg bis ins Erwachsenenalter beheimaten. Das bedeutet in Zahlen gesprochen: Wird ein Kind z.B. im Alter von neun Jahren dort aufgenommen, entstehen dem zuständigen Jugendamt bis zu seiner Volljährigkeit Kosten in Höhe von 3.285 Tage x 170 Euro = 558.450 Euro. Demgegenüber stehen nicht empfehlungsgemäße Werdegänge von Kindern, die über Jahre hinweg auf der Straße gelebt und sich durch Prostitution finanziert haben. Zynisch gesprochen haben diese Kinder der Jugendhilfe keine Kosten mehr verursacht.

Eine adäquate Kosten-Nutzen-Analyse sollte jedoch den Eintritt ins Erwerbsleben bzw. den Eintritt in die Erwerbslosigkeit miteinbeziehen (Beckmann 2014, 179): Die Jugendhilfe verursacht unbestreitbar erhebliche Kosten, will sie ihren gesetzlichen Auftrag erfüllen, benachteiligte Kinder in ihrer Eigenverantwortlichkeit, Gemeinschaftsfähigkeit und Persönlichkeitsentwicklung zu stärken. Mit Erfüllung dieses Auftrags sind benachteiligte Kinder und Jugendliche eher in der Lage, soziale Normen zu übernehmen, einen Schulabschluss zu erlangen, Arbeitsfähigkeit zu entwickeln und psychische Gesundheit beizubehalten oder auszubilden. In diesem Sinne erspart die Förderung von Kindern seitens der Jugendhilfe der Gesellschaft langfristig betrachtet erhebliche Kosten. Vor diesem Hintergrund wird es Zeit für einen Paradigmenwechsel, nämlich nicht länger von Ausgaben und Kosten im Zusammenhang mit der Jugendhilfe zu sprechen, sondern über sinnvolle und notwendige Investitionen. Allein die Erfassung und Beschreibung der mit den diagnostizierten Störungsbildern einhergehenden Symptome (Kapitel 3.2) hat deutlich gemacht, dass die wenigsten der KiD-Kinder ohne professionellen Beistand zu einer gesunden Persönlichkeitsentwicklung in der Lage sind. Selbst bei großer vorhandener Resilienz ist ein unbeschwerter Weg in ein eigenständiges, produktives Leben für die meisten zumindest ohne professionelle Unterstützung kaum vorstellbar.

Es ist offensichtlich, dass ein Dreh- und Angelpunkt für sinnvolle und letztlich auch effizientere Maßnahmen in einer professionellen Diagnostik zu verorten ist: Wird frühzeitig erkannt, welche Hilfeleistung seitens der Jugendhilfe notwendig ist, können dem einzelnen Kind Umwege wie z.B. jahrelanges Ausprobieren diverser ambulanter Leistungen buchstäblich erspart bleiben. Die VS

11 S. Fußnote 9.

hat ergeben, dass 145 der 478 Kinder schon zwei Stationen der Jugendhilfe vor dem KiD durchlaufen hatten, 110 der Kinder hatten zuvor schon drei Maßnahmen in Anspruch genommen und 104 sogar vier bzw. fünf. Die emotionalen Kosten der Umwege sind nicht zu berechnen, möglicherweise spiegeln sie sich in einigen der von den Impulsgebenden beschriebenen Verhaltensauffälligkeiten (Kapitel 3.1) wider. Zu bedenken ist auch, dass die im Vorfeld der Aufnahme ins KiD erfolgten Umwege nicht berechnet worden sind, was wahrscheinlich ein anderes Bild der Kostenintensität zeichnen würde.

Vor dem Hintergrund der Ergebnisse plädiere ich auf *fachlicher Ebene* erstens für eine Rückbesinnung auf die sozialpädagogische Falldiagnose, die am Beginn jeder Jugendhilfeleistung stehen sollte und vielerorts in den ASD der Jugendämter aus Zeitgründen, z.B. aufgrund der hohen Fallzahlbelastung, unterbleibt. Zweitens sollte eine rege Forschung zu Jugendhilfeeffekten etabliert werden, um sowohl den Wert und die Notwendigkeit von Jugendhilfemaßnahmen sichtbar zu machen als auch die finanziellen Ressourcen sinnvoll einsetzen zu können. Leider scheuen sich auch heute noch viele pädagogische Fachkräfte, den Sinn und vor allem den Wert ihrer Arbeit mit und in Zahlen auszudrücken. Diese Scheu ist oft verknüpft mit dem Hinweis, dass „das nicht gehe in der Arbeit mit Menschen" oder mit dem Vorwurf, dass „es unethisch sei, den Wert der Arbeit" zu beziffern. Bei allem Verständnis für diese Bedenken besteht hier die Gefahr, dass Effekte von Jugendhilfemaßnahmen für den Einzelnen aber auch für die Gesellschaft unerkannt und nicht wertgeschätzt werden. An dieser Stelle vergibt die Profession Soziale Arbeit die Chance, datenbasiert – und damit auch für Nichtsozialpädagog*innen nachvollziehbar – Partei für eine bedarfsgerechte Arbeit im Sinne der Kinder und ihrer Familien zu ergreifen (Beckmann 2015, 150). Die Ausschnitte der KiD-VS zeigen, dass fachliche Begründungen für eine bedarfsgerechte kostenintensive Maßnahme nicht zwangsläufig im Widerspruch zu einer langfristigen Kostenersparnis stehen, und können das widerständige Beharren auf die „richtige, aber leider zunächst kostenintensive" Hilfe argumentativ stützen.

An die *politische Ebene* lässt sich angesichts der Fallverläufe der Kinder die Forderung stellen, endlich die Kommunen aus ihrer Verantwortung als Hauptfinanzierende der Jugendhilfe zu nehmen, um den vom 11. Kinder- und Jugendbericht geforderten Grundsatz von „Ausgaben folgen den Aufgaben" (BMFSFJ 2002, 54) umsetzen zu können. Es ist absurd und für die Kinder als fahrlässig zu bezeichnen, dass sich die erforderlichen bedarfsgerechten Hilfen allzu oft am Budget des Jugendamts orientieren. In diesem Zusammenhang schrieb das Bundesfamilienministerium in einer der ersten Bestandsaufnahmen des Kinder- und Jugendhilfegesetzes schon 1996:

> Die Abhängigkeit von der Verfügbarkeit jährlicher Haushaltsmittel ist eine besondere Behinderung: Unter diesen Rahmenbedingungen können insbesondere offene Arbeitsformen, Angebote in sozialen Brennpunkten und für spezielle Zielgruppen nicht im erforderlichen Ausmaß geplant und angeboten werden[,] (121)

und erinnert damit an den Grundsatz der Kinder- und Jugendhilfe, dass nämlich „[d]ie Auswahl der einzelnen Hilfeart […] sich ausschließlich an pädagogischen Gesichtspunkten, insbesondere dem erzieherischen Bedarf im Einzelfall, zu orientieren“ (BT 1989, 67) hat.

Literatur

Bange, Dirk/Deegener, Günther (1996): Sexueller Missbrauch an Kindern. Ausmaß, Hintergründe, Folgen. Weinheim.

Beckmann, Kathinka (2014): Kinderschutz in öffentlicher Verantwortung. Eine Verlaufsstudie von 346 Werdegängen im Kontext kommunaler Sozial- und Haushaltspolitik. Schwalbach/Ts.

Beckmann, Kathinka (2015): Auf der Suche nach Hilfe und Bildung. Bedarfsgerechte Jugendhilfe-Maßnahmen stehen nicht zwangsläufig im Widerspruch zu einer langfristigen Kostenersparnis. In: Blätter der Wohlfahrtspflege, Nr. 4, S. 147–150. Online unter: https://www.hs-koblenz.de/fileadmin/media/fb_sozialwissenschaften/IFW/Forschung/Auf_der_Suche_nach_Hilfe_und_Bildung_Kathinka_Beckmann.pdf.

Beckmann, Kathinka (2016): Warum hilft mir denn keiner richtig? Zur strukturellen Grundproblematik in der Kinder- und Jugendhilfe. In: Deutsche Kinderhilfe (Hg.): Praxisleitfaden Kinderschutz in Kita und Grundschule. Die Würde des Kindes ist unantastbar. Köln, S. 175–182.

Beckmann, Kathinka/Ehlting, Thora/Klaes, Sophie (2018): Berufliche Realität im Jugendamt: der ASD in strukturellen Zwängen. 2. korrigierte Auflage. Berlin.

Berneiser, Carola/Baz Bartels, Marco (2017): Interdisziplinäre Lehre im Kinderschutz. In: ZKJ – Zeitschrift für Kindschaftsrecht und Jugendhilfe, Sonderdruck Nr. 1.

BKA: Die polizeiliche Kriminalstatistik. Gewalt gegen Kinder. Pressemappe 11.05.2020. Online unter: https://www.bka.de/SharedDocs/Kurzmeldungen/DE/Kurzmeldungen/200511_PK Kinderhilfe.html

[BMFSFJ] Bundesministerium für Familie, Senioren, Frauen und Jugend (Hg.) (1996): Familienbildung als Angebot der Jugendhilfe: Aufgaben und Perspektiven nach dem Kinder- und Jugendhilfegesetz. Stuttgart 1996.

[BMFSFJ] Bundesministerium für Familie, Senioren, Frauen und Jugend (Hg.) (2002a): Effekte erzieherischer Hilfen und ihre Hintergründe. Berlin. Online unter: https://www.bmfsfj.de/blob/94844/6046b3eb624c1b364a9b00c807faed07/prm-23978-sr-band-219-data.pdf

[BMFSFJ] Bundesministerium für Familie, Senioren, Frauen und Jugend (Hg.) (2002b): Elfter Kinder- und Jugendbericht. Bericht über die Lebenssituation junger Menschen und die Leistungen der Kinder- und Jugendhilfe in Deutschland. Berlin. Online unter: https://www.bmfsfj.de/blob/94598/92135291ed6ca273285998211782bfa1/prm-18653-broschure-elfter-kinder--und-j-data.pdf.

[BMFSFJ] Bundesministerium für Familie, Senioren, Frauen und Jugend (Hg.) (2020): Achtes Buch Sozialgesetzbuch.

[BT] Deutscher Bundestag (1989): Gesetzentwurf der Bundesregierung. Entwurf eines Gesetzes zur Neuordnung des Kinder- und Jugendhilferechts (Kinder- und Jugendhilfegesetz — KJHG). BT-Drucksache 11/5948, v. 01.12. Online unter: http://dipbt.bundestag.de/doc/btd/11/059/1105948.pdf.

Deutscher Städtetag (Hg.) (2013): Mindestfinanzierung statt Nothaushalt. Schlaglichter aus dem Gemeindefinanzbericht 2013 des Deutschen Städtetages. Bd. 99. Berlin/Köln. Online unter: http://www.staedtetag.de/imperia/md/content/dst/veroeffentlichungen/gemeindefinanzbericht/2013/gfb_2013_schlaglichter.pdf.

Deutscher Städtetag (Hg.) (2017): Gleichwertige Lebensverhältnisse von Aachen bis Zwickau. Schlaglichter aus dem Gemeindefinanzbericht 2017 des Deutschen Städtetages. Bd. 111. Berlin/Köln. Online unter: http://www.staedtetag.de/imperia/md/content/dst/veroeffentlichungen/gemeindefinanzbericht/gemeindefinanzbericht_2017_kurzfassung.pdf.

Faltermeier, Josef (1997): Stichwort „Kindesmisshandlung". In: Deutscher Verein für öffentliche und private Fürsorge e. V. (Hg.): Fachlexikon der Sozialen Arbeit. 4. Auflage. Stuttgart/Berlin/Köln, S. 552.

Herwig-Lempp, Johannes (2008): Schlecht beraten: In Halle regiert der „Roth-Stift". In: FORUM sozial, Nr. 1, S. 30–31.

[KomDat] Dortmunder Arbeitsstelle Kinder- & Jugendhilfestatistik (Hg.) (2019): Kommentierte Daten der Kinder- und Jugendhilfe. Heft 3/2019..

Krone, Sirikit/Langer, Andreas/Mill, Ulrich/Stöbe-Blossey, Sybille (2009): Jugendhilfe und Verwaltungsreform. Zur Entwicklung der Rahmenbedingungen sozialer Dienstleistungen. Wiesbaden.

Müller, Burkhard (2017): Sozialpädagogisches Können. Ein Lehrbuch zur multiperspektivischen Fallarbeit. 8. Auflage. Freiburg/Br.

Otto, Hans-Uwe/Ziegler, Holger (2012): Impulse in eine falsche Richtung – Ein Essay zur „Neuen Steuerung" der Kinder- und Jugendhilfe. In: Forum Jugendhilfe, Nr. 1, S. 17–25.

Schnurr, Johannes (2005): Der Einzelfall, der Sozialraum und die Endlichkeit der Ressourcen. Praxiserfahrungen bei der Einführung sozialräumlicher Konzepte in der Jugendhilfe. In: Zentralblatt für Jugendrecht, Nr. 2, S. 99–104.

Schrapper, Christian (2015): Sozialpädagogische Diagnosen und sozialpädagogisches Fallverstehen. In: Merchel, Joachim (Hg.): Handbuch Allgemeiner Sozialer Dienst (ASD). 2. aktualisierte und erweiterte Auflage. München/Basel, S. 199–207.

Seithe, Mechthild (2012): Schwarzbuch Soziale Arbeit. 2. durchgesehene und erweiterte Auflage. Wiesbaden.

CLAUS GOLLMANN, VERA MORAWETZ

„Gewalt kommt selten allein ...“ Werdegänge vor dem Hintergrund zusätzlicher Risikofaktoren

1. Einleitung

Kindeswohlgefährdung in all ihren unterschiedlichen Formen und zugehörigen Psychodynamiken betrifft nach wie vor einen erschreckend großen Anteil der Kinder auch in Deutschland. Laut BKA-Statistik 2018 wurden 136 Kinder infolge von Gewalt getötet, d.h. fast drei pro Woche, 4.180 wurden misshandelt und 14.606 Kinder haben sexuelle Gewalt erlebt. Hierbei handelt es sich nur um die Hellfeldangaben, die Dunkelziffer ist als weitaus höher einzuschätzen (UB 2019). Dies ist eine bittere, aber zumindest in Fachkreisen hinlänglich und teilweise auch in der Öffentlichkeit bekannte Tatsache. Fakt ist aber auch, dass viele dieser Kinder nach wie vor viel zu lange oder gar nicht erkannt werden. Sei es, dass sie aufgrund der sichtbaren Verhaltensweisen und Symptome eine ganz andere Diagnose erhalten. Sei es, dass sie mit ihren Äußerungen und Verhaltenssignalen nicht ernst genug genommen werden. Sei es, dass sie aufgrund vermeintlicher Unauffälligkeit (sogenannte „Pseudounauffälligkeit“) gar nicht erst entdeckt werden. Entsprechend erleben und durchleiden etliche dieser Kinder eine regelrechte, manchmal jahrelange Odyssee durch verschiedene Institutionen des Gesundheits- und Jugendhilfesystems. Kinder, die bei uns im KiD aufgenommen werden, haben oftmals schon ähnlich viele Stationen in der Jugendhilfe durchlaufen, wie sie Lebensjahre aufweisen.

In diesem Beitrag wollen wir herausarbeiten, welche Risikofaktoren und Hürden es unserer langjährigen Erfahrung nach für diese Kinder *zusätzlich* zu der ohnehin erlebten Gewalt, Gefährdung und Traumatisierung gibt. Hierbei liegt der Schwerpunkt nicht auf einer Darstellung des theoretischen Hintergrunds oder des Forschungsstands, dies würde eine deutlich umfangreichere und anders geartete Herangehensweise erfordern; entsprechend verzichten wir auch weitgehend auf neuerliche Begriffsdefinitionen und -erklärungen. Vielmehr ist unser Ziel, bewusst aus der KiD-Sicht einen praxisorientierten Blick auf häufig vorkommende, dabei einzeln wie auch in Kombination auftretende Erschwernisse zu werfen; hierfür ziehen wir Daten der KiD-Studie sowie Erfahrungswerte aus der konkreten Arbeit heran. Die sich abzeichnenden Risikofaktoren möchten wir für unsere Zwecke wie folgt verstanden wissen:

In der Kinderschutzarbeit hat der Begriff **Risikofaktor** eine klare Zuordnung; gemeint sind Faktoren, die eine Kindeswohlgefährdung begünstigen, ermöglichen oder herbeiführen. Daher verwenden wir diesen Begriff in unserem Kapitel ebenfalls, allerdings meinen wir in diesem Kontext diejenigen Faktoren, die *eine effiziente Kinderschutzarbeit bei bereits eingetretener Kindeswohlgefährdung durch Gewaltschädigung irgendeiner Art behindern oder erschweren.*

Sieben aus unserer Sicht besonders zentrale Faktoren wollen wir im Folgenden dahingehend näher beleuchten, durch welche Aspekte und Einflüsse sich unserer Ansicht nach jeweils mitentscheidet, ob sich die weitere Entwicklung eines bereits gewaltgeschädigten Kinds eher noch mehr verkompliziert und zum Negativen hin entwickelt oder ob konstruktive Entwicklungswege möglich sind. Diese Risikofaktoren finden sich teilweise bereits in der Biografie des Kinds *vor* dem Aufnahmezeitpunkt im KiD, aber auch in der Zeit *nach* dem KiD. Selbst *in* unsere eigentliche Diagnostikarbeit können bestimmte externe Faktoren erschwerend hineinwirken, die nicht oder nur begrenzt in unserer Hand liegen.

Jeder dieser Risikofaktoren wird dabei als These vorgestellt, entsprechende Ergebnisse aus der KiD-Studie werden angefügt, analysiert und kommentiert, sofern vorhanden, außerdem werden repräsentative Fallbeispiele dargestellt. Abschließend ziehen wir ein Resümee.

Neben den jeweils kurz und selektiv angerissenen Fallbeispielen, die wir als eingängig und charakteristisch für bestimmte Risikofaktoren erachten, gibt es einen Fall, in dem sich bittererweise mehrere dieser Einzeldynamiken und Erschwernisse kumuliert haben. Die Geschichte dieses Mädchens, das wir hier Melanie nennen wollen, erzählen wir chronologisch im Kontext des Risikofaktors 6, an dem sich besonders viel festmacht, und markieren Querverweise zu anderen Risikofaktoren, auch um die Gesamtdynamik und das Ineinandergreifen verschiedener Faktoren zu erhalten und erkennbar zu machen. Dieses sehr anschauliche Beispiel wird u.a. aufzeigen, wie es sich auswirken kann, wenn eine Strafverfolgungsbehörde in die Jugendhilfe hineinwirkt und ein Jugendamt und eine Kinder- und Jugendhilfeeinrichtung dies widerspruchslos hinnehmen.

2. Unser Ausgangspunkt

Vor der Analyse der Risikofaktoren muss noch kurz zweierlei erläutert werden: zum einen die Grundstruktur sowie das Alleinstellungsmerkmal des KiD-Konzepts, zum anderen, in welcher Hinsicht und warum die KiD-Stichprobe per se schon hochselektiv ist.

2.1 Das KiD-Konzept

Das KiD-Gesamtkonzept hat zum Ziel, gewaltgeschädigten Kindern und ihren Familien ein differenziertes, auf ihre individuelle Lebens- und Leidensgeschichte ausgerichtetes diagnostisch/therapeutisches Hilfsangebot zu machen.

Ein Kind, dessen Leben aufgrund diverser Gewalterfahrungen in eine existenzielle Krise geraten ist und bei dem ambulante Angebote aus verschiedensten Gründen nicht ausreichend sind, benötigt spezialisierte Hilfe an einem vorübergehend extrafamilialen Lebensort. Im Zeitrahmen von ca. sechs Monaten führen wir eine umfassende, spezialisierte Diagnostik des Kinds unter Berücksichtigung seines Entwicklungsstands, seiner Symptome und Verhaltensauffälligkeiten, seiner bestehenden Problematik im Rahmen seiner Familie bzw. seines Bezugsystems sowie seiner Ressourcen durch. Auf der Grundlage des Fünf-Säulen-Prinzips (siehe Abbildung 1) werden ein ausführliches systemisch-psychodynamisches Verständnis sowie eine diagnostische Gesamteinschätzung erarbeitet, die wiederum Grundlagen eines umfassenden Berichts mit einer fundierten, passgenauen Empfehlung für weitere Maßnahmen sind. Dabei sollen die komplexe Dynamik der Gewalt innerhalb des Familien-/Bezugssystems erfasst, die Symptome des Kinds verstanden und seine Bedarfe eruiert werden. Das therapeutisch Heilsame in der Diagnostik findet sich u.a. darin, dass mit den Kindern auch psychoedukativ gearbeitet wird, damit sie sich und ihre Symptome besser verstehen lernen. Insofern verfolgt KiD diesbezüglich zwei essenzielle Ziele: *die Kinder zu verstehen* (Analyse der Gewaltschädigung, Folgen und „Symptomsprache") und *den Kindern zu ermöglichen, sich zu verstehen* (Psychoedukation als eine der Grundlagen für den Aufbau von Selbstverstehen, Selbstwirksamkeit und Selbstbemächtigung; zur Relevanz dieser Aspekte verweisen wir u.a. auf Weiß 2013).

Solche diagnostisch-therapeutische KiD-Häuser existieren zurzeit unter der Dachorganisation „KiD Kind in Diagnostik" in Düsseldorf, Hannover und Berlin, weitere Häuser sind in Planung. Die KiD-VS von Kathinka Beckmann bezieht sich ausschließlich auf die mehr als 25-jährige Erfahrung in Düsseldorf (KiD Düsseldorf).

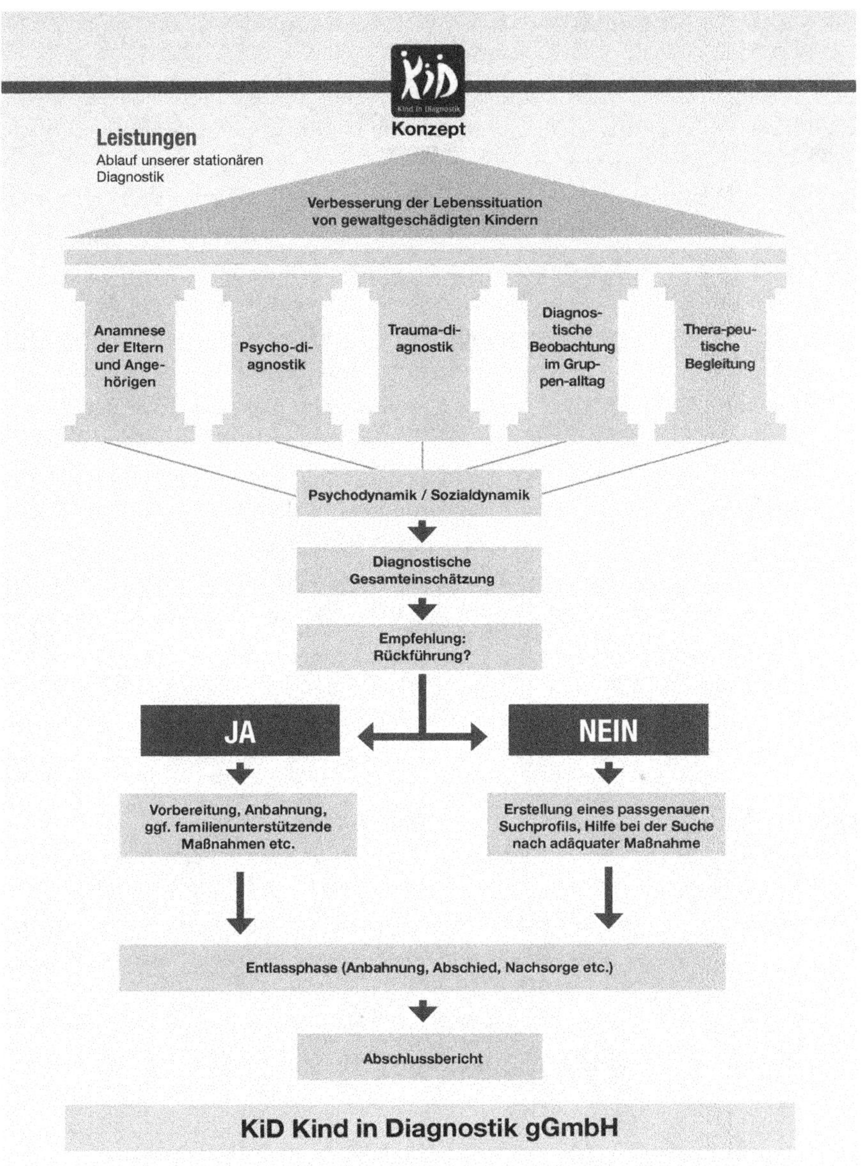

Abbildung1: KiD-Konzept (KiD Kind in Diagnostik gGmbH 2020)

2.2 Die KiD-Stichprobe

Im KiD Düsseldorf haben wir bis dato Kinder auf Anfrage von mehr als hundert Jugendämtern aufgenommen, kennen somit einige Hundert individuelle Fallverläufe und können daher Unterschiede in Bezug auf Ausstattung, Qualitätsstandards, Kommunikationsstrukturen etc. der beteiligten Fachakteur*innen feststellen. Demnach sind die Risikofaktoren, die wir im Folgenden beschreiben werden, in spezifischen Erfahrungen aus dem KiD begründet und daher nicht in Gänze repräsentativ für die Jugendhilfe, dennoch sind unserer Ansicht nach bestimmte Schlussfolgerungen übertragbar und relevant für die Jugendhilfelandschaft an sich, soweit es das Ansinnen betrifft, die Diagnostik und Versorgungslage für gewaltgeschädigte Kinder weiter zu optimieren.

Das Spezielle unserer Stichprobe liegt u.a. darin begründet, dass einer Aufnahme eines Kinds in KiD häufig etliche Maßnahmen vorausgegangen sind. D.h. auch die Fallführungen haben meist eine lange Geschichte mit diesen Familien, dies gilt es, mit in den Blick zu nehmen, da dies häufig Einfluss auf den weiteren Verlauf eines Hilfeprozesses hat. Kinder, die im KiD aufgenommen werden, befinden sich in einer Lebenskrise, die in aller Regel einhergeht mit einer Krise der Eltern und manchmal auch einer Krise im Helfer*innensystem. Unser diagnostischer Blick richtet sich auf all dies. Die Lebenssituation und die gesamtpsychische Lage der bei uns angefragten Kinder stellt somit eine Art negative „Spitze des Eisbergs“ dar, da andere Jugendhilfemaßnahmen und niedrigschwelligere Formen von Diagnostik nicht gegriffen haben. Tendenziell reden wir hier somit von stark bis am stärksten belasteten Kindern, von tendenziell oft eher unkooperativen oder hoch verwickelten Bezugssystemen, eher multipler Traumatisierung und damit auch kombinierten Gewaltformen und einer Vielzahl von Erscheinungsformen vermeintlicher Symptomarmut bis hin zu einer immensen Symptombreite und -intensität. Hierdurch entsteht aber auch eine Verzerrung der einzelnen Effekte und Dynamiken insoweit, dass diese in der KiD-Stichprobe in gewisser Weise überrepräsentiert sind. Umgekehrt bedeutet dies, dass genau diejenigen Kinder, die der Hilfe am intensivsten bedürfen, immens belastet sind und vielfach passgenaue Hilfe nicht oder viel zu spät erhalten.

3. Die Risikofaktoren

3.1 Risikofaktor 1: transgenerationale Traumatisierung

Eine Traumatisierung auf Elternebene erhöht das Risiko für eine Traumatisierung beim Kind und erschwert den weiteren Verlauf.

> „Wenn ich als Kind damals in so einer Einrichtung gewesen wäre, wäre mein Leben anders verlaufen." (Zitat einer Mutter)

Der fatale Zusammenhang, dass eine bereits vorliegende, vor allem eine unbearbeitete (!) Traumatisierung bei einem oder beiden Elternteilen über verschiedenste Vermittlungswege das Risiko eines Kinds erhöhen kann, selbst direkt oder auch indirekt eine Traumatisierung zu erleben, ist inzwischen hinlänglich bekannt und mit entsprechender Forschung valide belegt. Dies umfasst einerseits die Frage des grundsätzlichen Zusammenhangs (unspezifische Weitergabe von Gewalt), aber auch die transgenerationale Weitergabe spezifischer Gefährdungsformen über direkte wie indirekte Wege. Jeder einzelne Fall muss dabei individuell betrachtet und analysiert werden. Hierbei sollte jeweils ein multidimensionales Modell transgenerationaler Weitergabe unter Einbezug von Risikofaktoren, Schutzfaktoren, Vulnerabilitäten, Resilienzen, individuellen und interpersonellen Verhaltensmustern, Bewältigungsmechanismen etc. Anwendung finden. Im Folgenden soll hier ein kurzer Überblick über verschiedenste Zugänge gegeben werden, ohne dass dieser Passus den Anspruch auf Vollständigkeit erheben will, entsprechend sind auch nur sehr selektiv konkrete Quellen vermerkt.

Wirft man einen exemplarischen Blick in die Studienlage, so ergibt sich ein zunächst widersprüchliches Bild. Je nach zurate gezogener Studie im Bereich physischer Gewaltweitergabe schwanken die Zahlen immens. Geschlagene Mütter verzichteten laut einer Studie (Reisel 1991, nach Engfer 2016) in 100 % der Fälle auf Gewalt in der Erziehung ihrer eigenen Kinder, geschlagene Väter nur in 9 %. Eine andere Studie (Wetzels 1997, nach Engfer 2016) kam hingegen zu dem Schluss, dass 64,8 % der Eltern eigene Gewalterfahrungen weitergegeben haben. Bezüglich Misshandlungen im engeren Sinn gaben 85,7 % der Eltern diese nicht weiter. Grundsätzlich ist wie immer zu berücksichtigen, dass sicherlich das jeweilige Studiendesign Einfluss auf die Ergebnisse genommen hat (gewählte Stichprobe, Methodik und Art der Erhebung sowie Auswertung der Daten, Definition relevanter Variablen, konkrete Fragenformulierung, Anonymisierung(-sgrad) etc.). Zentraler sind jedoch Fragen nach psychodynamischen Faktoren wie etwaiger sozialer Erwünschtheit, Leugnung, Scham sowie weiteren Antworttendenzen, die dies möglicherweise beeinflusst haben könnten, eventuell bei Müttern mehr oder anders als bei Vätern. Geschlechtsspezifische Rollenvorgaben und Stereotype sind hier nur ein verzerrender Faktor unter mehreren. Es zeigt sich aber auch, dass der grundsätzliche Zusammenhang zwischen selbst erlebter Gewalt und Weitergabe noch nachweisbar war, auch wenn eine Vielzahl an Effekten (soziale Schicht, Alter von Eltern und Kindern, Geschlecht der Kinder, etwaige zusätzliche Gewalt zwischen den Erwachsenen etc.) statistisch kontrolliert und somit herausgerechnet wurde (Ross 1996, nach Bender/Lösel 2016). Das an sich ermutigende Ergebnis, dass Misshandlungen in der überwiegenden Zahl der Fälle nicht weitergegeben worden sind (allen möglichen Verzerrungstendenzen zum Trotz), verweist darauf, dass transgenerationale Traumatisierung kein unausweichliches Schicksal darstellt. Mutmaßlich haben viele der Beteiligten geeignete Hilfe erhalten, konnten auf kompensatorische Faktoren und Resilienzen zurückgreifen etc. Gelingt es einer Person, das Selbsterlebte für sich aufzuarbeiten und in die eigene Biografie zu integrieren, dann kann an dieser Stelle die fatale „Spirale der Gewalt" durchaus durchbrochen und eine erneute Weitergabe in die nachfolgende Generation verhindert werden.

Die Weitergabe von Gewalt ist ein in sich hochkomplexes Thema, in das verschiedene Ebenen und Psychodynamiken hineinspielen. An Weitergabeformen von Gewalt sind primäre Traumatisierungen (Gewalt am Kind als Weitergabe von eigenem Erleben) von sekundären (Weitergabe der Traumatisierungsfolgen ohne konkret weitergegebene Gewalt) sowie direkte von indirekten Wegen der Weitergabe (z.B. über Partnerwahl, Duldung, fehlenden Schutz eines Kinds etc.) zu unterscheiden.

Weitergabe beginnt dabei unter Umständen bereits auf epigenetischer Ebene, wenn bei einer traumatisierten, chronisch gestressten Mutter das eigene Stressregulationssystem Schäden davonträgt (defizitäre „Stressbremse") und sich dies epigenetisch bereits auf das Ungeborene überträgt (Huber 2007). Das Kind reagiert dann gegebenenfalls bereits ab Geburt vulnerabel und reizoffen auf etwaige stressige Situationen und ist so möglicherweise zusätzlich gefährdet, Opfer von Gewalt zu werden. Dies könnte geschehen, indem es seinen Bezugspersonen als instabil, weinerlich, gestresst oder gereizt erscheint, Probleme mit der Etablierung von Rhythmen (Schlafen, Wachphasen, Nahrungsaufnahme etc.) hat, sich schlecht beruhigen lässt usw. Somit laufen die Eltern in möglichen Unsicherheiten oder aufgrund von Erziehungs- und Versorgungsdefiziten noch schneller Gefahr als gegebenenfalls ohnehin, ihrerseits aggressiv oder vernachlässigend zu handeln.

Daneben wird Gewalt aber auch deswegen direkt weitergegeben, weil beispielsweise Aggression im Rahmen eines bestimmten Rollenverständnisses als probates oder einzig verfügbares Mittel zur Durchsetzung eigener Interessen, als Machtmittel oder sogar als „gerechtfertigte Erziehungsmethode“ angesehen wird oder schlichtweg alternativlos gelernt worden ist. Auch Überforderung – bedingt beispielsweise durch sonstige psychosoziale Belastungsfaktoren (finanzielle Probleme, angespannte Lebenssituation etc.), fehlende eigene Stress- und Affektregulations- oder Problemlösefähigkeiten ö. Ä. – kann sich im Rückgriff auf selbst erlebtes aggressives Verhalten niederschlagen. Psychodynamisch kommen beispielsweise Reinszenierungen eigener Erlebnisse und Konstellationen hinzu, zudem bestimmte Bedeutungszuschreibungen an Gewalt oder aber entsprechend getönte Fehldeutungen des kindlichen Verhaltens vor dem Hintergrund eigener Traumafolgeprobleme. Dann wird etwa das „Fäusteln“ eines wenige Monate alten Babys a) grundsätzlich als Aggression und b) sogar als gezielt intentional gegen die Bezugsperson gerichtet missdeutet („Er hat ja schon mit 5 Monaten seine Faust gegen mich erhoben.“). Dieses Zitat einer Mutter aus der Anamnese im KiD macht die extrem dysfunktionale Verschränkung von reaktualisierten eigenen traumatischen Erfahrungen (in diesem Fall die massive physische Gewalt durch den eigenen Vater) mit Mutter-Kind-Interaktionen erkennbar. Das Verhalten des Säuglings wirkte in diesem Fall als Trigger und führte situativ zu aggressiv-abwehrendem Verhalten der Mutter und damit längerfristig zu massiven Folgen für das Kind hinsichtlich des sich gerade entwickelnden Kontingenzerlebens, aber auch der Bindungsentwicklung etc. An diesem Beispiel zeigt sich außerdem die Auswirkung fehlenden entwicklungsbezogenen Wissens bei manchen Eltern (Fäusteln als normale motorische Aktion, Entwicklung von Affekten und intentionalen Handlungen viel später etc.). Auch in späteren kindlichen Entwicklungsphasen kann sich dies dysfunktional auswirken, wenn kindliches Verhalten, geäußerte Bedürfnisse, noch nicht erworbene Fähigkeiten o.Ä. nicht als altersadäquat eingeordnet werden können und so beispielsweise Frustration, Wut oder aber sanktionierendes, bestrafendes elterliches Verhalten zur Folge haben.

Sexuelle Grenzverletzungen werden vor dem Hintergrund eigener Traumatisierungen und entsprechend „gelernter“ kognitiver, emotionaler und behavioraler Schemata und Strukturen nicht selten als „normal“ gerechtfertigt, als besondere Form von Nähe oder „Liebe“ bezeichnet, werden reinszeniert als selbst erlebte Form der Koppelung von sexueller Erregung mit bestimmten Reiz- und Situationskonstellationen etc. Hier ist kein Raum, um differenziert auf den gesamten Fundus an Theorien zur konkreten Ätiologie von missbräuchlichem Verhalten (z.B. modellhaft erlerntes Verhalten, Vier-Faktoren-Theorie nach Finkelhor (Joraschky/Petrowski 2016), Drei-Perspektiven-Modell (Brockhaus/Kolshorn 2002) etc., aber auch Grundsatzfragen von klassischer Pädophilie vs. psychodynamischen Aspekten von Missbrauch o.Ä.) einzugehen. Bei der Analyse der transgenerationalen Weitergabe von sexuellem Missbrauch spielt u.a. das Trauma-Integrationsmodell eine wichtige Rolle (Barwinski-Fäh 2005, nach Barwinski 2013). Es versucht zum einen, eine direkte Weitergabe über die Wiederholung der eigenen Erfahrungen an eigenen Kindern zu erklären (1. Zyklus der Traumaverarbeitung: Wahrnehmungsabwehr der traumatischen Erfahrung, d.h. keine emotionale und/oder kognitive Wahrnehmung der traumatischen Erfahrung (Amnesie, Vergessen einzelner Aspekte, Wissen um Geschehnisse ohne Affekte, Ich-Spaltung im Sinne von Ego-States etc.). Zum anderen wird die indirekte Weitergabe erläutert. Hierbei gibt es keine aktive Täter*innenschaft im engeren Sinn, sehr wohl aber eine indirekt-passive Weitergabe durch Unterstützung des Missbrauchs durch Dritte oder Nichtverhindern, Projektion des eigenen verachteten Selbstanteils auf Tochter, Partnerwahl etc. (2. Zyklus der Traumaverarbeitung: Abwehr der subjektiven Bedeutung des Geschehenen, d.h. keine Abwehr mehr gegen die Kenntnisnahme, sondern gegen die Wahrnehmung der subjektiven Bedeutung der traumatischen Situation. D.h. bei Beziehungstraumata wird die Wahrnehmung des*r Täters*Täterin als Täter*in abgewehrt, stattdessen kommt es z.B. zu Idealisierung und Introjektion von Vorwürfen etc.). Eine direkte Weitergabe kann daneben auch bedeuten, zwar gegebenenfalls nicht an den konkreten übergriffigen Handlungen beteiligt zu sein, sehr wohl aber an der aktiven Zuführung zu Situationen, der Erstellung von Medienmaterial (Fotos, Filme etc.) oder auch an einer etwaigen Entlohnung.

Vernachlässigung und psychische Gewalt können als erlernte Interaktions- und Beziehungsformen weitergegeben werden. Sei es in Ermangelung von selbst erlebten und innerpsychisch verankerten Alternativen (defizitäre oder fehlende innerpsychische Repräsentanzen, Strukturen, Fähigkeiten und Fertigkeiten). Sei es, weil infolge einer eigenen, oft sehr komplexen Schädigungshistorie auch weitere essenzielle Strukturen und Mechanismen (z.B. Mentalisierungsfähigkeit, Empathie, aber auch Selbstwirksamkeitserleben, Problemlösestrategien etc.) nicht hinreichend oder gar nicht angelegt werden konnten.

Bei psychischer Gewalt können gleichfalls erlernte Schemata nebst entsprechenden Deutungen, Haltungen und Handlungsimpulsen eine Rolle spielen. Selbst erlebte Abwertung und Zuschreibung negativer – gegebenenfalls bereits vom eigenen Elternteil projektiv abgewehrter – Selbstanteile („Telescoping") werden unter Umständen erneut an das eigene Kind weitergegeben, wenn dessen Verhalten, Auftreten oder sonstige Reize als Trigger wirken. Dies kann alte negative Affekte und Zuschreibungen reaktualisieren und Abwehr mit projektiver Zuschreibung auf das Kind auslösen, um sich selbst zu entlasten und sich gleichzeitig zu ermöglichen, sich selbst positive Anteile zuzuschreiben oder mindestens das eigene Verhalten zu rechtfertigen und zu legitimieren („Du bist genau wie …" in Kombination mit „Ich hingegen …", „Du zwingst mich dazu …"). Auch spezifische Muster wie etwa Parentifizierung als ein möglicher Bestandteil psychischer Gewalt können auf ähnliche Weise weitergegeben werden, wahlweise mit schicksalhaft-fatalistischer oder sogar mit subjektiv positiver Konnotation („Das ist bei uns in der Familie nun mal so …", „Ich musste mich früher auch um … kümmern.", „Das ist doch schön, dass wir das so machen.").

Neben eher „aktiven" Formen wird die transgenerationale Weitergabe von Gewalt oftmals auch passiv ermöglicht. Beispielsweise indem sich ein selbst traumatisierter Elternteil unbewusst eine*n Partner*in „sucht", der oder die selbst Gewalt ausübt, sodass altbekannte Beziehungskonstellationen und Verhaltensmuster reinszeniert werden. Bei sexuellem Missbrauch wird oftmals von traumabedingten „blinden Flecken" gesprochen, die – sei es über fehlende korrektive Erfahrungen, sei es aufgrund von Amnesie, abgewehrten Erinnerungen, entsprechender Leugnung oder Bagatellisierung etc. – in Bezug auf das eigene Kind dann gefährdenden oder bereits schädigenden Einfluss nehmen. Dies reicht von der Partnerwahl, entstehenden Abhängigkeiten, eigener Hilflosigkeit und passiv-resignativer Hinnahme über fehlenden Schutz vor bestimmten Situationen, Medien etc. bis hin zu konkretem „Übersehen" missbräuchlicher Handlungen aufgrund eigener Dissoziation o.Ä.

Indirekt weitergegebene Mechanismen beim Kind (mit Symptomen wie bei direkter Traumatisierung etc.) spielen gleichfalls eine Rolle, indem sie das Kind belasten und anderweitig Gefahren aussetzen (Parentifizierung, Vernachlässigung infolge anderweitig gebundener Energien, z.B. bei psychischer Erkrankung des Elternteils aufgrund selbst erlebter Gewalt etc.). Grenzstörungen, Introjekte im Kind aufgrund projizierter Muster („Er ist ganz der Vater." etc.) und viele andere Auswirkungen sind bekannt. Eine hoch traumatisierte Mutter mit dissoziativen Tendenzen kann ihr Kind mit hoher Wahrscheinlichkeit nicht hinreichend versorgen, normales kindliches Verhalten (z.B. Bedürfnisäußerungen, Schreien, Weinen, ganz normale Entwicklungsschritte etc.) wirkt als Trigger. Das Kind kann kein hinreichendes Containment eigener Bedürfnisse und Affekte erleben, wird stattdessen Phänomenen von Introjekten, Telescoping etc. ausgesetzt und macht so die Erfahrungen, kein Vertrauen aufbauen zu können, sich nicht als geschützt, versorgt oder verstanden zu erleben, entwickelt infolge der elterlich abgewehrten negativen Selbstbildanteile ein eigenes sehr negatives Selbstbild etc. Aus all diesen teilweise direkt, teilweise eher diffus, nichtsdestotrotz sehr tief in die gesamtpsychische Entwicklung eines Kinds eingreifenden Mechanismen ergibt sich eine Vielzahl an denkbaren Folgestörungen, sei es eine „klassische" Traumafolgestörung wie PTBS, eine Bindungsstörung oder etwas ganz anderes. Ist der*die Schädiger*in gleichzeitig eine Hauptbindungsperson (wie in den meisten der hier beschriebenen Fälle), ist eine komplexe Entwicklungsstörung nach Frühtraumatisierung eine mögliche Folge (Weinberg 2013). Im Zusammenhang mit diesem Modell wird speziell die immense Bedeutung der Bindungsstruktur eines Kinds als Mittlervariable, aber auch als einem der zentralen innerpsychischen Bereiche deutlich, in dem sich eine Vielzahl von Traumafolgestörungen mit abbilden und niederschlagen können.

Ein weiterer Aspekt muss an dieser Stelle noch benannt werden. Viele der selbst traumatisierten Eltern sind sich des eigenen Traumas als Belastungsfaktor für sich und ihre Kinder nicht hinreichend bewusst (z.B. durch blockierte Erinnerungen im Rahmen des Traumagedächtnisses oder weil sie die Erlebnisse nicht problematisieren etc.). Darüber hinaus werden aber auch etliche Eltern nicht als solche erkannt, weil sie diesbezüglich keinen Kontakt zum Sozial- oder Gesundheitssystem aufnehmen und entsprechend gar keine Diagnose vorliegt oder weil es im Erwachsenenbereich (genau wie bei den Kindern; siehe Risikofaktor 3) ebenfalls zu Fehldiagnosen oder Fehlzuschreibungen kommt. Dies kann bedeuten, dass z.B. eine Depression auf Symptomebene als denkbare Traumafolgestörung korrekt diagnostiziert wird, der Zusammenhang zu einer früheren Traumatisierung jedoch übersehen oder gar nicht erst erfragt worden ist. Das kann aber genauso gut bedeuten, dass ein solcher Elternteil den Helfer*innen „einfach nur" als problematisch im Kontakt erscheint, dass – meist nicht als solche erkannte – Übertragungs- und Gegenübertragungsphänomene in die Arbeit hineinspielen. Dies kann weitere dysfunktionale Interaktionsmuster zwischen Helfer*innen und Elternteil zur Folge haben. Wer denkt schon bei einer Mutter, die zum wiederholten Mal einen Termin „vergisst", unbedingt an traumabedingte Dissoziation, Gedächtnislücken o.Ä. (als *eine* mögliche Erklärung von vielen), und wie viel schneller ist man mit Zuschreibungen wie „unkooperativ", „verweigernd" oder gar „passiv-aggressiv" bei der Hand? Ist ein Vater tatsächlich „einfach nur" „bedrohlich" und „unverschämt" oder kann es sein, dass er selbst einem unbewussten Mechanismus unterliegt, eigentlich hoch verunsichert ist und jeden Gegenüber erstmal „abchecken" muss und sich selbst vor erwarteter neuerlicher Gefahr zu schützen versucht, indem er vorsorglich zum „Gegenangriff" übergeht?

Eine der zentralen Aufgaben der Diagnostik im KiD ist es, all diese Phänomene differenziert zu betrachten. Wir wollen die „Spirale der Gewalt" so oft und so weitreichend wie möglich unterbrechen.Unsere Diagnostik ist ganz klar tertiäre Prävention mit dem Ziel, die Weitergabe von Gewalterfahrung zumindest in die nachfolgende Generation zu verhindern.

Uns hat im Kontext der Studie die Frage beschäftigt, ob sich dieser Zusammenhang, den wir in vielen Fällen im KiD genauso wiederfinden, auch in den entsprechenden Ergebnissen der KiD-VS nachweisen lässt. Entsprechend hat uns interessiert, ob eine bestätigte oder als möglicherweise angegebene eigene Gewalterfahrung bei Mutter und/oder Vater (soweit in der jeweiligen Elternanamnese ersichtlich) die Wahrscheinlichkeit für Gewalterfahrung beim Kind beeinflusst hat.

Kindsmutter

Beim Blick in die entsprechende Randverteilung beziehungsweise die Abweichung hiervon zeigte sich ein leichter Zusammenhang: Eine eigene bestätigte Gewalterfahrung irgendeiner Art bei der Mutter machte eine – unspezifische – Gewalterfahrung beim Kind etwas wahrscheinlicher (88,6 % vs. 80,5 %; Randverteilung: 86,1 %).

			Gewalterfahrung Mutter		Gesamt
			Ja	Nein	
Gewalterfahrung Kind	Ja	Anzahl	296	124	420
		% innerhalb von Gewalterf. Mutter	**88,6 %**	**80,5 %**	**86,1 %**
	Nein	Anzahl	38	30	68
		% innerhalb von Gewalterf. Mutter	**11,4 %**	**19,5 %**	**13,9 %**
Gesamt		Anzahl	334	154	488
		% innerhalb von Gewalterf. Mutter	100,0 %	100,0 %	100,0 %

Tabelle 20: Kreuztabellierung Gewalterfahrung Mutter/Gewalterfahrung Kind (unspezifisch)

Schaute man sich diesen zugegebenermaßen noch sehr abstrakten Zusammenhang etwas genauer an, so ergaben sich weitere Hinweise, die die These dieses ersten Risikofaktors weiter stützen.

So ergab sich ebenfalls ein leichter bei der Frage nach einem Bezug zwischen eigener mütterlicher Gewalterfahrung und der Frage nach dem*der Schädiger*in: Die Wahrscheinlichkeit, dass die Mutter die Schädigerin war, stieg bei eigenen Gewalterfahrungen leicht an. Auch insgesamt wurden Mütter als Schädigerinnen sehr oft genannt (siehe den Beitrag von Kathinka Beckmann). Dies ist ein Hinweis darauf, dass auch die direkte Weitergabe von Gewalt bei Müttern eine Rolle spielt, nicht nur die indirekte durch die Wahl eines bestimmten Partnertyps, „blinde Flecken", dysfunktionale Traumafolgeschemata etc. Väter lagen nahezu gleichauf mit den Müttern in der Schädiger*innenreihenfolge, dies entspricht unserer Erfahrung, dass die KiD-Kinder in vielen Fällen von Gewalt beider Elternteile (oder auch durch einen Elternteil und den*die neue*n Partner*in) berichten (zu den Zusammenhängen bei den Vätern s.u.).

			Gewalterfahrung Mutter		Gesamt
			Ja	Nein	
Schädigerin Mutter	Nein	Anzahl	208	99	307
		% innerhalb von Gewalterf. Mutter	62,3 %	68,8 %	64,2 %
	Ja	Anzahl	99	29	128
		% innerhalb von Gewalterf. Mutter	**29,6 %**	**20,1 %**	**26,8 %**
	möglich	Anzahl	23	10	33
		% innerhalb von Gewalterf. Mutter	6,9 %	6,9 %	6,9 %
	keine Angabe	Anzahl	4	6	10
		% innerhalb von Gewalterf. Mutter	1,2 %	4,2 %	2,1 %
Gesamt		Anzahl	334	144	478
		% in% innerhalb von Gewalterf. Mutter	100,0 %	100,0 %	100,0 %

Tabelle 21: Kreuztabellierung Schädigerin Mutter/Gewalterfahrung Mutter

Dieser Zusammenhang ließ sich darüber hinaus sogar auch für einzelne konkrete Gewaltformen nachweisen.

Deutlich war der Zusammenhang bei physischer Gewalt: Hatte die Mutter dies selbst erlebt, so war die Rate an Kindern, die auch physische Gewalt erlebten, höher; wenn die Mutter dies nicht erlebt hatte, entsprechend geringer. Insgesamt haben 57,9 % der Kinder eine Gewalterfahrung gemacht (Randverteilung). Wenn die Mutter selbst eine physische Gewalterfahrung gemacht hatte, waren es mehr (62,3 %), hatte sie keine gemacht, deutlich weniger (49,5 %).

			physische Gewalterfahrung Mutter				Gesamt
			Nein	Ja	möglich	keine Angabe	
Physische Gewalt-erfahrung Kind	Nein	Anzahl	49	88	16	15	168
		% innerhalb von phys. Gewalterf. Mutter	46,7 %	31,9 %	55,2 %	22,1 %	35,1 %
	Ja	Anzahl	52	172	12	41	277
		% innerhalb von phys. Gewalterf. Mutter	**49,5 %**	**62,3 %**	41,4 %	60,3 %	**57,9 %**
	mög-lich	Anzahl	3	11	0	4	18
		% innerhalb von phys. Gewalterf. Mutter	2,9 %	4,0 %	0,0 %	5,9 %	3,8 %
	keine Angabe	Anzahl	1	5	1	8	15
		% innerhalb von phys. Gewalterf. Mutter	1,0 %	1,8 %	3,4 %	11,8 %	3,1 %
Gesamt		Anzahl	105	276	29	68	478
		% innerhalb von phys. Gewalterf. Mutter	100,0 %	100,0 %	100,0 %	100,0 %	100,0 %

Tabelle 22: Kreuztabellierung physische Gewalterfahrung Mutter/physische Gewalterfahrung Kind. Siehe auch Daten aus Tabelle 14, Grunddaten.

Ein leichter Zusammenhang ergab sich bezüglich sexueller Übergriffe: Hatte die Mutter sexuelle Gewalt erlebt, war die Rate an Kindern, die sexuelle Gewalt erlebten, höher; wenn die Mutter dies nicht erlebt hatte, entsprechend geringer. Insgesamt haben 40,4 % der Kinder sexuelle Gewalt erlebt (Randverteilung). Hatte die Mutter selbst sexuelle Gewalt erlebt, waren es 44,7 %. Hatte sie keine sexuelle Gewalt erlebt, waren es nur 38,3 %.

			sexuelle Gewalterfahrung Mutter				Gesamt
			Nein	Ja	möglich	keine Angabe	
sexuelle Gewalt Kind	Nein	Anzahl	79	44	21	37	181
		% innerhalb von sex. Gewalterf. Mutter	43,2%	28,9%	35,6%	44,0%	37,9%
	Ja	Anzahl	70	68	26	29	193
		% innerhalb von sex. Gewalterf. Mutter	**38,3%**	**44,7%**	44,1%	34,5%	**40,4%**
	mög-lich	Anzahl	32	38	10	9	89
		% innerhalb von sex. Gewalterf. Mutter	17,5%	25,0%	16,9%	10,7%	18,6%
	keine Angabe	Anzahl	2	2	2	9	15
		% innerhalb von sex. Gewalterf. Mutter	1,1%	1,3%	3,4%	10,7%	3,1%
Gesamt		Anzahl	183	152	59	84	478
		% innerhalb von sex. Gewalterf. Mutter	100,0%	100,0%	100,0%	100,0%	100,0%

Tabelle 23: Kreuztabellierung sexuelle Gewalterfahrung Mutter/sexuelle Gewalt Kind. Siehe auch Daten aus Tabelle 15, Grunddaten.

Auch etwaige Zusammenhänge bezüglich der anderen spezifischen Gewaltformen (psychische Gewalt, Vernachlässigung etc.) haben uns interessiert. Da hinsichtlich dieser ganz spezifischen Frage jedoch in der Anlage und Codierung der erhobenen Variablen eine Unschärfe in der Begriffsdefinition/-vergleichbarkeit und damit der Konstrukt- und Inhaltsvalidität auftrat („seelische Gewalt" vs. „Versorgungsdefizite/sonstige Erziehungsprobleme"), verzichten wir hier auf eine ausführliche Darstellung der Ergebnisse. Unter der Hypothese, dass zwischen seelischer Gewalt und Versorgungsdefiziten/Erziehungsproblemen durchaus eine gewisse Schnittmenge im Sinne emotionaler Vernachlässigung/psychischer Gewalt als gegeben anzunehmen sein könnte, haben wir die entsprechenden Kreuztabellierungen dennoch vorgenommen. Die Ergebnisse gehen auch hier in die vermutete Richtung eines erhöhten Risikos.

Kindsvater:
Schaute man sich in den Daten der KiD-Studie die entsprechenden Zusammenhänge zu etwaiger Gewalterfahrung beim Kindsvater an, so erschienen die Ergebnisse weniger eindeutig. Hier zeigte sich lediglich ein leichter Zusammenhang folgender Art: Eine mögliche eigene Gewalterfahrung beim Kindsvater (Kategorie „möglicherweise") machte eine Gewalterfahrung beim Kind etwas wahrscheinlicher (Randverteilung: 86,1 %; bei möglicher eigener Gewalterfahrung beim Kindsvater 92,3 %, ohne diese Angabe 85,3 % (Rest)). Hier entstand die Hypothese, dass es möglicherweise für die Väter in der Eigenanamnese im KiD deutlich schwieriger als für die Mütter war, etwaige eigene Gewalterfahrungen zuzugeben. Entsprechend könnten sich hier innerhalb der Kategorie „möglicherweise" reale Gewalterfahrungen verbergen, da diese Codierung in denjenigen Fällen zustande kam, in denen entweder die konkreten Angaben der Väter entsprechend diffus verblieben (konkrete Formulierungen) oder aber die entsprechenden Hinweise eher fremdanamnestisch erhoben worden waren und somit lediglich mit einer gewissen Wahrscheinlichkeit angegeben werden konnten.

			Gewalterfahrung Vater		Gesamt
			möglich	Rest	
Gewalterfahrung Kind	Ja	Anzahl	48	372	420
		% innerhalb von Gewalterf. Vater	**92,3 %**	**85,3 %**	**86,1 %**
	Nein	Anzahl	4	64	68
		% innerhalb von Gewalterf. Vater	7,7 %	14,7 %	13,9 %
Gesamt		Anzahl	52	436	488
		% innerhalb von Gewalterf. Vater	100,0 %	100,0 %	100,0 %

Tabelle 24: Kreuztabellierung Gewalterfahrung Vater/Gewalterfahrung Kind (unspezifisch)

Auch hier zeigte ein genauerer Blick in die Daten: Die Wahrscheinlichkeit, dass der Vater der Schädiger war, stieg mit eigener bestätigter Gewalterfahrung deutlich an, sie verdoppelte sich fast. Dies bezog sich auf die Fälle, in denen die Väter eigene Gewalterfahrung entweder selbst so benannten oder dies durch verlässliche Drittquellen angegeben wurde (zum Beispiel Jugendamtsmitarbeitende etc.). Die Randverteilung lag bei 25,1 %. Dies verdoppelte sich nahezu auf 44,8 %, wenn eine bestätigte Gewalterfahrung beim Kindsvater vorlag. War dies nicht der Fall, waren es lediglich 18,8 %.

			Gewalterfahrung Vater		Gesamt
			Ja	Nein	
Schädiger Vater	Nein	Anzahl	43	228	271
		% innerhalb von Gewalterf. Vater	37,1 %	63,0 %	56,7 %
	Ja	Anzahl	52	68	120
		% innerhalb von Gewalterf. Vater	**44,8 %**	**18,8 %**	**25,1 %**
	möglich	Anzahl	20	58	78
		% innerhalb von Gewalterf. Vater	17,2 %	16,0 %	16,3 %
	keine Angabe	Anzahl	1	8	9
		% innerhalb von Gewalterf. Vater	0,9 %	2,2 %	1,9 %
Gesamt		Anzahl	116	362	478
		% innerhalb von Gewalterf. Vater	100,0 %	100,0 %	100,0 %

Tabelle 25: Kreuztabellierung Schädiger Vater/Gewalterfahrung Vater

Hinsichtlich der spezifischen Gewaltformen waren die Ergebnisse nicht eindeutig und wiesen nur teilweise oder ganz leicht in die zu erwartende Richtung, auch hier spielte die Kategorie „möglicherweise“ die größte Rolle.

Nicht eindeutig erschien: Hatte der Vater keine physische Gewalt erlebt, war die Rate an Kindern, die physische Gewalt erlebten, geringer (Randverteilung: 57,9 %; bei fehlender physischer Gewalt beim Kindsvater nur 45,3 %). Dies erbrachte jedoch kein eindeutiges Bild. Zwar haben Kinder seltener eigene Gewalterfahrungen gemacht, wenn der Vater keine gemacht hatte (45,3 % zu 57,9 %). Auf die „Ja“-Kategorie traf das aber nicht zu (58,0 % zu 57,9 %), das lag eventuell an der „schwammigen“ Kategorie „möglicherweise“, die alle Zusammenhänge verwässerte und die Randverteilung beeinflusste.

			physische Gewalterfahrung Vater				Gesamt
			Nein	Ja	möglich	keine Angabe	
physische Gewalt Kind	Nein	Anzahl	37	34	11	86	168
		% innerhalb von phys. Gewalterf. Vater	49,3 %	34,0 %	33,3 %	31,9 %	35,1 %
	Ja	Anzahl	34	58	20	165	277
		% innerhalb von phys. Gewalterf. Vater	**45,3 %**	**58,0 %**	60,6 %	61,1 %	**57,9 %**
	mög-lich	Anzahl	4	8	0	6	18
		% innerhalb von phys. Gewalterf. Vater	5,3 %	8,0 %	0,0 %	2,2 %	3,8 %
	keine Angabe	Anzahl	0	0	2	13	15
		% innerhalb von phys. Gewalterf. Vater	0,0 %	0,0 %	6,1 %	4,8 %	3,1 %
Gesamt		Anzahl	75	100	33	270	478
		% innerhalb von phys. Gewalterf. Vater	100,0 %	100,0 %	100,0 %	100,0 %	100,0 %

Tabelle 26: Kreuztabellierung physische Gewalterfahrung Vater/physische Gewalt Kind

Ebenfalls nicht eindeutig erschien das Ergebnis bezüglich sexueller Gewalt: In allen (sehr wenigen) Fällen, in denen beim Vater sexuelle Gewalt bestätigt war, war dies auch bei den Kindern der Fall. Außerdem wurde ein sexueller Missbrauch beim Kind etwas wahrscheinlicher, wenn der Vater „möglicherweise" sexuelle Gewalt erlebt hatte, gegenüber den Fällen, in denen er dies nicht hatte. Diese Daten waren einerseits kaum interpretierbar, da es nur fünf Fälle waren, in denen der Vater bestätigtermaßen sexuelle Gewalterfahrungen gemacht hatte. Andererseits war immerhin festzuhalten: In allen fünf Fällen hat dann auch das Kind sexuellen Missbrauch erfahren. Hatte der Vater „möglicherweise" eine sexuelle Gewalterfahrung gemacht, war sexueller Missbrauch beim Kind etwas wahrscheinlicher (47,8 % zu 40,4 %).

			sexuelle Gewalterfahrung Vater				Gesamt
			Nein	Ja	möglich	keine Angabe	
sexuelle Gewalt Kind	Nein	Anzahl	75	0	8	98	181
		% innerhalb von sex. Gewalterf. Vater	43,4%	0,0%	34,8%	35,4%	37,9%
	Ja	Anzahl	60	5	11	117	193
		% innerhalb von sex. Gewalterf. Vater	34,7%	100,0%	**47,8%**	42,2%	**40,4%**
	mög- lich	Anzahl	38	0	3	48	89
		% innerhalb von sex. Gewalterf. Vater	22,0%	0,0%	13,0%	17,3%	18,6%
	keine Angabe	Anzahl	0	0	1	14	15
		% innerhalb von sex. Gewalterf. Vater	0,0%	0,0%	4,3%	5,1%	3,1%
Gesamt		Anzahl	173	5	23	277	478
		% innerhalb von sex. Gewalterf. Vater	100,0%	100,0%	100,0%	100,0%	100,0%

Tabelle 27: Kreuztabellierung sexuelle Gewalterfahrung Vater/sexuelle Gewalt Kind

Aus den Interviews, die im Zuge der dritten Kohorte mit mehreren ehemaligen, inzwischen erwachsenen KiD-Kindern geführt wurden, konnten einige wenige Äußerungen der Thematik der Gewaltweitergabe zugeordnet werden. Besonders interessant ist hierbei, dass es sich um die Frage handelt, wie die Ehemaligen (die möglicherweise ja auch bereits transgenerational weitergebene Gewalt erlebt hatten) im Erwachsenenalter selbst damit umgehen. Wagt man den hypothetischen Schritt und verallgemeinert die – aus mehreren Gründen höchstselektiven – Inhalte, dann ergeben sich Anhaltspunkte für drei psychodynamisch sehr plausible Mechanismen. Erstens so etwas wie Leugnung oder das Gefühl, nicht verstanden worden zu sein, und dementsprechend auch der Eindruck – subjektiv oder eben objektiv –, nicht Gefahr zu laufen, einen dysfunktionalen Mechanismus weiter auszuagieren. Zweitens die – bereits reflektierte, aber noch nicht veränderungsmotivierte, geschweige denn umgesetzte – Erkenntnis, sich selbst ähnlich zu verhalten wie früher der schädigende Erwachsene oder sich darin wiederzuerkennen. Drittens die bereits umgesetzte, wenn auch noch hochdichotome Abkehr von deren Mechanismen (sehr bewusst Dinge anders machen, ins Gegenteil verkehren, Abbruch dysfunktionaler Kontakte und Beziehungen etc.).

Trotz aller Einschränkungen dieser quantitativen wie qualitativen Analysen, die sich zum einen aus der Datenqualität, zum anderen aus den begleitenden psychodynamischen Faktoren (z.B. Schamgefühl, fehlende Verbalisierungsmöglichkeiten, Bagatellisierungs- und Leugnungstendenzen, Frage der Intention zur Teilnahme an den Interviews etc.) ergeben, weisen auch unsere Ergebnisse somit in Richtung des bekannten Forschungsstands zum Phänomen der transgenerationalen Traumatisierung.

In der Gruppe derjenigen Eltern von KiD-Kindern, die eine eigene Traumatisierung erlebt haben, finden sich verständlicherweise sehr viele, deren Erlebnisse noch unbearbeitet oder zumindest nicht hinreichend bearbeitet erscheinen. Viele scheinen in ihrer bisherigen Lebensgeschichte diesbezüglich noch keine Chance gehabt zu haben oder sie konnten sie (noch) nicht nutzen. In der Elternanamnese während der Diagnostikzeit zeigt sich oft, in welche hochdysfunktionale Dynamik sie hineingeraten sind. Somit stellt die Diagnostik ihres Kinds im KiD häufig auch für die Eltern gegebenenfalls die erste ernsthafte Chance dar, sich selbst zu verstehen und etwas zu ändern, parallel zur unter Umständen ersten Chance für ihre Kinder, verstanden zu werden, sich so zu fühlen und nicht zuletzt sich auch selbst verstehen zu lernen. Entsprechend kann in der Elternarbeit im KiD oft eine entsprechende Erkenntnis und daraus folgend eine Motivation entstehen, das Geschehene in Zukunft für sich *und* für das eigene Kind anzugehen und zu verändern. Dies unterstreicht aber auch die große Bedeutung qualifizierter Eltern- und gegebenenfalls auch Familienarbeit in den Nachfolgemaßnahmen.

Bei der Betrachtung dieses ersten Risikofaktors kommen uns automatisch sehr viele Kinder und Familien aus den vergangenen Jahren in den Sinn, bei denen genau diese transgenerationale Weitergabe die Belastung für die Kinder zusätzlich erhöht hat. Vielfach lag dieser Belastungsfaktor vor der Diagnostik im KiD gänzlich im Verborgenen oder aber bereits involvierte Helfer*innen hatten wage Vermutungen in diese Richtung, die sie jedoch für sich nicht oder nicht hinreichend belegen konnten.

In der Allgemeinheit herrscht oftmals die Haltung vor: „Wenn einem selbst sowas passiert ist, weiß man ja, wie schlimm das ist, und macht es selbst nicht." Wir im KiD haben verstanden und erleben immer wieder aufs Neue, dass diese vermeintlich so selbstverständliche Annahme bei Traumata gerade nicht greift beziehungsweise nicht in jedem Fall oder automatisch. Diejenigen Eltern, die sich mit ihrer eigenen hoch belasteten Biografie auseinandergesetzt haben und diese Erfahrung gerade nicht weitergeben, schützen damit ihre Kinder in vielen Fällen vor Gewalt und diese Kinder werden dann eben nicht zu KiD-Fällen. Etliche in ihrer eigenen Biografie traumatisierte Menschen haben jedoch keine wirksame, rechtzeitige Hilfe für sich selbst erhalten und keine kompensatorischen Faktoren erlebt und somit deutlich weniger Chancen, das Erlebte für sich zu verarbeiten und es nicht – egal, ob bewusst oder unbewusst – im Kontakt mit eigenen Kindern erneut auszuagieren oder einem schädigenden Einfluss auf ein Kind nicht hinreichend etwas entgegenzusetzen.

Hier erinnern wir uns beispielsweise an das kleine vierjährige Mädchen, das seit seiner Geburt immer abwechselnd entweder zusammen mit der eigenen Mutter in einer Mutter-Kind-Einrichtung gelebt hatte oder zwischenzeitlich bei diversen Bereitschaftspflegefamilien, und das sich bei uns nahezu vollständig bindungslos zeigte, in jeglicher Alltagssituation um vollständige Pseudoautonomie kämpfte und anfänglich keinem Erwachsenen vertraute, sondern deutlich signalisierte: „Ich brauche dich nicht!" In der mütterlichen Anamnese stellte sich heraus, dass diese von ihrer eigenen Mutter keinerlei emotionale Zuwendung bekommen, sondern lediglich physische und psychische Gewalt erlebt hatte, und das der abwesende leibliche Vater von ihr notgedrungen idealisiert worden war. Gemeinsam mit dem späteren Kindsvater, der von Mutter und Vater ausschließlich physische Gewalt erlebt hatte, suchte sie Zuflucht im Drogenkonsum. Die defizitären Stress- und Aggressionsregulationsfähigkeiten des Kindsvaters führten dann bereits in der Schwangerschaft mit dem Mädchen zu massiver physischer Gewalt an der Kindsmutter und auch nach der Geburt setzte sich dies fort. Die Kindsmutter wiederum ergab sich dieser Gewalt weitgehend hilflos und nahm umso mehr Drogen, sodass sie ihrer Tochter kein gutes, emotional präsentes Gegenüber sein konnte, zudem ihre eigenen defizitären Bindungserfahrungen weitergab, jedoch immer wieder um die Rückführung der Tochter zu ihr kämpfte, sodass das kleine Mädchen in den ersten Lebensjahren bereits etliche, für sie völlig unvorhersehbare Wechsel zwischen kurzen gemeinsamen Phasen mit der Mutter und Fremdunterbringung in diversen Pflegesettings erlebte. Psychodynamisch hochplausibel konnte das kleine Mädchen somit weder hinreichendes Kontingenzerleben noch sichere Bindungsstrukturen aufbauen, sondern zeigte sich äußerst desorganisiert und notgedrungen pseudoautonom.

Auch eine Familie mit mehreren Kindern kommt uns in den Sinn: Die hilflosen Eltern, deren eigene Kindheit jeweils von massiver Deprivation und physischer Gewalt durchzogen gewesen war, konnten nicht verhindern, dass die Kinder in emotionale und gesamtpsychische Abhängigkeiten zu Personen gerieten, die diese Abhängigkeit offensichtlich gezielt herbeigeführt hatten um sie durch sexuellen Kindesmissbrauchs inklusive Zuführung und Erstellung von kinderpornografischem Material auszunutzen.

Nicht selten erleben wir Fälle wie den der Kindsmutter, die in ihrer eigenen Kindheit über Jahre hinweg eine hoch schädigende Kombination aus physischer, psychischer und sexueller Gewalt nebst Vernachlässigung erlebt hatte und in aus der Not geborene, selbstschützende Mechanismen von Dissoziation, emotionaler Abspaltung, passiv-resignativer Haltung und nicht zuletzt „blinden Flecken" hinsichtlich etwaiger Gefährdungsmomente verfiel. Sie ging eine Beziehung ein zu einem Mann, der sich zunächst wie die Inkarnation all ihrer unerfüllten Sehnsüchte und Bedürfnisse darstellte, dann jedoch die beiden Töchter der Frau sexuell missbrauchte. Die Kindsmutter wiederum äußerte in den Gesprächen im KiD, im Nachhinein komme es ihr vor, als habe er gezielt eine Frau mit Kindern gesucht, und als sei es nie um sie als Frau gegangen, sondern lediglich um den Zugang zu den Töchtern.

Ein weiteres, nicht seltenes Beispiel ist das eines Vaters, dessen eigene Mutter einerseits physisch gewalttätig und sexuell grenzverletzend agierte, sich aber gleichzeitig als zugewandt zeigte, sodass er später das Erlebte durch Bagatellisierung und Humor für sich zu bewältigen versuchte. Sein Vater verhielt sich gleichfalls gewalttätig und noch deutlich bedrohlicher als die Mutter ihm gegenüber, sodass der Sohn ihn als „Respektperson" und die Gewalt als „notwendiges Erziehungsmittel" reframen musste und sich gleichzeitig mit ihm gegenüber der beim Schlagen „unfähigen" und sich mehrfach selbst verletzenden Mutter zu solidarisieren bemüht war, um sich damit aus der Opferrolle herauszubringen. Dieser Mann ging später dann eine Beziehung ein zu einer Frau, die früher gleichfalls väterliche physische Gewalt sowie Abwertung und Leugnung der Gewalt durch die Mutter erlebt hatte. Als dieser Mann dann seinem eigenen Sohn gegenüber sowohl physische Gewalt als auch sexuelle Grenzverletzungen ausübte, betrachtete er seine eigene Aggression wie gelernt als vermeintlich einzig probates Mittel gegenüber seinem „störrischen" Sohn sowie die sexuellen Grenzverletzungen als vollkommen normale Form von Nähe. Auch seine Frau unterstützte diese Haltung (zumindest bezüglich physischer Gewalt), hatte sie doch bereits das Fäusteln ihres wenige Monate alten Sohns (im Sinne der motorischen Entwicklung vollkommen normal) als vermeintlich gezielt gegen sie selbst gerichtete Aggression missdeutet („Der war doch mit 5 Monaten schon aggressiv gegen mich." „Das war halt ein böses Kind.") und entsprechend gehandelt.

Ein weiterer kurzer Verweis darauf, dass und in welcher Form auch Mütter Schädigerinnen sind, findet sich im dritten beschriebenen Fall bei Risikofaktor 3. Etliche der KiD-Kinder berichten darüber hinaus, dass „auch die Mama haut", dass die Mutter insoweit in einen Missbrauch involviert sei, dass sie an der Zuführung beteiligt wäre, das Geschehen fotografieren oder filmen würde etc., oder zu einem vernachlässigenden/deprivierenden Milieu in der Familie beitragen würde.

3.2 Risikofaktor 2: Art und Ausrichtung der Symptomatik

Es gibt Symptome/Verdachtsmomente mit unterschiedlicher affektiver Tönung und unterschiedlicher „Sichtbarkeit“ bei den Helfer*innen, was sich im Vorgehen/Anfrageverhalten Richtung KiD zeigt.

Je verhaltensauffälliger ein Kind ist (oder auch je „unbequemer“) oder je „aufgeladener“ eine Gewaltform mit subjektiven oder objektiven Konnotationen bei den Fallverantwortlichen und sonstigen Akteur*innen, desto eher findet es sich im KiD wieder. „Leisere“, schleichendere Verläufe und weniger offensichtlich belastete/geschädigte Kinder werden hingegen oftmals übersehen.

> „Die Angepassten, die vermeintlich Unauffälligen fallen durchs Netz …!“
>
> „Das hätte ich nie gedacht, dass bei XY etwas nicht stimmt, sie war doch immer so ein normales, liebes Mädchen!“
>
> „Schläge scheinen nicht so schlimm bewertet zu werden, aber wehe, es gibt einen Verdacht auf sexuellen Missbrauch!“
>
> (Zitate einer Lehrerin und zweier Sozialarbeiter)

Unserer Erfahrung nach gibt es deutliche Auswirkungen der Erkennbarkeit und auch der Signalwirkung der erlebten Gewaltform auf das Anfrageverhalten der Jugendämter in Richtung KiD. So scheint der Verdacht auf sexuellen Missbrauch in vielen Fällen deutlich schneller zu einer Aufnahmeanfrage bei uns zu führen, ebenso wie stark manifestierte Auswirkungen von Gewalt, die sich z.B. in massiv aggressivem Verhalten, gegebenenfalls noch in intensiven Bindungsauffälligkeiten im Sinne von Desorganisation o.Ä. niedergeschlagen haben. „Leisere“ Formen von Kindeswohlgefährdung hingegen werden unter Umständen schlechter erkannt, scheinen aber umgekehrt auch nicht im gleichen Ausmaß Dringlichkeitsgefühle bei allen Helfer*innen auszulösen. Zu beachten ist an dieser Stelle, dass das Anfrageverhalten von Jugendämtern im KiD natürlich auch noch durch weitere Faktoren mit bedingt ist (Wie „klar“ erscheint ein Fall vorab? Wie komplex erscheint die zugrunde liegende Problemlage? Wie sensibilisiert ist jemand für eine spezifische Gewaltform? Welche Gewaltform scheint welchen anderen Interventionen und Jugendhilfemaßnahmen gut zugänglich, sodass auf die kostenintensivere Aufnahme im KiD verzichtet wird? Welche finanziellen Erwägungen und etwaigen kommunalen Restriktionen spielen mit hinein? etc.), dennoch ist nicht von der Hand zu weisen, dass es darüber hinaus auch eine emotionale Aufladung ebenso wie unterschiedliche „Sichtbarkeit" einzelner Gewaltformen im Gegensatz zu anderen zu geben scheint.

Vernachlässigte Kinder werden oft lange nicht wahrgenommen, bei einem – manchmal noch so vagen – Verdacht auf sexuellen Missbrauch werden hingegen Helfer*innen eher hellhörig. Der Missbrauchsfall von Lügde hat dies nicht unbedingt verbessert, sondern die Diskrepanz eher noch verschärft. Diese Tendenz zeigt sich in beide Richtungen: Ein Vorverdacht auf etwaigen Missbrauch hat sich im KiD nicht immer bestätigt, was im Einzelfall daran liegen konnte, dass dieser tatsächlich als eher nicht gegeben eingeschätzt wurde, oder aber, dass er nicht hinreichend belegbar war, manchmal aber auch daran, dass es sich vielmehr um eine sexualisierte Aufladung von Grundbedürfnissen handelte, wie man sie häufig bei emotional und psychisch schwer vernachlässigten Kindern findet, oder daran, dass zwar kein manifester Missbrauch vorzuliegen schien, sehr wohl aber mangelnder Schutz vor Kontakt mit Erwachsenensexualität oder entsprechenden inadäquaten Medien etc.

Physische Gewalt oder auch vernachlässigende Tendenzen scheinen hingegen oft als „weniger schlimm" wahrgenommen zu werden, was sich selbst in Einschätzungen von eigentlich fachlich versierten Personen niederschlagen kann (siehe z. B. die Urteilsbegründung des Richters unter Risikofaktor 4). Auch wenn alle Gefährdungs-/Gewaltformen neben psychischen und allgemein körperlichen auch spezifisch hirnphysiologische Schädigungen nach sich ziehen können, ist nach Ansicht einiger führender Fachleute Vernachlässigung diejenige Form, die die dramatischten und weitreichendsten Folgen verursachen kann (Brisch 2007 sowie Roth 2011).

Die Psychodynamik scheint bei den Helfer*innen vielfach unterschätzt bis gänzlich ignoriert zu werden: Was löst der Verdacht einer ganz spezifischen Gewaltform in jedem*r einzelnen aus? „Muss" ein möglicherweise missbrauchtes Kind sehr schnell „aus den Fängen eines*r Täters*Täterin gerettet" werden, ohne dass zuvor in Ruhe reflektiert wird, ob eine eilige Herausnahme des Kinds möglicherweise in dem Sinne fast mehr schadet als nutzt, dass erstens das Bindungsbedürfnis des Kinds im Gegensatz zum Schutzbedürfnis keine adäquate Berücksichtigung findet, dass zweitens das Kind möglicherweise durch die rasche Inobhutnahme selbst zusätzlich belastet wird und drittens das Kind möglicherweise durch eine nicht gut vorbereitete stationäre Unterbringung sogar noch viel mehr in Loyalitätsdruck, Geheimnisdruck, Schuldgefühle oder Ängste gestürzt wird, die man hätte vermeiden oder zumindest abpuffern können, wenn eine bewusste, ruhige und angemessene Planung einer Diagnostik stattgefunden hätte? Hier scheinen oft eigene, nicht hinreichend reflektierte Gegenübertragungsgefühle bei den Helfer*innen oder aber dysfunktionale Impulse eine Rolle zu spielen (beispielsweise Rettungsimpulse, eigene „Reinwaschung" und Demonstration von Verantwortungsübernahme, Schuldgefühle, Sorge vor etwaiger Wirkung eines Falls in den Medien etc.). Umgekehrt haben wir in vielen Fällen „das Drama des (vermeintlich) unauffälligen Kinds" erlebt, wenn ein Kind als Reaktion auf die erlebte Gewalt oder den Missbrauch eben gelernt hat, sich möglichst unauffällig zu verhalten, eine pseudonormale Rolle zu spielen, sei es, weil nur dieses Verhalten den*die Schädiger*in ansatzweise befrieden konnte, sei es aufgrund von Drohungen und Einschüchterung des*der Schädigenden (im Sinne von: „Wenn das rauskommt, dann kommst du ins Heim" oder „… dann wird jemand anderem aus der Familie etwas Schlimmes passieren" o.Ä.).

Auch die Daten der KiD-Studie geben punktuell Hinweise auf die geschilderte Dynamik. So werden beispielsweise deutlich mehr Kinder mit einer Verdachtsdiagnose oder Vorabdiagnose des sexuellen Missbrauchs aufgenommen als mit anderen Verdachts- oder Vorabdiagnosen. Wenn als Verdachtsdiagnose oder Diagnose *vor* KiD „sexueller Missbrauch" aufgeführt ist, summiert sich die Zahl der Kinder auf 296 (61 %), während der Rest „nur" 192 Kinder ausmacht (39 %).[1]

Konkreter fassbar wird diese Dynamik in einzelnen Fällen. Fast schon klassisch ist der Fall zweier Schwestern, die nach der Herausnahme aus ihrer Familie voneinander getrennt in zwei Bereitschaftspflegefamilien untergebracht worden waren, zunächst nur, weil der alleinerziehende Vater infolge einer Erkrankung die Versorgung nicht mehr gewährleisten konnte. Das eine Mädchen zeigte sich in ihrer Pflegefamilie fast schon auffällig unauffällig, fand sich extrem schnell in die neuen Lebensgegebenheiten hinein, passte sich an alles an, wirkte durchweg fröhlich und wurde als „entzückendes kleines Mädchen" wahrgenommen. Ihre Schwester hingegen zeigte in ihrer Pflegefamilie sehr rasch eine Vielzahl von intensiven wie auch die Familie verstörenden Symptomen, sie spielte und erzählte u.a. immer wieder von Sex mit dem Vater. Nur für das auffällige Mädchen wurde eine Diagnostik im KiD angefragt, für das andere Mädchen sahen die Helfer*innen hingegen keinerlei Veranlassung, nicht einmal im ambulanten Sinne. Erst als im Laufe der Diagnostik im KiD das zweite Mädchen

1 Hierzu sowie in diesem Zusammenhang auch zu Fragen von Mehrfachdiagnosen etc. siehe auch den Beitrag von Kathinka Beckmann.

deutlich machte, dass sich der mutmaßliche Missbrauch sehr wohl auf beide Schwestern erstreckt zu haben schien, und sie sich große Sorgen um ihre Schwester machte, wurde auch diese bei uns aufgenommen. Im Zuge der Diagnostik bei beiden Schwestern entwickelte sich dann das Bild einer komplexen, hochgradig verstrickten und schädigenden Familiendynamik. Beide Elternteile hatten physische wie psychische Gewalt erlebt, die Mutter darüber hinaus sexuelle Übergriffe, der Vater vor allem eine hochgradig passive und bagatellisierende Gesamtatmosphäre. Die ältere Tochter der beiden erschien bereits durch massiven pränatalen Stress in ihrem Cortisolhaushalt und damit der Fähigkeit zur Stressregulation vorgeschädigt. Sie erlebte die Kindsmutter als wenig präsent, den Kindsvater zunächst als kompensierend, versorgend und zugewandt, sukzessive dann aber auch als sexuell übergriffig, was die Kindsmutter nicht wahrnahm und nicht schützte. Deren zunehmende psychische Belastung und schlussendlich auch die elterliche Trennung schien dann in Kombination mit den Sorgen, die sie sich um ihre jüngere Schwester machte, bei der Älteren zur Ausbildung einer omnipotenten Rolle in der Familie zu führen. Das Mädchen schien alles zusammenhalten zu müssen. Gleichzeitig trieb sie die immense Überforderung einerseits in die Affektabspaltung, umgekehrt – in Kombination mit ihren defizitären Stressregulationsfähigkeiten – in ein aggressiv-wehrhaftes, provokantes Verhalten. Die jüngere Schwester war mit der Gesamtsituation noch mehr überfordert und wies allein schon aufgrund ihres Alters noch deutlich weniger Kompensationsfähigkeiten auf. Entsprechend floh sie in die Anpassung, die vermeintliche Unauffälligkeit und Unbekümmertheit in der Hoffnung auf zumindest basale Versorgung. In vollständig vollzogener Täteridentifikation und im zugrunde liegenden verzweifelten Versuch, das väterliche Objekt wenigstens ansatzweise zu retten, verarbeitete sie die Übergriffe als vermeintlich lustvoll und von ihr kontrolliert und gewollt. Sobald beide Mädchen im KiD erlebten, dass sie gesehen und verstanden wurden, kam es zunächst zu einer Symptomintensivierung bei beiden, was psychodynamisch auf eine deutliche Erleichterung und Ventilöffnung von lang angestauten Nöten, Affekten und Impulsen hinwies und sich erst mit der Entwicklung einer Perspektive für die Zeit nach KiD (jeweils passgenaue Projektstellen unter einem Trägerdach) wieder etwas abbaute.

In einem anderen Fall kam es nur deswegen zur Aufnahme im KiD, weil die Polizei im Zuge der Ermittlungen bei einem Kinderpornoring auf einem Computer auch auf Aufnahmen eines Mädchens stieß, die als Tochter des Beschuldigten identifiziert werden konnte. Die Kindsmutter verhielt sich in der Folgezeit eher bagatellisierend bis leugnend, sodass eine rein ambulante Unterstützung für Mutter und Tochter als nicht ausreichend angesehen wurde. Das Mädchen selbst war durch keinerlei Symptome aufgefallen. Eine Lehrerin ihrer Schule schilderte sie im Nachgang als sehr brav, unauffällig, angepasst, sozial kompetent und leistungsbereit. Im KiD erschien das Mädchen zunächst ebenfalls symptomarm, dabei in ihrer Anpassung deutlich fassadär und puppenhaft. Für ihr Gegenüber blieb sie dabei oft regelrecht geisterhaft, nicht greifbar und emotional nicht präsent, oftmals sogar ausgesprochen dissoziiert anmutend. In der Dynamik mit anderen im KiD untergebrachten Kindern kam es zudem zu sexualisierten Situationen, in denen sie sich plötzlich geradezulolitahaft anbot. Im Laufe der Diagnostikzeit wurde zur vorangegangenen innerfamiliären Psychodynamik ersichtlich, dass die belastete Kindsmutter für ihre Tochter nicht hatte präsent und zugewandt agieren können. Als einziger Versorger, Quelle emotionaler Zuwendung und auch Spielpartner hatte der Kindsvater den sexuellen Missbrauch über eine lange Zeit hinweg ganz allmählich angebahnt und vielfach eingebettet in scheinbar spielerische Kontexte. Einerseits erschienen dem Mädchen somit die Grenzüberschreitungen des Vaters als vermeintlich normal und „nur Spiel", andererseits sorgte die emotionale Abhängigkeit von ihm als einzig wirklich verfügbarer Bezugsperson dafür, dass das Mädchen diese nicht aufgeben konnte und entsprechend über totale Anpassung an die väterlichen Erwartungen und Unauffälligkeit nach außen hin diese Beziehung um jeden Preis zu schützen versuchte. Dies ließ sich im Zuge der Real- und Bindungstraumatisierung des Mädchens als Kombination der Täuschungsformen „hyperbrav" und „aktiv mitmachen" im Sinne einer komplexen Entwicklungsstörung nach Frühtraumatisierung verstehen (Weinberg 2013).

In einem weiteren Fall hatten mehrere Brüder bereits jahrelang immer wieder versucht, Hinweise auf vernachlässigende Tendenzen, physische Gewalt und fehlende Grenzwahrung in der Familie zu geben. Die installierte sozialpädagogische Familienhilfe berichtete gleichfalls von desolaten Verhältnissen und fehlender Kooperation der Kindseltern, dennoch schienen die vielfachen Signale der Jungen kein hinreichendes Dringlichkeitserleben für weitergehende Maßnahmen auszulösen. Als dann bekannt wurde, dass es einen möglichen Missbrauch durch einen pädophilen Außenschädiger gab, erhielten die Jungen zwar sehr rasch ein therapeutisches Angebot, allerdings ausschließlich in Bezug auf diesen Außenschädiger. Ihre Äußerungen und auch ihre Verhaltensauffälligkeiten wurden rein dahingehend interpretiert, sodass die innerfamiliären Grenzverletzungen zunächst wieder aus dem Fokus gerieten. Erst weitere, immer dringlicher werdende Signale der Jungen im Sinne von zunehmender eigener Aggression führten schließlich zur Diagnostikanfrage im KiD.

3.3 Risikofaktor 3: Fehldiagnosen und Fehlplatzierungen aufgrund fehlender oder nicht hinreichend geeigneter Diagnostik

Bei gewaltgeschädigten/traumatisierten Kindern ist ohne hinreichend spezifische und kompetente Diagnostik das Risiko einer Fehleinschätzung ihrer Situation (und damit auch einer Fehldiagnose) sowie einer Fehlplatzierung in ungeeigneten Jugendhilfemaßnahmen hoch.

> „Ihr seid die ersten, die mich verstehen wollen. Die anderen haben immer nur geschimpft." (Zitat eines Kindes aus der Diagnostikzeit im KiD)
>
> „… Das hätte ich getan, wenn man mich gefragt hätte. Hat aber keiner, nur als ich mal ein blaues Auge hatte." (Antwort eines Jungen auf die Frage, ob er bei den Vorbehandler*innen davon erzählt habe, was zu Hause alles passiert sei.)

Aufgrund der sichtbaren, aber häufig hochselektiven, diffusen Symptome von traumatisierten Kindern werden oft Zuweisungen zu Jugendhilfemaßnahmen gemacht, ohne dass eine dahinterliegende Traumatisierung erkannt wird. Entsprechend kommt es zu einer Fehlinterpretation, beispielsweise als primäre ADHS-Symptomatik etc. Oder aber es werden lediglich Diagnosen (z.B. kombinierte Störung des Sozialverhaltens und der Emotionen) ohne Aussagen zu (vermuteter) Ätiologie und Psychodynamik samt Interventionen (z.B. Sozialpädagogische Familienhilfe (SPFH), Tagesgruppe, Sozialkompetenztraining etc.) in vermeintlicher Ursache-Wirkungs-Kette zum Teil jahrelang aneinandergereiht, ohne dass diese hinterfragt werden: Warum ist ein siebenjähriges Kind so aggressiv, dass keine Intensivgruppe, kein*e Integrationshelfer*in und auch keine pharmakologische Maßnahme zu greifen scheinen? Oder aber die Symptomarmut oder gar vermeintliche Unauffälligkeit eines Kinds wird als reale Unauffälligkeit fehlgedeutet, sodass eine niedrigschwellige Maßnahme als vermeintlich ausreichend und passend gewählt wird. Für die Kinder bedeutet dies viel zu oft, dass sie in einer solchen Maßnahme nicht lange oder nicht hinreichend betreut werden können. In ihrer Not, die sich irgendwann dann ihre dysfunktionalen Ventile sucht, werden sie dann entweder plötzlich oder aber erneut als zu auffällig für das jeweilige System eingestuft und müssen einen neuerlichen Wechsel in ein anderes Setting in Kauf nehmen. Dies führt zu diversen, sich auf die eigentliche Traumatisierung auflagernden Negativspiralen: So erleben die Kinder immer wieder, dass sie nicht verstanden werden und ihnen signalisiert wird, dass sie fehl am Platz sind, dass immer wieder Beziehungsabbrüche und Settingwechsel kommen werden, dass es sich somit innerpsychisch irgendwann nicht mehr lohnt, sich überhaupt noch einlassen zu wollen, oder aber, dass sich Vertrauen in andere Menschen insgesamt nicht lohnt und auf niemanden Verlass ist … Und nicht zuletzt kommt es bittererweise oft genug zu der Fehlinterpretation seitens des jeweiligen Kinds, dass es selbst schuld sei, dass es unerträglich und nicht aushaltbar sei, dass es böse sei etc. In gleichzeitig vermeintlich überzeichneter und doch hochprägnanter und emotional aufrüttelnder Weise ist diese fatale Dynamik aus Fehlplatzierung, Nichtverstandenwerden, ungeeigneten Settings, reaktiver Intensivierung der Symptomatik des Kinds und immer wieder neuerlichen Eskalationen im Spielfilm *Systemsprenger* (Fingscheidt 2019) dargestellt. Die Regisseurin Nora Fingscheidt benannte in einem Interview, die Handlung des Films basiere auf ihren intensiven Recherchen im Jugendhilfesystem, der konkrete Ablauf sei jedoch aus Versatzstücken mehrerer Fälle gebildet, sodass die Hauptfigur „Benni" keine reale Person darstellen würde (Husmann 2019). Als wir uns diesen Film angesehen haben, waren die spontanen Reaktionen vieler Mitarbeiter*innen des KiD: „Diese Kinder kennen wir.", „Wir haben schon viele ‚Bennis' bei uns gehabt.", „Benni ist ein typisches KiD-Kind!", „Genau für diese Kinder ist KiD angetreten."

Für jedes Kind, das im KiD zur Diagnostik aufgenommen wird, erstellen wir unter anderem eine Aktenlage. Die Anzahl an vorangegangenen Jugendhilfemaßnahmen und damit Lebensstationen ist hierbei nicht selten ähnlich groß oder sogar größer als das Lebensalter. Eine Vielzahl an Diagnosen wurde gestellt. Konstruktiv gemeinte, aber oftmals nur am Symptom orientierte und auf rasche Beseitigung hin ausgerichtete Interventionen pädagogischer oder pharmakologischer Art reihen sich aneinander. Das Kind jedoch wurde immer auffälliger, die Maßnahmen immer aufwendiger und intensiver.

Im Rahmen der KiD-Studie konnte dies beispielsweise anhand der Anzahl an Vorabmaßnahmen sowie an deren Vielgestaltigkeit nachgewiesen werden (siehe den Beitrag von Kathinka Beckmann). So sehr es auch berechtigt ist, Maßnahmen zunächst möglichst niedrigschwellig anzusetzen, und so leicht oder auch so vermeintlich arrogant es im Nachhinein auch erscheinen mag, so sprechen die hier erhobenen Zahlen dennoch für sich und verweisen darauf, dass ein viel zu großer Anteil der Kinder, die später im KiD zur Diagnostik aufgenommen werden, zuvor etliche falsche Einschätzungen und Zuweisungen hat erleben müssen.

Betrachtet man die Vorabdiagnosen/die vermuteten Gefährdungslagen seitens der Impulsgeber*innen im Vergleich zu den späteren Diagnostikergebnissen, dann fällt bei jeder Gewaltform auf, dass es – neben bestätigten Vermutungen – jedes Mal sowohl falsch-negative als auch falsch-positive Zuschreibungen gab.

Bei physischer Gewalt wurde laut den KiD-VS-Ergebnissen fast die Hälfte seitens der Impulsgeber*innen übersehen (137 von 285). In gut einem Fünftel der Fälle wurde dies falsch angenommen (39 von 184). In drei von vier Fällen gab es hingegen eine Übereinstimmung zwischen Vorabeinschätzung und KiD (139 von 184). Bei Versorgungsdefiziten wurden etwa 60 % seitens der Impulsgeber*innen übersehen (182 von 307). Nur sehr selten wurde dies falsch angenommen (6 von 161). In etwa 90 % herrschte Einigkeit zwischen Impulsgeber und KiD (148 von 161). Bei sexueller Gewalt wurde etwa ein Fünftel seitens der Impulsgeber*innen übersehen (42 von 199), in ca. 20 % wurde dies falsch angenommen (56 von 272), in gut der Hälfte gab es Einigkeit von Impulsgeber*innen und KiD (151 von 272).

Verdachtsdiagnose/Diagnose physische Gewalterfahrung	keine	physische Gewalt	möglich	keine Angabe	Gesamt
keine physische Gewalterfahrung	125	137	14	9	285
physische Gewalterfahrung	39	139	3	3	184
keine Angabe	3	1	1	3	8
Gesamt	**167**	**277**	**18**	**15**	**477**[2]

Verdachtsdiagnose/Diagnose Versorgungsdefizit	keine	Versorgungsdefizite	möglich	keine Angabe	Gesamt
kein Versorgungsdefizit	116	182	3	6	307
Versorgungsdefizite/Verwahrlosung	6	148	1	6	161
keine Angabe	2	4	0	3	9
Gesamt	**124**	**334**	**4**	**15**	**477**

Verdachtsdiagnose/Diagnose sexueller Missbrauch	kein	sexueller Missbrauch	möglich	keine Angabe	Gesamt
kein sexueller Missbrauch	122	42	29	6	199
sexueller Missbrauch	56	151	59	6	272
keine Angabe	2	0	1	3	6
Gesamt	**180**	**193**	**89**	**15**	**477**

Tabelle 9–11: Verdachtsdiagnose spezifische Gewalterfahrung/KiD-Diagnose spezifische Gewalterfahrung, siehe die entsprechenden Tabellen in den Grunddaten

2 Die Gesamtheit der Fälle weicht bei allen drei Kreuztabellierungen von 478 auf 477 ab, da bei einem Kind aufgrund zu kurzer Aufenthaltsdauer keine abgeschlossene Diagnostik vorlag.

Die Tatsache, dass sich die physischen wie psychischen Folgewirkungen von erlebter Gewalt und Traumatisierung in einem enormen Symptomspektrum niederschlagen können und es somit nur sehr wenige, recht eindeutig auf eine Traumatisierung hinweisende Symptome, hingegen eine Vielzahl an sehr unspezifischen und nicht eindeutigen Symptomen (fehlende „Eineindeutigkeit“) gibt, ist ein altbekanntes diagnostisches Problem und verweist nur einmal mehr auf die essenzielle Notwendigkeit qualifizierter und passgenauer Diagnostik für diese Kinder. Dieses Problem zu lösen, ist nicht unmöglich, viel mehr dringend nötig und im entsprechenden Setting und Konzept zwar aufwendig, aber umsetzbar.

Auch hierzu fallen uns etliche KiD-Fälle ein. Fast ein bitterer Klassiker ist beispielsweise der Fall eines Jungen, der sich bereits im Kindergarten distanzlos und dominant-aggressiv zeigte und bei dem durch die Erzieher*innen Anzeichen für Vernachlässigung und mangelnde Förderung entdeckt wurden. Eine diagnostische Abklärung bei gleich mehreren Kinderärzt*innen ergab lediglich die Diagnose einer genetischen Sonderform von ADHS, die entsprechend medikamentös behandelt werden sollte. Außerdem wurde Ergotherapie empfohlen. Als sich der Junge Jahre später in der Schule immer noch aggressiv zeigte und die Schule eine ambulante Diagnostik empfahl, kam das eingeschaltete Diagnostikzentrum zu dem Schluss, es läge „nur an der schlechten Kommunikationsfähigkeit der Kindseltern“, der Junge sei „nur wibbelig“. Die Meldungen aus der Schule rissen jedoch nicht ab, der Junge zeigte sich aggressiv, aufgedreht und schlussendlich sogar sexualisiert. Es wurde jedoch keine weitere Diagnostik unternommen. Erst als der Junge Monate später erneut sexualisierte Aussagen machte, wurde er stationär in der Kinder- und Jugendpsychiatrie aufgenommen. Die Klinik wies zwar den Verdacht auf etwaigen sexuellen Missbrauch bei dem Jungen zurück, sah aber zumindest hinreichende Anzeichen für anderweitige Kindeswohlgefährdung, unter anderem durch Vernachlässigung, und empfahl eine stationäre Jugendhilfemaßnahme. Diese lehnten die Kindseltern ab, sodass der Junge erneut zu ihnen zurückkehrte. Eine weitergehende Symptomintensivierung in den Folgemonaten führte dann doch schließlich zur Aufnahme im KiD. Hier zeigte der Junge sein gesamtes Symptomspektrum in hoher Intensität: ritualisierte Verhaltensweisen/Zwangshandlungen, dissoziative Tendenzen, Hypervigilanz, Intrusionen, distanzloses Verhalten, sexualisierte, aggressive und selbstverletzende/selbstgefährdende Verhaltensweisen, auffälliges Essverhalten, Einschlafstörungen, sozialer und emotionaler Rückzug, Stimmungslabilität, Weglaufen. KiD diagnostizierte eine gravierende Entwicklungs- und Bindungsstörung, die ihren Niederschlag bereits in einem besorgniserregend depressiven Verarbeitungsmodus mit Beziehungsbeliebigkeit, -manipulation und -abwendung sowie kompensatorischer, teilweise zwanghafter Objektnutzung gefunden hatte. Zudem wies der Junge schwere Symptome einer posttraumatischen Belastungsstörung auf, die sich vor allem in Hypervigilanz, dissoziativen Tendenzen, einem intrusiven Ausgeliefertsein gegenüber vielfachen Triggern sowie seinem sexualisierten Ausagieren zeigte. Hintergrund waren Elternpersonen mit jeweils eigener problematischer Bindungsgeschichte, miterlebte massive Konflikte sowie in Bezug auf den Vater zusätzlich Einbezug in Erwachsenensexualität.

In der Familie eines siebenjährigen Mädchens gab es bereits jahrelang Verdachtsmomente bezüglich sexuellen Kindesmissbrauchs gegen den Kindsvater, allerdings nur hinsichtlich der älteren Schwester. Da die Mutter die Beziehung zum Kindsvater inzwischen längst beendet hatte, wurden die auftretenden Auffälligkeiten der Siebenjährigen (Unruhe, Grübelneigung, überaufmerksames und parasuizidales Verhalten) zum einen ebenfalls als ADHS-Symptomatik missdeutet, zum anderen als vermeintliche „Suche nach Aufmerksamkeit" und Konkurrenz-/Eifersuchtsproblematik in Richtung der älteren Schwester und der ihr zukommenden Zuwendung und Unterstützung. Als dann ein einmaliger sexueller Übergriff durch einen Fremden an der Siebenjährigen offenbar wurde und die Kindsmutter Anzeige erstattete, erhielt das Mädchen kurzfristig zwar ein therapeutisches Angebot und wurde für ihr „perfektes Verhalten" (sich wehren, eröffnen etc.) sehr gelobt, niemand erkannte jedoch, dass ihr Verhalten und ihre Affektlage nicht allein durch den einmaligen Übergriff zu erklären waren und hier zusätzlich eine projektive Verschiebung vorlag, die jedoch übersehen wurde. Niemand schien sich die Frage gestellt zu haben, ob nicht auch die Siebenjährige ebenso wie ihre ältere Schwester Opfer des Vaters geworden war und ihre Symptome nur erst mit Verzögerung gezeigt hatte („Sleepereffekt"). Dies bestätigte sich in der Diagnostik im KiD.

In einem anderen Fall war ein Junge zunächst aufgrund psychischer Probleme der Kindsmutter und beobachteter Konflikte mit ihrem Sohn in einer Bereitschaftspflegefamilie untergebracht worden, parallel zur Klinikbehandlung der Mutter. Nach einer kurzen gemeinsamen Zeit in einer Mutter-Kind-Einrichtung wurden beide schließlich in der eigenen Wohnung ambulant weiterbetreut. Aus allen diesen Phasen hatte es Rückmeldungen über hoch auffälliges, sexualisiertes Verhalten bei dem Jungen gegeben. Einzige erkennbare Konsequenz schien die kurzfristige erneute Betreuung in einer Erziehungsstelle gewesen zu sein mit nachfolgender erneuter Mutter-Kind-Betreuung und anschließender erneuter Rückkehr in eine eigene Wohnung. Aufgrund fortgesetzter Verhaltensauffälligkeiten bei dem Jungen wurde schließlich eine 5-Tages-Gruppe installiert, in der er vor allem aggressiv auffiel, woraufhin er neuerlich in eine Pflegefamilie wechselte. Ein Clearing empfahl ein ambulantes therapeutisches Angebot. In der Aneinanderreihung der Stationen fällt überdeutlich auf, dass an keiner Stelle nach tiefer liegenden Ursachen gesucht worden zu sein schien, sondern vielmehr rein über Settingwechsel (ohne Nachhaltigkeit oder weitergehende Prüfung auf Passung) und Begleitung gearbeitet wurde. Als dies keine Wirkung zeigte, wurde die stationäre Diagnostik im KiD angefragt. Hier wurde bei dem gerade sechsjährigen Jungen eine kombinierte massive reaktive Bindungs- und Entwicklungsstörung mit einer zusätzlichen kindlichen posttraumatischen Belastungsstörung festgestellt. Auf Symptom- sowie Syndromebene entsprach die Gesamtbelastung durchaus einer komplexen Entwicklungsstörung nach Frühtraumatisierung (Weinberg 2013). Je nach mütterlicher psychischer Verfassung war er einer stark schwankenden Versorgungs- und Betreuungsqualität mit wechselnder emotionaler Verfügbarkeit und Präsenz, entsprechender Bindungsverunsicherung sowie phasenweise vernachlässigenden und verwahrlosenden Tendenzen ausgesetzt gewesen. Dem aufgelagert war der Junge mit hoher Wahrscheinlichkeit im Kontext mit seiner Mutter sexualisierten Situationen ausgesetzt, die die bereits vorhandene dysfunktionale und symbiotisch verstrickte Bindungsstruktur noch zusätzlich maligne aufluden. Darüber hinaus erlebte er aber auch eine hochdysfunktionale Abfolge von Wechseln des Betreuungs- und Bezugssettings, die die bereits deutlich beeinträchtigte Bindungsentwicklung gravierend weiter erschwerten.

In einem weiteren Fall wurde das Jugendamt bereits bei einem damals erst wenige Monate alten Jungen wegen Überforderung und Drogenkonsums der Kindsmutter involviert, eine sozialpädagogische Familienhilfe wurde eingesetzt. In den Folgejahren häuften sich §-8a-Meldungen (Kindeswohlgefährungsmeldungen) aufgrund neuerlich auffallenden Drogenkonsums, außerdem aufgrund häuslicher Gewalt und des Verdachts physischer Gewalt an dem Jungen. Eine ambulante Diagnostik kam zu dem Schluss, dass eine stationäre Therapie für die Kindsmutter notwendig sei, die diese jedoch verweigerte. Der Junge wurde in Obhut genommen und in einer Bereitschaftspflegefamilie untergebracht. Auch in der Folgezeit arbeitete die Mutter nicht mit, verweigerte Drogenscreenings etc. Der Träger der Bereitschaftspflegefamilie meldete dies mehrfach dem Jugendamt. Nach mehr als einem Jahr forderte der Träger eine dringende Perspektivklärung beim Jugendamt ein, da keinerlei Änderung zu verzeichnen war. Dennoch wurde der Junge einige Zeit später trotz der Bedenken des Trägers mit ausschließlicher SPFH-Unterstützung zur Mutter rückgeführt. Selbst eine zusätzliche Unterstützung durch eine Tagesgruppe lehnte das Jugendamt ab. Eine sorgenvolle Meldung des Trägers bei der Jugendamtsleitung führte lediglich zum

Entzug des Auftrags und zur Beauftragung eines anderen Trägers. Eine weitere Symptomintensivierung und Verschlechterung des Gesamtzustands des Jungen führte immerhin zur Bewilligung der Tagesgruppe. In den Folgemonaten kam es erneut zu §-8a-Meldungen, u.a. aufgrund Vernachlässigung (Nichteinhalten der Aufsichtspflicht, Alleinlassen des Jungen). Die Tagesgruppe meldete zudem einen stark übermüdeten Zustand des Jungen sowie Äußerungen, die den Verdacht aufkommen ließen, er könne mit sexuellen Themen oder aber mit Grenzverletzungen konfrontiert worden sein. Auch die SPFH benannte Sorge um den Jungen und riet von einem weiteren Verbleib bei der Kindsmutter ab. Das Jugendamt teilte diese Auffassung nicht und nahm den Jungen nur infolge der Weigerung des Trägers, weitere ambulante Maßnahmen zu installieren, in Obhut. Der Junge wurde erneut in einer Pflegefamilie untergebracht, verblieb dort jedoch nur kurz und wurde anschließend in einer Projektstelle untergebracht, wo er in der Folgezeit immer auffälliger wurde (v.a. sexualisiertes Verhalten), was schlussendlich zur Überforderung der Erwachsenen und zum Abbruch der Maßnahme führte. Als der Junge ins KiD kam, konnte er trotz seines immer noch jungen Alters recht differenziert seine bisherigen Stationen und auch seine diesbezügliche Verwirrung schildern: „Ich kam zu ihr [1. Bereitschaftspflegemutter] wegen dem vielen Hauen zu Hause. Als Erstes bin ich zu A. und B. gekommen, die waren auch nett, aber dann hat man mich sehr bald wieder zu meiner Mama gesteckt, da ging's mir wieder nicht gut, dann bin ich zu C. [2. Bereitschaftspflegefamilie] gekommen, bei der war ich aber nur kurz, und dann kann ich endlich zu D. [Projektstelle], die hab ich lieb ... Von D. wollte ich nicht weg. Da kam E. [Vormund] zu mir und hat gesagt, dass ich nun ins KiD komme. Warum ich von D. weggehen sollte, habe ich vergessen. [...] Ich glaube, meine Mutter ist gar nicht meine Mama, denn eine Mama würde so etwas, was sie mit mir gemacht hat, nie machen. Ich weiß gar nicht, wer meine richtige Mama ist." In der Diagnostik im KiD wurden die schädigenden Auswirkungen der viel zu lange andauernden (Fehl-)Platzierungen sowie die sowohl durch die mütterliche Gewalt als auch durch die vielfachen, für den Jungen nicht nachvollziehbaren Settingwechsel und Beziehungsabbrüche befeuerte innerpsychische Verwirrung und Desorientierung auf Bindungsebene überdeutlich.

In anderen Fällen lesen sich die Aktenlagen manches Mal wie eine teilweise fast willkürlich anmutende Auflistung von Diagnosen (von ADHS über die kombinierte Störung des Sozialverhaltens und der Emotionen, kombinierten Entwicklungsstörungen bis hin zu FAS- oder FASD-Verdacht (Fetales Alkoholsyndrom bzw. Fetale Alkoholspektrum-Störung), Autismusverdacht, Verdacht auf kindliche Schizophrenie etc.), zum Teil ergänzt durch entsprechende

Medikation (Methylphenidat, Pipamperon, Truxal etc.) oder aneinandergereihte Settings (Bereitschaftspflegefamilien, Pflegefamilien, Erziehungsstellen, familienanaloge Wohngruppen, Regel- oder Intensivgruppen unterschiedlicher Ausrichtung, KJP-Aufenthalte etc.), ohne dass ein roter Faden, eine klare Intention oder Interventionsplanung erkennbar wird. Teilweise übernehmen die Kinder diese Zuschreibungen dann in ihr Selbstbild („Ich bin krank.", „Ich bin böse und hab mich nicht unter Kontrolle.", „Ich bin unaushaltbar.", „Es ist meine Schuld, dass ich überall rausfliege." etc.). Mit jeder neuen Diagnose, jeder Intervention, jedem Settingwechsel, jeder Notwendigkeit, sich auf Neues einzulassen, wird es schwerer für sie. Entsprechend geraten sie gegebenenfalls immer tiefer in Teufelskreise von sich intensivierender Symptomatik, negativer Erwartungshaltung, aus der Not geborenen Abwehr- und Copingmechanismen, die mehr Kollateralprobleme schaffen als Erleichterung und Entlastung bringen etc. „Institutionelle Bindungsstörungen", Notautonomie, fehlendes Sicheinlassen und tiefgehendes, manchmal generalisiertes Misstrauen gegenüber den Erwachsenen sind nur einige der gängigen Folgen. Im Film *Systemsprenger* zeigt sich dies in sehr fein beobachteten kleinen Bemerkungen und Momenten. So nennt Benni jede*n neue*n Pädagog*in nur „Erzieher" oder „Erzieherin", als mache es längst keinen Sinn mehr, sich noch Namen zu merken. Auf die Frage ihres neuen Schulbegleiters nach ihren vielen Fotoalben entgegnet sie nur lapidar: „Ich krieg jedes Mal eins, wenn ich wieder wo rausfliege …"

Aus diesen Gründen ist es so immens bedeutsam, mit diesen Kindern immer auch psychoedukativ zu arbeiten, damit die negativen Selbstzuschreibungen sich nicht noch weiter manifestieren und das ohnehin fragile Selbstbild der Kinder weiter beschädigen (siehe auch unter 2.: Kindern helfen, *sie* zu verstehen und *sich* zu verstehen).

3.4 Risikofaktor 4: „Aufstellung" der Jugendhilfelandschaft

Treten strukturelle, qualitative oder/und finanzielle Probleme bei einzelnen Akteur*innen der Jugendhilfelandschaft oder in Bezug auf ihre Kooperation untereinander auf, so hat dies auch Auswirkungen auf den gesamten Hilfeprozess und benachteiligt die Kinder. Dies umfasst alle denkbaren Akteur*innen, d. h. Jugendamt, Familiengericht, Gutachter*innen etc.

> „Es ist schicksalhaft, in welches Elternhaus ein Kind geboren wird, und es ist nicht Sache der Behörden, dies zu korrigieren …" (Zitat eines Familienrichters)
>
> „Ich habe Ihre Empfehlung schon verstanden. Sie können mir auch gern Tipps geben, wo ich so eine Einrichtung finde. Aber der Entgeltsatz darf 200 € nicht überschreiten." (Zitat einer Fallführung)
>
> „So etwas, was sie vorschlagen, gibt es doch überhaupt nicht. Wenn doch, ist das unbezahlbar." (Zitat einer Fallführung)

Wenn ein Jugendamt finanzielle Nöte hat, kann das natürlich unsere Arbeit behindern. Wenn z.B. aufgrund einer ausgeprägten Symptomatik eine Einzelfallhilfe notwendig ist, Fahrtkosten bei Angehörigen für Gesprächstermine und Besuche anfallen, diese Kosten aber nicht übernommen werden, kann das erhebliche Auswirkungen auf den Prozess haben.

Personelle Probleme im Sinne einer hohen Fluktuation von Mitarbeiter*innen, nicht besetzte Stellen etc. können die Abläufe erheblich behindern und führen zu Verzögerungen, erst recht bei der Weitervermittlung der Kinder (siehe auch Risikofaktor 5).

In einem Fall hatte die zuständige Sozialarbeiterin die Nöte des Kinds gut verstanden, hatte eine gute, kooperative Beziehung zur Kindsmutter aufbauen können und konnte die Ergebnisse unserer Diagnostik insgesamt gut nachvollziehen. Allerdings sperrte sie sich immens gegen unsere Empfehlung, das Kind in einer spezialisierte Wohngruppe unterzubringen. Eine normale Regelgruppe könnte diese Arbeit ihrer Meinung auch leisten, so vertrat sie es im Hilfeplangespräch. Dieser Widerspruch ließ sich erst viel später auflösen, nachdem wir verstanden hatten, in welchem Dilemma sie stand. Für sie war unsere Empfehlung nachvollziehbar, aber sie hatte von ihrer Leitung klar die Weisung, die Kosten bei zukünftigen stationären Unterbringungen zu minimieren, was sie aber im Hilfeplangespräch nicht thematisierte und dadurch zunächst uns irritierte und auch ihre gute Beziehung zu der Kindsmutter gefährdete. In einem Fachgespräch konnte ihr Konflikt dann aber geklärt und eine Lösung gefunden werden.

Es gibt einige solcher Beispiele, die wir kennengelernt haben. Dass Kosten natürlich eine Rolle spielen, gehört zu der Realität auch in der Kinder- und Jugendhilfe. Dennoch rächt es sich aus unserer Erfahrung, Einsparung an diesen Stellen vorzunehmen, da – abgesehen vom wiederholten Leid der Kinder – die Kosten eher steigen, wenn es zu Abbrüchen kommt.

Wenn Jugendamtsmitarbeiter*innen fachlich nicht gut aufgestellt sind, z.B. weil sie zu wenig Erfahrung haben, Berufsanfänger*innen sind, nicht gut eingearbeitet sind, sind Konflikte mit Eltern, anderen Institutionen und verschiedenen Gerichten vorprogrammiert. Wenn ein*e Familienrichter*in eine so fragwürdige Entscheidung mit einer noch haltloseren Begründung abliefert wie im Fall Melanie (siehe Risikofaktor 6), ist es nach unserer Auffassung eine Verpflichtung, sich als Jugendamt dagegen zu positionieren.

Fachliches Grundwissen in Bezug auf psychodynamische Zusammenhänge ist auch ein Qualitätskriterium. Zum Beispiel, wenn bei einem sexuellen Missbrauch die Rolle der Mutter nicht kritisch hinterfragt wird. In einem Fall, wo der Kindsvater der Täter war, trennte sich die Kindsmutter von ihm, da sie verstand, dass es eine Auflage des Jugendamts sein würde. Dass die Mutter aber jahrelang den sexuellen Missbrauch geduldet hatte, war für die zuständige Jugendamtsmitarbeiterin nicht von Bedeutung. Erst als die Tochter weiterhin extrem auffällig wurde, nahm sie an, dass der Kindsvater wieder zu Hause war (was später auch so war), und verstand erst viel später, dass die Bindung des Mädchens zur nicht schützenden Mutter stark belastet war.

Auch hierzu wollen wir nun ausschnittweise weitere Fälle wiedergeben. So erscheint es im Nachgang regelrecht zynisch, wenn ein Mitarbeiter eines Jugendamts – ob aus purer Überforderung, Verzweiflung, in Ermangelung von Alternativen, aus Bequemlichkeit, sich in eine bereits umfangreiche Akte einzuarbeiten, oder aus noch ganz anderen Beweggründen bleibt der puren Spekulation überlassen – ein Kind einer Pflegefamilie mit den Worten ankündigt: „Heute ist Ihr Glückstag! Sie bekommen heute einen echten Sonnenschein!“, „Das Kind ist nicht auffällig, das braucht nur Zuwendung und Stabilität.“ Die sehr engagierte und eigentlich fachlich gut aufgestellte Pflegefamilie sah sich dann jedoch binnen kürzester Zeit völlig unvorbereitet mit einer Situation konfrontiert, in der das kleine Kind stattdessen eine Unmenge an Symptomen zeigte (hohe Unruhe, keine Regel- oder Grenzakzeptanz, ständige Machtkämpfe, unberechenbares Verhalten, fehlende Erreichbarkeit in Krisen, „unheimliches Gebaren“, massiv aggressives Verhalten, massive Sexualisierung etc.). Nach einer Phase intensiven, aber vergeblichen Bemühens mussten Kind und Familie kapitulieren.

Eine andere Familie war dem Jugendamt bereits seit Jahren bekannt; die Eltern hatten ambulante Unterstützung zu Erziehungsproblemen erhalten. Aufgrund sexualisierten Verhaltens des Mädchens in der Schule war eine ambulante Diagnostik initiiert worden, die jedoch keine Hinweise auf Missbrauch finden konnte. Selbst- und fremdgefährdendes Verhalten führte zu einer kurzen Krisenaufnahme in der KJP, ebenfalls ohne weitergehenden Befund. Nach der elterlichen Trennung konnte das Mädchen in diesem Rahmen überforderungsbedingt endgültig nicht mehr betreut werden und war in eine Pflegefamilie gewechselt. Hier erhob das Mädchen Vorwürfe gegenüber dem Pflegevater hinsichtlich sexuell übergriffigen Verhaltens. Die erneut eingeschaltete ambulante Diagnostik ging eher von einer „Funktionalisierung des Themas" aus, woraufhin das Mädchen die Aussagen zunächst zurücknahm. Ein eigentlich geplanter Wechsel in eine kleine Wohngruppe wurde dann aber aufgrund neuerlicher Äußerungen des Mädchens nicht vollzogen, stattdessen wurde die stationäre Diagnostik im KiD angefragt. Auch das Jugendamt schien die Vorwürfe in Richtung des ehemaligen Pflegevaters nicht hinreichend ernst zu nehmen, sondern lediglich von nicht weiter klärbaren Grenzverwischungen in der Herkunftsfamilie auszugehen. Nach Abschluss unserer Diagnostik hielten wir aufgrund der Symptomatik des Mädchens, ihrer Äußerungen und ihres Verhaltens in den verschiedenen diagnostischen Settings sowie aufgrund der Psychodynamik des Gesamtsystems hingegen ein sexualisiert getöntes bis missbräuchliches Geschehen in *beiden* Settings für durchaus wahrscheinlich, sodass sich die schädigenden Erfahrungen jeweils aufgelagert hatten. Später erhielten wir die Information, dass gegen den Pflegevater noch in weiteren Fällen ermittelt wurde.

Dass ein Familiengericht manchmal schwer nachzuvollziehende Urteile für Mitarbeiter*innen in der Kinder- und Jugendhilfe fällt, ist nicht ungewöhnlich, liegt doch der Fokus beider Systeme auf unterschiedlichen Bereichen. Es wird oft übersehen, dass wir im Grundgesetz bis dato nur das Elternrecht verankert haben, nicht aber ein Kinderrecht. So bedeutet jeder Eingriff in die elterliche Sorge einen Eingriff in die Grundrechte. Das hat das Urteil des Bundesverfassungsgerichts (BVerfG 2014) noch einmal sehr deutlich gemacht. Es bedeutet aber nicht, dass ein Jugendamt, das einen Antrag auf den Entzug des Aufenthaltsbestimmungsrechts aufgrund einer Kindeswohlgefährdung stellt, sich mit dem Beschluss eines Amtsgerichts zufriedengeben muss. Erst recht nicht, wenn die Begründung so widersprüchlich ist, wie im folgenden Beispiel dokumentiert. Ein Jugendamt fragte uns an, fünf (von noch deutlich mehr) Kinder einer Familie zur Diagnostik aufzunehmen. In der Großfamilie konnte trotz eines bereits erstellten Erziehungsfähigkeitsgutachten und vieler ambulanter Maßnahmen der Schutz der in der Familie lebenden Kinder nicht mehr sichergestellt werden. Neben schon früher festgestellter Deprivation und Verwahrlosung sowie physischer Gewalt durch die Kindseltern war nun zusätzlich bei einer der Töchter der Verdacht des sexuellen Missbrauchs durch einen älteren Bruder entstanden. Das war der Auslöser, nun fünf der Kinder noch einmal bei uns diagnostizieren zu lassen. Alle Kinder machten am Tag der Aufnahme einen leicht bis stark verwahrlosten Eindruck und wirkten sehr verschüchtert. Ihre Symptome reichten von Einnässen, Schlafstörungen, Unruhe, aggressiven Ausbrüchen, Getriebenheit, Traurigkeit über fassadäre Fröhlichkeit, autoaggressives Verhalten, Kotschmieren bis zu auffälligem Essverhalten etc. Ohne hier weiter auf die einzelnen katastrophalen Erkenntnisse der Untersuchungen einzugehen, erbrachte die KiD-Diagnostik bei allen fünf Kindern klare Hinweise für eine erhebliche Deprivation und multiple Gewalterfahrungen, vor allem im Kontext einer unberechenbaren und von Alkoholabhängigkeit geprägten Vaterfigur und einer psychisch wenig differenzierten, affektlabilen und aggressiv ausagierenden Mutter. Die Empfehlung lautete, die Kinder zunächst weiter in einer stationären Einrichtung zu belassen, da sie dieses Angebot zunehmend gut annehmen konnten, unter Einbezug einer unterstützenden Elternarbeit. Auf weitere Details der Diagnostik bzw. der Empfehlung kann an dieser Stelle verzichtet werden, da der Richter inhaltlich das Drama der Kinder nachvollziehen konnte, sie aber trotzdem nach Hause schickte – wie der folgende Beschluss dokumentiert.

> Bisherige Beschlüsse und einstweilige Anordnungen werden aufgehoben. Die Kinder sind in den Familienverband zurückzubringen […] Den Eltern wird aufgegeben, Familienhilfe in Anspruch zu nehmen und den Weisungen des Jugendamtes zu folgen […]

In der Begründung hieß es dann:

> Die Familie wird vom Jugendamt seit 17 Jahren betreut. Damals mussten die ältesten Kinder bei Verwandten untergebracht werden […] Auffälligkeiten in der Schule sind schon lange bekannt […] Hausbesuche ergaben eine völlige Verwahrlosung der Wohnung und der Kinder […] Es wurden geradezu chaotische Zustände festgestellt […] Zusätzlich wurde der Verdacht des sexuellen Missbrauchs geäußert. Deswegen wurden die Kinder in der Einrichtung KiD untergebracht. Hier wurden die Kinder begutachtet, nicht zuletzt

im Hinblick auf den behaupteten Missbrauch. Dieser sexuelle Missbrauch hat sich allerdings nicht bestätigt, so dass die Unterbringung der Kinder nicht alleine auf ihn gestützt werden konnte. Der nicht widerlegte Verdacht ist nicht ausreichend […] Die Paragraphen 1666, 1666a, BGB gestatten eine Trennung der Kinder von den Eltern nur als letztes Mittel, wenn andere Maßnahmen versagen […] Hier handelt es sich um eine Familie, die schon lange am Rande der Verwahrlosung lebt. Grund ist die Hilflosigkeit der Eltern, ihre nur äußerst begrenzte Fähigkeit mit neun Kindern fertig zu werden. Es ist sicher nicht falsch, wenn man das Zusammenleben als chaotisch bezeichnet. Die Eltern werden oft mit ihren Kindern nicht fertig. Sie sehen oft nur die Möglichkeit, durch Schreien und sicher auch Schläge Ordnung zu schaffen, was naturgemäß bei der Anzahl der Kinder nicht gelingt. Sie sind in dieser Beziehung völlig uneinsichtig, weil sie jegliches Fehlverhalten abstreiten […] Dies reicht dennoch nicht zur Wegnahme der Kinder aus. [Jetzt werden ambulante Maßnahmen beschrieben, dann heißt es weiter; Anm. d. Autor*innen] […] wenn dies alles befolgt wird, ist die Prognose für die Kinder zwar immer noch schlecht, aber auch das reicht nicht aus sie fremdunterzubringen. Das Gericht hat nicht darüber zu entscheiden, ob es den Kindern anderweitig bessergehen könnte, es gibt gute und leider auch schlechte Eltern. Es ist schicksalhaft, in welches Elternhaus ein Kind geboren wird und es ist nicht Sache der Behörden, dies zu korrigieren. Das Gericht hat nur darüber zu wachen, dass den Kindern kein Schaden zugefügt wird. Da sich der sexuelle Missbrauch nicht bestätigt hat, bleibt nur der Hinweis auf die latente und wohl auch konkrete Gewalt in der Familie. Diese Gewalt ist allerdings nach außen hin nicht auffällig geworden. Die Kinder haben gegenüber den Sachverständigen von Schlägen usw. gesprochen. Die Mutter hat diese (wohl wenig glaubhaft) pauschal abgestritten. Über den Umfang dieser offenbar als Erziehungsmethode eingesetzten Gewalt lässt sich wenig sagen. Es gab und gibt offenbar spontane und auch unmotivierte Wutausbrüche. Dies ist aber leider auch in anderen Familien häufiger der Fall. Die negativen Auswirkungen auf die Kinder sind bekannt, lassen sich aber zulässigerweise nicht dadurch vermeiden, dass die Kinder weggenommen werden. Das Gericht geht davon aus, dass die Kinder bei anderweitiger Unterbringung bessere Chancen hätten, als in der Familie. Der Grundstock dafür wäre, wie vom Sachverständigen ausgeführt, vorhanden. Die Eltern sind nicht in der Lage, die bei den Kindern vorhandenen Vorgaben in vollem Umfang zu nutzen. Aber auch das ist mehr oder weniger das Problem auch bei anderen Eltern und gestattet nicht, Ihnen die Kinder wegzunehmen […]

Dieser Beschluss ist sicher ein Schlag ins Gesicht – nicht nur für die Kinder und Helfer*innen, sondern auch für viele Familienrichter*innen und andere Jurist*innen. Er spricht in seiner Widersprüchlichkeit für sich und bedarf an dieser Stelle keiner weiteren Kommentierung. Was uns als KiD aber darüber hinaus fassungslos gemacht hat, war die Hinnahme des Jugendamts, das sie keine Rechtsmittel dagegen eingelegt hatten, aus Resignation, Kostengründen, Überlastung? Die Kinder sind jedenfalls wieder nach Hause gekommen und haben sehr unterschiedlich auf diese Nachricht reagiert.

In einem weiteren Fall wurde ein Mädchen bei uns aufgenommen, bei dem ein Verdacht auf sexuellen Missbrauch, langjährige Vernachlässigung und Miterleben häuslicher Gewalt bestand. Die Diagnostik ergab eine kindliche posttraumatische Belastungsstörung mit ausgeprägter dissoziativer, intrusiver und vermeidender Symptomatik sowie assoziierter kindlicher emotionaler Störung auf der Basis einer gestörten Bindungsentwicklung. Das Symptomspektrum des Mädchens war immens in Vielgestaltigkeit und Intensität und bot ein erschreckendes Spiegelbild ihrer mannigfaltigen belastenden Erfahrungen und ihrer resultierenden innerpsychischen Not. Im Einzelnen zeigten sich angstinduzierte Ein- und Durchschlafstörungen, Alpträume, Einnässen, somatoforme Beschwerden, Konzentrationsschwierigkeiten, starke Erregungszustände, Impulsivität, Hypervigilanz, Hyperreaktivität, starke Stimmungsschwankungen/-einbrüche, aggressive und selbstverletzende/selbstgefährdende Verhaltensweisen (inklusive Hochrisikoverhalten und suizidalen Äußerungen), manipulative Verhaltensweisen, distanzloses Verhalten, massive sexualisierte Verhaltensweisen, häufige Intrusionen, dissoziative Zustände unterschiedlicher Intensität (von auffälliger Verlangsamung, Pseudodebilität bis hin zu situativ vollständig fehlender Erreichbarkeit und Erstarrung), appellativ-demonstratives Weglaufen, Entwenden von Gegenständen sowie auffälliges Essverhalten. Unsere Empfehlung lautete auf Intensivkleinstsetting mit traumapädagogischer Qualifikation und Haltung. Das Erkennen und Zulassen der traumaspezifischen Symptomatik und Dynamik erschien dabei zentral. Die Mitarbeiter*innen sollten über hinreichendes Hintergrund- und Erfahrungswissen zu Traumafolge- und Bindungsstörungen sowie über eine im Alltag gelebte Haltung hierzu verfügen. Hohe Professionalität und Präsenz, viel Geduld, Gelassenheit, Stabilität als Einzelne*r wie als Team, Souveränität sowie das Vorhalten klarer Strukturen in einem nicht manipulierbaren Umfeld (siehe Symptomatik) erschienen essenziell. Ein fortgesetzter diagnostischer Blick auf das Mädchen sowie ein unerschrockener Umgang mit etwaigen Veränderungen/Erweiterungen/Intensivierungen ihres Symptomspektrums sollten ebenfalls fest verankert sein. Die grundsätzliche Haltung ihr gegenüber sollte keinesfalls reglementierend-wertend, sondern vielmehr korrektiv-wertschätzend-begleitend ausgerichtet sein. Sie benötigte aus unserer Sicht gleichbleibend hohe Aufmerksamkeit im pädagogischen wie im begleitenden therapeutischen Kontext, entsprechend sollte unbedingt ein langfristig verfügbares kindertherapeutisches Angebot mit traumatherapeutischer Ausrichtung und enger Kooperation mit der Maßnahme gegeben sein. Nach einiger Zeit der Suche meldete uns dann die Fallführung zurück, dass sich die Suche nach einer geeigneten Hilfe „mithilfe des von KiD erstellten Suchprofils" als schwierig darstellen würde. Alle angefragten Einrichtungen hätten nach (!) Erhalt des Profils abgesagt. Die Bedarfe des Mädchens sollten zwar berücksichtigt werden, aber am neuen Lebensort solle „vor allem die Stabilisierung, Normalisierungsarbeit, Pädagogik des sicheren Ortes, tiergestützte Pädagogik etc. im Vordergrund stehen". Wir wurden dann explizit und dringend darum gebeten, „das Profil etwas an die ‚real existierenden Möglichkeiten' stationärer Wohngruppen anzupassen". Einerseits waren die einzelnen benannten Aspekte zwar nicht gänzlich falsch, die daraus resultierende Entscheidung unserer Ansicht nach aber sehr wohl, sodass wir folgende Antwort verfassten:

> [Das Mädchen] entspricht genau der Zielgruppe, für die wir unser Konzept entwickelt haben. Ihre spezifische, breit gefächerte Symptomatik „zwingt" uns, i.e. die Kinder- und Jugendhilfe, gerade dazu, ihnen einen Platz zu suchen, der ihnen ermöglicht, sich trotz massiver erlebter Schädigungen in ihrem weiteren Leben zurechtfinden zu können. Das Risiko, dass darin liegen würde, die jeweilige Symptomatik in Suchprofilen nicht angemessen zu beschreiben oder Abstriche bei den Bedarfen zu machen, bestünde darin, dass es zu weiteren Abbrüchen aufgrund von Fehlplatzierungen kommt. [Das Mädchen] hat sich im KiD als hoch auffällig und in ihrer Symptomatik bzw. den sich daraus ergebenden Bedarfen als sehr komplex gezeigt und braucht eine Einrichtung mit klaren Strukturen und Fachkräften, mit einer entsprechenden Haltung sowie spezifischem Hintergrund- und Erfahrungswissen. Eine Normalisierung zum jetzigen Zeitpunkt würde die Gefahr eines Anpassungsverhaltens im Sinne einer Pseudounauffälligkeit ohne wirklich nachhaltige Entwicklung in sich bergen und sich mit hoher Wahrscheinlichkeit zu einem späteren Zeitpunkt „rächen" bzw. einer Symptomverschiebung im Sinne eines manifesten psychiatrisch relevanten Störungsbildes Vorschub leisten. Dieses Mädchen braucht nunmehr Freiräume für ihre Symptome, eine akzeptierende Haltung im Sinne von Symptomtoleranz und wertschätzend-korrektive Begleitung. Auch so kann es zu einer Normalisierung kom-

> men, allerdings mutmaßlich zu einem späteren Zeitpunkt, wenn sich die innere Gemengelage nachhaltig beruhigt hat und [das Mädchen] sich hat stabilisieren können. Alles andere wird aus unserer fachlichen Sicht [ihren] Bedarfen nicht gerecht werden [...]

Fast schon nebensächlich erscheint im Vergleich ein Fall, bei dem eine Jugendamtsmitarbeiterin uns kleinlaut zu verstehen gab, es sei ihr leider keinesfalls möglich, einem Hilfeplangespräch (HPG) vor Ort im KiD beizuwohnen und eigentlich auch nicht telefonisch o. Ä, da das Jugendamt keine Möglichkeiten habe, eigene Fahrtkosten zu übernehmen, und sie im Grunde auch keinerlei zeitnahe Termine anbieten könne aufgrund einer völligen Überlastung mit Fällen. Wir sollten alles entscheiden. Dies war so natürlich nicht umsetzbar und auch fachlich nicht akzeptabel, sodass nach langer Kommunikation mit ihrem Vorgesetzten (hierfür schien dann Zeit vorhanden zu sein) zumindest eine HPG-Telefonkonferenz ermöglicht werden konnte.

3.5 Risikofaktor 5: (zu lange) Verweildauer im KiD

Je länger die Verweildauer im KiD nach Abschluss der eigentlichen Diagnostikphase, desto dysfunktionaler für das Kind.

> „Ich wusste doch, dass mich keiner mag." (Zitat eines Jungen, als nach Abschluss der eigentlichen Diagnostik die Suche sehr langwierig wurde)
>
> „Früher waren es vielleicht fünf oder sechs Aufnahmeanfragen auf einen unserer Intensivplätze. Inzwischen ist es normal, dass wir zwischen zwanzig, dreißig oder mehr Anfragen ‚wählen' müssen." (Zitat eines angefragten Trägers für eine Nachfolgemaßnahme)

Eine solche ungeplante Verlängerung kommt beispielsweise dann zustande, wenn sich die Suche nach einer geeigneten Nachfolgeeinrichtung in die Länge zieht, das Jugendamt bestimmte Entscheidungen nicht trifft bzw. Entscheidungen dritter Institutionen (z.B. Familiengerichte) abwarten will etc. Je komplexer die Bedarfe eines Kinds und je spezialisierter eine passgenaue Folgeeinrichtung sein muss, desto schwieriger gestaltet sich naturgemäß die Suche danach. In etlichen Fällen verlängert sich dieser Zeitraum aber auch aus anderen Gründen, etwa, weil das Engagement bei der Suche zu wünschen übrig lässt, weil das Jugendamt Rechtssicherheit vor Perspektive stellt oder stellen muss etc.

Kinder brauchen durch uns Perspektiven. Wenn diese zu lange auf sich warten lassen, erleben sie auch die Helfer*innen/uns als hilflos, dann fallen sie in ihre Symptomatik zurück, was wiederum zur Folge hat, dass sie zusätzlich noch schwerer zu vermitteln sind, dysfunktionalere weitere Verläufe durchleben etc.

Die KiD-VS ergab eine durchschnittliche Verweildauer der Kinder von etwa acht Monaten (252 Tage). Unsere Diagnostik ist in etwa auf sechs Monate Dauer angelegt. Bereits diese Diskrepanz kann als ein erster Hinweis darauf gedeutet werden, dass ein Teil der Kinder – aus unterschiedlichen Gründen – länger als geplant oder (deutlich) zu lange im KiD bleibt.

Die ambulante Diagnostik bei einem Mädchen (und seinem Bruder) mit dem Auftrag der Klärung einer vermuteten Kindeswohlgefährdung durch Vernachlässigung und Alkohol- beziehungsweise Drogenmissbrauch der Eltern erbrachte bei dem Mädchen Anzeichen für körperliche Gewalt sowie für mutmaßliche sexuelle Übergriffe, Ängste vor einem etwaigen Verlassenwerden, einen verminderten Selbstwert, Entwicklungsverzögerungen sowie eine unsicher-ambivalente Bindungsstruktur mit desorganisierten Anteilen. Die Empfehlung lautete auf außerfamiliäre Unterbringung. Entsprechend kam es zu einer Unterbringung in einer Wohngruppe eines Trägers gemeinsam mit dem Bruder. Die innerfamiliären Gewalterfahrungen setzten sich jedoch in der Gruppe fort; ein Junge wurde dem Mädchen gegenüber sexuell übergriffig, sodass es sich nicht mehr sicher fühlte. Eine neuerliche ambulante Diagnostik kam zu dem Schluss einer posttraumatischen Belastungsstörung durch mehrfache Traumatisierungen und empfahl ein Setting mit konstanten, zuverlässigen Bindungspersonen sowie eine traumaorientierte Psychotherapie. Das Mädchen verblieb jedoch zunächst weiter in der Wohngruppe. Sie zeigte immer mehr Symptome unterschiedlichster Art. Als zusätzlich aggressive Konflikte mit dem Bruder sowie sexualisierte Situationen mit ihm auftraten, betrachteten die Mitarbeiter*innen sie als „untragbar". Es wurde vermutet, dass das Zusammenleben dazu geführt haben könnte, dass frühere maladaptive Interaktionsmuster aufrechterhalten und so die Strukturen des inzestuösen Familiensystems mit dem gewalttätigen Kindsvater und der drogenabhängigen Kindsmutter reaktualisiert worden wären. Elternkontakte hatte es in der gesamten Zeit nicht gegeben. Zum einen hatten sich die Eltern getrennt. Der Kindsvater war danach nicht mehr greifbar. Zum anderen zeigte sich die Kindsmutter sehr unzuverlässig und nicht kooperativ, auch im Kontakt mit dem Jugendamt. Es wurde vorgeschlagen, das Mädchen im KiD aufzunehmen und hier einen stationären diagnostischen Prozess zur Klärung ihrer innerpsychischen Situation sowie ihrer unklaren Perspektive zu initiieren. Das Mädchen kam zunächst offen und entspannt im KiD an. Im Laufe des Aufenthalts konnte sie es dann immer weniger aushalten, die Aufmerksamkeit der Pädagog*innen mit anderen Kindern teilen zu müssen. Sie agierte den anderen Kindern gegenüber sehr aggressiv, wobei sie vor allem die jüngeren attackierte. In Konflikten konnte sie in starke Krisen geraten, in deren Verlauf sie auch Pädagog*innen gegenüber körperlich übergriffig wurde. Sie hatte hohe Anforderungen an die Kontaktgestaltung zu den Pädagog*innen (Exklusivität, Intensität etc.) und reagierte mit geringer Frustrationstoleranz, wenn diese nicht erfüllt wurden. In diesen Momenten konnte sie durch ihre Krisen die gesamte Gruppenatmosphäre beeinflussen. Viele Kinder hatten Angst vor ihr. Ihre durchaus vorhandene fürsorgliche Seite bekamen nur die Pädagog*innen zu sehen, Kinder in der Regel nicht. An konkreten Symptomen zeigten sich starke Erregungszustände, hohe Impulsivität, aggressive Verhaltensweisen (ohne Reue oder Schuldgefühle, sondern aus ihrer Sicht immer vermeintlich berechtigt), selbstverletzende Verhaltensweisen, teilweise appellative suizidale Äußerungen, Hypervigilanz, ritualisierte Verhaltensweisen/Zwangshandlungen (Schaukeln mit dem Oberkörper beim Einschlafen), Weglaufen (in Konfliktsituationen mehrfach zur Mutter), auffälliges Essverhalten etc. Unsere Empfehlung lautete: weitergehende und auf Langfristigkeit angelegte stationäre Unterbringung in einem für ihre Bedarfe geeigneten Setting (hochprofessionell aufgestellte Projektstelle oder kleine Intensivgruppe), dessen Mitarbeiter*innen neben hoher Belastbarkeit fundiertes Hintergrund- wie auch Erfahrungswissen hinsichtlich Bindungs- und Traumafolgestörungen aufweisen sollten. Das Mädchen benötigte verlässliche Bezugspersonen an ihrer Seite, die ihr ein korrektiv-wertschätzendes, zugewandtes und liebevolles Beziehungsangebot machen könnten, ohne dass dies zu eng oder zu familienanalog werden würde. Personenwechsel bei einem insgesamt festen Bezugspersonenkreis wurden von uns als eher konstruktiv angesehen, da die Ausschließlichkeit einer Bezugsperson eher Konkurrenz um die Mutterrolle auslösen würde. Leider dauerte der Verbleib des Mädchens im KiD aufgrund der lange Zeit ungeklärten konkreten Perspektive beziehungsweise des sehr langen Suchprozesses so lange, dass ihre Frustrationstoleranz stetig sank und sich ihre Symptomatik immer weiter steigerte, vor allem das Weglaufen zur Kindsmutter. Sie benötigte viel Aufmerksamkeit und Zuwendung vonseiten der Pädagog*innen, um sie immer wieder zu erden. Das Jugendamt äußerte immer wieder, trotz des nicht übermäßig spezifischen Profils, keine geeignete Einrichtung finden zu können, und entließ das Mädchen entgegen unserer Empfehlung schlussendlich mit der Begründung zur Kindsmutter, es sei „nichts" zu finden, außerdem „wolle" das Mädchen ja offensichtlich ohnehin dorthin. Die selbst getätigte negative Einschätzung auch des Jugendamts bezüglich Erziehungskompetenzen, Verlässlichkeit, Bindungsqualität etc. schien dabei keine Berücksichtigung zu finden. Ebenso ungestellt blieb hierbei die Frage, ob es sich bei dem diesbezüglichen Verhalten des Mädchens nicht vielmehr um eine reine Notbindung handelte. Dies wäre psychodynamisch insofern hochplausibel gewesen, da die Mutter die einzig „greifbare", zumindest nicht aktiv übergriffige (wenn auch nicht schützende und ihrerseits vernachlässigende) Bezugsperson darstellte, die entsprechend notgedrungen mit Sehnsüchten aufgeladen wurde (Kindsvater: aktiv übergriffig, nicht mehr erreichbar; Bruder: Beziehung aufgrund der alten innerfamiliären Konflikte sowie des Inzestgeschehens negativ bis maligne; professionelle Helfer: Beziehung gekennzeichnet durch Abbrüche, bereits etabliertes Misstrauen etc. mindestens ambivalent).

In einem anderen Fall war ein Junge schon im Kindergarten durch aggressives Verhalten gegen Kinder und Erwachsene aufgefallen, was sich später in Schule und Tagesgruppe fortsetzte. Bei Anforderungen blockierte er und verhielt sich sexualisiert. Zudem äußerte er extreme Gewaltfantasien versank regelrecht in – offensichtlich von gewaltbetonten Computerspielen und Filmen geprägten – Fantasiewelten. Die sorgeberechtigten Eltern bestätigten die Probleme anteilig und äußerten, sie würden sich vom Jugendamt nicht angemessen unterstützt fühlen. Einer stationären Diagnostik stimmten sie nur sehr widerstrebend zu. Im KiD zeigte der Junge starke Erregungszustände, Impulsivität, Kontrollverlust in Hocherregungsspitzen, Konzentrationsprobleme, motorische Unruhe, Hyperreaktivität, Hypervigilanz, Einkoten/Schmieren, sexualisiertes Verhalten, bereits deutlich erkennbare Suchtstrukturen sowie massive aggressive Verhaltensweisen. Er schien permanent provoziert oder getriggert, reagierte bereits auf kleinste Anlässe mit Aggression. Soziale Situationen schienen ihn zu überfordern und er konnte andere Menschen nicht realistisch einschätzen, was bei ihm zu großer Angst vor Kontrollverlust führte. Andererseits schienen ihm aggressive Verhaltensweisen aber auch als Ventil für Anspannung, Frustration und Stressabbau zu dienen. Oft setzte er Gewalt ein, um Ziele zu erreichen, Ängste in anderen auszulösen und Macht zu erlangen. Ihm schien in diesem Zusammenhang jede Form von Schuldgefühlen und Unrechtsbewusstsein zu fehlen, er attribuierte rein external, Schuld waren immer die anderen. Auch zeigte er eine gewisse Gewaltfaszination und identifizierte sich positiv mit Aggression und Gewalt. Das komplexe Störungsbild hatte sich vor dem Hintergrund einer selbst biografisch belasteten und in ihren Fähigkeiten zu Versorgung, Förderung und Schutz entsprechend eingeschränkten Mutterfigur sowie einer gleichfalls biografisch belasteten Vaterfigur entwickelt. Hinzu kam eine innerfamiliäre Atmosphäre, die neben den ungelösten Vorbelastungen zudem durch zunehmend eskalierende Konflikte, Überforderung bei beiden Elternteilen, Vernachlässigungstendenzen, emotionale Unterversorgung, physische Gewalt etc. geprägt war. Im Verlauf der Diagnostikzeit im KiD und vor allem in der letzten Phase nahm die Aggressionsbereitschaft des Jungen insgesamt zu. Er wurde gefährlich für die anderen Kinder und für die Pädagog*innen, sodass mit dem Jugendamt über etwaige zusätzliche Maßnahmen (Einzelfallhelfer, gegebenenfalls Auszeitmaßnahmen) und vor allem über die Notwendigkeit gesprochen wurde, zeitnah eine passgenaue Anschlussversorgung zu finden. Nachdem die Eltern anfangs sehr misstrauisch und abwehrend gewesen waren, hatten sie sich im Laufe der regelmäßigen Elterngespräche zunehmend eingelassen, waren offener, erreichbarer und kooperativer. Im HPG hatten die Eltern die Nöte und Belastungen des Jungen sehen können und einer weitergehenden Unterbringung zugestimmt. Entsprechend begann die Fallführung mit der Suche nach einer geeigneten Maßnahme gemäß unserer Fallvignette. Als nach mehreren Wochen jedoch noch kein passendes Angebot vorlag und sich die weitere Suche durch Urlaub und Krankheit weiter verzögerte, kippte die Stimmung zunächst bei der Kindsmutter und sie sagte, sie wolle ihren Sohn doch nach Hause holen. Als dieser diese Haltungsänderung spürte, nahmen seine aggressiven Ausbrüche eher noch weiter zu. Psychodynamisch war dies deutlich erkennbar als zunehmende Frustration und Druck bei dem Jungen, weil keine Anschlussversorgung in Sicht schien. Die Diagnostik war für ihn „gelaufen", ihm war sehr bewusst, dass es für ihn jetzt weitergehen würde und müsste. Es kam zu immer häufigeren Eskalationen. Interessanterweise nahmen diese im Kontext von Besuchskontakten und kurzfristigen Beurlaubungen nach Hause nicht etwa ab, sondern noch mehr zu. Auch die Kindseltern ließen keine Freude bei den Besuchen erkennen, beharrten aber dennoch auf der Rückführungsidee und ließen eine fortgesetzte Suche nicht mehr zu. Schlussendlich wurde der Junge tatsächlich nach Hause entlassen, auch wenn unsere Empfehlung eher eine zwischenzeitliche Unterbringung in einer Eins-zu-eins-Auszeitmaßnahme, idealerweise mit personeller Kontinuität und anschließendem Übergang in eine längerfristige Versorgung, lautete.

In anderen Fällen, in denen Kinder nach Abschluss der eigentlichen Diagnostikzeit noch zu lange bleiben mussten, zeigten sich wiederholt vor allem zwei erschwerende Dynamiken, die in strukturellen Gegebenheiten seitens des Jugendamts oder aber in Aspekten des Suchprozesses begründet waren. Viele Kinder mussten erleben, dass durch eine problematische personelle Situation im Jugendamt (beispielsweise mehrere Ausfälle und Zuständigkeitswechsel während der Diagnostikzeit) die Klärung und Umsetzung der Perspektive nach KiD deutlich verzögert wurde. Dies kam auch bei sehr engagierten Mitarbeiter*innen vor, die selbst unter der Situation zu leiden schienen und im Rahmen ihrer Möglichkeiten viel versuchten. Teilweise schien das Wissen um die hohe Fluktuation etc. aber auch die Motivation zu beeinträchtigen.

In den Fällen, in denen die bereits manifestierte Symptomatik eines Kinds einen hochintensiven und spezialisierten Bedarf erkennen ließ und die Voraussetzungen einer geeigneten Nachfolgemaßnahme entsprechend umfänglich und hoch angesetzt waren, konnte sich auch die Suche an sich sehr schwierig und langwierig gestalten. Wie hochkomplex dieser Prozess sein kann, wissen wir auch aus eigener Erfahrung, da KiD bei entsprechender offizieller Beauftragung durch das zuständige Jugendamt gegen eine Pauschale bei der Suche unterstützt (von der Erstellung einer differenzierten Fallvignette über die konkrete Suche nach geeigneten Angeboten inkl. ausführlichen Vorgesprächen mit den Trägern sowie bei Infragekommen Gestaltung der Anbahnung nach einem entsprechenden Fachgespräch mit Entscheidung seitens des Jugendamts, therapeutischer und pädagogischer Übergabe etc.). In solchen Fällen zeigt sich häufig die große Diskrepanz zwischen qualifizierten Angeboten und Nachfrage. Außerdem müssen weitere Bedingungen und Anliegen mit einem potenziellen Platz in Einklang gebracht werden, sei es die für die Kindseltern maximal noch leistbare räumliche Distanz, um Besuche etc. gewährleisten zu können, sei es, eine wirtschaftliche Limitierung beim Entgeltsatz (siehe auch die Zitate unter Risikofaktor 4) etc. Immer muss selbstverständlich eine konkrete Abwägung und Anpassung der „idealtypischen Features" einer Einrichtung (sprich die Überlegung, ob sie zu den Bedarfen des Kinds passt) mit realen Möglichkeiten erfolgen, was eine möglichst konstruktive Kompromissbildung unter Wahrung des Kindeswohls bedeuten sollte und muss.

Für die jeweiligen Kinder bedeutete dies aber in jedem Fall, dass sie – im Wissen, dass für sie ein geeigneter Platz gesucht wurde – oft lange ausharren mussten, erlebten, dass für andere Kinder aus dem KiD bereits Plätze gefunden waren etc. Dies führte in allen Fällen zu einem deutlichen Belastungsanstieg bei den Kindern, da sie sich Fragen stellten wie, ob sie „wieder einmal zu schwierig" seien, um etwas zu finden, ob keiner sie haben wollen würde, ob sie es nicht „wert" seien etc. Hinzu kam die Notwendigkeit, die perspektivische Unsicherheit an sich auszuhalten („Wie geht es mit mir weiter?"). Oftmals führte dann genau diese Gesamtverunsicherung zu einer neuerlichen Symptomintensivierung. Sei es, weil die Stressregulation des Kinds versagte, sei es als eine Art neuerlicher provokanter „Test", ob sie vom Gegenüber doch ausgehalten werden würden, sei es in projektiver Übernahme der von ihnen befürchteten Ablehnung („Dann verhalte ich mich jetzt halt auch so …") oder aus noch ganz anderen Beweggründen. Unser Therapeut*innenteam versuchte dem jeweils entgegenzuwirken, dies gelang jedoch nicht immer. In einigen Fällen konnte allerdings die verlängerte Zeit im KiD auch gemeinsam mit dem Kind konstruktiv genutzt werden, etwa, indem bestimmte Themen im kindertherapeutischen Kontext vorangebracht werden konnten, bestimmte pädagogische Angebote noch weiter genutzt werden konnten, in den Besuchskontakten und Familien- oder Elterngesprächen bestimmte Themen zumindest vorbereitet oder gar angegangen werden konnten etc.

3.6 Risikofaktor 6: (Nicht-)Befolgung der KiD-Empfehlung

Eine empfehlungskonforme Unterbringung wirkt sich förderlich auf den weiteren Lebensweg eines Kinds aus (weniger Abbrüche, mehr Bildung, weniger Inanspruchnahme des Sozial-/Gesundheitssystem), eine nicht empfehlungskonforme entsprechend dysfunktional.

Je mehr wir verstanden haben, was die Kinder brauchen, desto passgenauer ist die Empfehlung.

> „Wenn das nach dem KiD in der Wohngruppe wieder nicht funktioniert hätte, wäre ich Alkoholikerin geworden." (Zitat einer jungen Frau, die das KiD als Ehemalige besuchte)

Wenn man mit Kindern oder Jugendlichen spricht, die gänzlich oder vorübergehend im Kontext der Kinder- und Jugendhilfe aufgewachsen sind, so berichten sie oft, dass es ihnen peinlich gewesen sei, als „Heimkind" oder „Pflegekind" in der Schule, im Verein oder im Freundesreis identifiziert zu werden. Die oben zitierte junge Frau, die als achtjähriges Mädchen ins KiD gekommen war, hatte zum damaligen Zeitpunkt schon vier Stationen hinter sich und konnte nicht verstehen, warum sie häufig so wütend war und warum sie keiner aushalten konnte. Sie fühlte sich schuldig und ihr negatives Selbstwertgefühl bohrte sich durch die ständigen Abbrüche regelrecht immer tiefer in ihr Inneres. Abbrüche und (ständige) Wechsel sind immer mit einer hohen psychischen Belastung verbunden, die sich auf vielfältige Art und Weise äußern. Nicht selten haben wir Kinder aufgenommen, die zuvor Schulen für Lern- oder geistig Behinderte besucht hatten, bei denen sich aber während der Diagnostikzeit herausstellte, dass ihr tatsächliches intellektuelles Potenzial im Normalbereich, manchmal auch noch höher anzusiedeln war. Beckmann (siehe ihr Beitrag) stellte in der KiD-VS z.B. fest, dass empfehlungsgemäß untergebrachte Kinder eher einen Schulabschluss erzielen als Kinder, die nicht empfehlungsgemäß untergebracht wurden. Auch Melanie wäre einiges erspart geblieben, wenn der Gutachter seine Arbeit gewissenhafter gemacht hätte, das Jugendamt gegen die Entscheidung des Familiengerichts vorgegangen wäre und Behörden besser zusammengearbeitet hätten.

Hier stellen wir, wie in der Einleitung angekündigt, im Folgenden ausschließlich und ausführlich den Fall von Melanie vor. Querverweise zu weiteren Risikofaktoren sind jeweils gekennzeichnet.

Bei diesem damals siebenjährigen Mädchen hatte die Schule dem Jugendamt von Lernschwierigkeiten und Auffälligkeiten im sozial-emotionalen Bereich berichtet, außerdem von sexuellen Auffälligkeiten. Da sich trotz einer hochfrequenten ambulanten Familienhilfe keine Besserung einstellte und Melanie sowohl einer Mitschülerin erzählte, dass ihr Vater sie oral missbrauchen würde, als auch ihrer Lehrerin gegenüber ähnliche Andeutungen machte, kam sie zu uns in die Einrichtung (Bezug zu Risikofaktor 2, Art und Anschauung der Symptomatik: einerseits gutes, zeitnahes Handeln, andererseits aber v.a. aufgrund des Verdachts auf sexuellen Missbrauch).

Bei der Aufnahme im KiD tröstete Melanie ihre Mutter bei der Verabschiedung, sie selbst wirkte fröhlich und ging offen auf die anderen Kinder in der Gruppe zu. Den Pädagog*innen gegenüber verhielt sie sich anfänglich beobachtend, Grenzen testend und auch verbal beleidigend. Auffällig war ihre ausgeprägte sexualisierte Sprache. Auf die Frage, warum sie hier sei, entgegnete sie: „Weil mein Papa mich poppt, aber meine Mutter sagt, das wäre nicht wahr." Sie habe das in der Schule erzählt, aber zu Hause würde es keiner glauben.

In der Elternanamnese berichtete ihre Mutter von einer eigenen Kindheit mit physischer und psychischer Gewalt, der sie sich hilflos ausgeliefert gefühlt und durch passive Hinnahme Schlimmeres zu verhindern versucht hatte. Melanies Vater schilderte ebenfalls selbst erlebte physische und zudem sexuelle Gewalt (die noch völlig unverarbeitet erschien) sowie eigene Jugendhilfeerfahrungen (Bezug zu Risikofaktor 1(Transgenerationale Traumatisierung)).

Melanie wies während des Aufenthalts im KiD ein breites Spektrum an Symptomen auf. Sie nässte vor allem nachts häufig ein. Sie klagte häufig über diffuse Schmerzen (z.B. Kopf- oder Bauchschmerzen) ohne organische Ursache. Sie schien darüber Zuwendung erhalten zu wollen; sobald sie diese bekam, hatte sie keine Schmerzen mehr. In Konfliktsituationen reagierte sie häufig sehr aggressiv. Sie spuckte, beschimpfte Kinder und Mitarbeiter*innen, schlug und trat um sich, zog anderen Kindern an den Haaren und warf gezielt mit Gegenständen nach ihnen und den Mitarbeitenden. Sehr ausgeprägt waren ihre sexualisierten Verhaltensweisen. So fasste sie sich häufig an ihre Scheide, onanierte und wirkte dabei wie unter Zwang stehend. Während sie sich in der Gruppe selbst befriedigte, sprach sie häufig mit sich selbst, sagte zum Beispiel: „Ich fick Dich jetzt durch." Sie bewegte sich häufig mit Koitus ähnlichen Bewegungen an Gegenständen. Sie fragte die Pädagoginnen, ob sie auch mit ihrem Vater oder Opa „ficken" würden, fasste den Pädagoginnen an deren Brust und entblößte ihr Genital vor den männlichen ädagogen. Den männlichen Pädagogen bot sie sich wiederholt zum „Ficken" an („Du bist so süß, ich will mit dir ficken.", „Fick mich durch."). Des Weiteren urinierte sie ab und zu in andere Kinderbetten oder demonstrativ vor den Pädagog*innen auf den Boden. Diese Aktionen wirkten dabei immer deutlich sexualisiert.

In der Psychodiagnostik wurde ihre kognitive Performanz im Bereich der geistigen Behinderung getestet. Kontrastierende Teilleistungsstärken deuteten jedoch auf eine mutmaßliche Unterschätzung ihrer wirklichen Fähigkeiten hin. Das weit unterdurchschnittliche Testergebnis war vermutlich vor dem Hintergrund traumatischer Erfahrungen und deren Auswirkungen auf das derzeitige kognitive Funktionsniveau zu erklären. Auch aufgrund des sonstigen klinischen Eindrucks war davon auszugehen, dass Melanies tatsächliches kognitives Potenzial höher anzusiedeln war. In verschiedenen projektiven Verfahren waren bei ihr u.a. deutlich sexuell geprägte Intrusionen verbunden mit Hilflosigkeitserleben und einem „Totstellreflex" festzustellen.

In der traumaspezifischen Diagnostik schien Melanie von Beginn an sehr unter Druck zu stehen. Sie war immer sehr angestrengt, kam jedoch gerne und forderte diese Termine ein. Sie sagte u.a., dass sie nichts erzählen dürfe, da der Papa es ihr verboten habe. Der Papa würde bei den Besuchen sagen, dass sie nichts erzählen dürfe, da er sonst ins Gefängnis käme. Auch sie müsse dann ins Gefängnis. Die Mama wisse nichts, sie sei immer weg gewesen. Sie habe es der Mama mal erzählt, die habe dann aber gesagt, dass der Papa damit aufhören würde.

Melanie schaffte es während der ganzen Zeit im KiD, nicht einmal das auszusprechen, was sie seinerzeit in der Schule erzählt hatte, und hielt sich eisern an ihr Schweigegebot. Sie brachte zwar das Thema Sexualität auf unterschiedlichste Weise in die Gruppe und in die Diagnostik ein, benannte aber kein Missbrauchsgeschehen an ihr. Lediglich gegen Ende der Diagnostiktermine sagte sie, dass das, was sie damals in der Schule einer Mitschülerin gesagt habe, stimmen würde. Daneben machte Melanie in vielen Situationen deutlich, dass sie noch ganz lange im KiD bleiben wolle.

Nach einem Hilfeplangespräch, in dem die Eröffnung des Verdachts des sexuellen Missbrauchs durch den Kindsvater stattfand, verhielten sich die Eltern Melanie gegenüber ablehnend und vorwurfsvoll und setzten sie damit stark unter Druck, sodass wir dem Jugendamt von weiteren Kontakten in dieser unklaren Situation (eine familiengerichtliche Entscheidung stand zu diesem Zeitpunkt noch aus) zwischen den Kindseltern und Melanie abrieten.

Insgesamt wurde diagnostisch deutlich, dass bei Melanie vor dem Hintergrund eines hohen Geheimhaltungsdrucks und eines antizipierten Verleugnungsauftrags hinsichtlich eines möglicherweise stattgefundenen sexuellen Missbrauchs durch den Kindsvater eine besorgniserregende Beeinträchtigung der Vitalität und Leistungsmöglichkeiten vorlag, die sich in einer regressiv-depressiven Abwehr niedergeschlagen hatte. Sehr erschwerend wirkte sich zudem die deutlich zu erkennende, hochambivalente Beziehung zur Mutter aus, die sich auch darauf bezog, dass Melanie sie als nicht schützend und damit schuldhaft an ihren Nöten erlebte.

Wir empfahlen für Melanie eine hochprofessionelle Wohngruppe, die auf traumatisierte Kinder spezialisiert sein sollte, da sie noch viel Zeit brauchen würde, um den Verleugnungsauftrag abzugeben und ihre Nöte adäquat zu äußern. Sie sollte dringend in einen therapeutischen Prozess eingebunden werden, damit sie von ihrem außerordentlichen Leidensdruck entlastet werden könnte.

Das Familiengericht hatte zwischenzeitlich ein Gutachten beauftragt, das auch durchgeführt worden war (zu den Inhalten s.u.), und auf dieser Basis entschieden, dass Melanie stattdessen wieder zurück in ihre Familie gehen sollte. KiD warb daraufhin dafür, dass zumindest eine Rückführungsphase vorgeschaltet werden sollte. In den folgenden Wochen war zu beobachten, dass Melanie nach den Besuchswochenenden immer sehr unausgeglichen zurück in die Gruppe im KiD kam. Sie war wütend und aggressiv, griff wahllos andere Kinder an. Sie benannte Schmerzen in der Leistengegend und forderte die untersuchende Ärztin auf, sie auch an der Scheide zu untersuchen. Ebenso versuchte sie Besuchswochenenden zu umgehen, indem sie körperliche Beschwerden vortäuschte. Alle Symptome, die Melanie von Anfang an gezeigt hatte, verstärkten sich in dieser Rückführungsphase teilweise bis ins Unerträgliche.

Am letzten Abend vor ihrer Entlassung zeigte sie sich noch einmal sehr auffällig: Sie rieb sich mit koitusähnlichen Bewegungen an Stühlen, zog sich die Hose herunter und lief nackt durch das Haus. Beim Zubettbringen legte sie sich mit dem Bauch nach unten auf den Boden. Sie bewegte ihr Becken auf und ab, stöhnte dabei und sagte: „So was machen Väter, die einen lieb haben." Natürlich haben wir all diese Beobachtungen dokumentiert und der Fallführung des Jugendamts zur Verfügung gestellt, interveniert wurde seitens des Jugendamts aber nicht (Bezug zu Risikofaktor 6).

Zum Gutachten:

Das Gutachten wurde von einem renommierten habilitierten Psychologen mit Professur an einer Universität erstellt, der erstaunlicherweise die gesamte Symptomatik von Melanie als „aufmerksamkeitssuchendes Verhalten" des Kinds ansah. In dem Gutachten fehlte eine allgemeine entwicklungspsychologische Diagnostik des Kinds mit Überprüfung des Erzählstils und der Kontextvariablen etc. Ebenso fehlte die Berücksichtigung wissenschaftlich fundierter neurobiologischer Forschungsergebnisse. Der Gutachter verstand sich unserer Ansicht nach als Anwalt der Familie und verhielt sich daher nicht neutral. Ideologisch vertrat er die Meinung, dass eine schlechte Familie immer noch besser als ein gutes Heim sei. Die Interpretation des aufmerksamkeitssuchenden Verhaltens von Melanie war insofern sehr gewagt, als es für Kinder ohne massive Belastungen viele Möglichkeiten gibt, die Aufmerksamkeit der wichtigsten Bezugspersonen zu erhöhen, ohne in ein derart grenzüberschreitendes und distanzloses Verhalten zu geraten. Außerdem erschien problematisch, dass es nicht zu einer deskriptiven Beschreibung der Eltern-Kind-Interaktion gekommen war. Die Überprüfung der Aussage des Kinds in Anwesenheit der Mutter erfolgte im elterlichen Haushalt und könnte möglicherweise in Melanie einen erheblichen Loyalitätskonflikt ausgelöst haben. Das Mädchen hatte zu diesem Zeitpunkt länger keinen Kontakt zu ihrer Mutter gehabt. Die Parteilichkeit des Gutachters manifestierte sich an diesem Tag auch dadurch, dass er beim Zurückbringen von Melanie einer Pädagogin auf seinem Handy ein Foto zeigte, auf dem Melanie lachend auf dem Schoß der Mutter saß. Dies kommentierte er mit den Worten, er könne nicht sehen, dass Melanie ein Problem mit ihrer Mutter habe. Dass Melanies Verhalten möglicherweise vielmehr ein notgedrungener Rückgriff auf einen stressbezogenen „Täuschungsmechanismus“ im Sinne von Weinbergs Modell der komplexen Entwicklungsstörung nach Frühtraumatisierung (Weinberg 2013) zugrunde gelegen haben könnte, um die Bezugsperson zu „befrieden“, zog er nicht in Betracht. Des Weiteren war nicht nachzuvollziehen, warum der Gutachter Melanie eine geistige Behinderung bescheinigte, ohne jedoch selbst eine entsprechende Überprüfung durchgeführt zu haben oder unsere Ergebnisse zu erfragen. Trotzdem führte er das als Erklärung ihrer fehlenden Glaubhaftigkeit an. Insgesamt entstand der Eindruck, dass der Gutachter von einer ideologischen Herangehensweise der Mitarbeitenden im KiD ausgegangen war und selber eine Gegenideologie verfolgt hatte (In gewissem Sinne könnte man hier von einem Bezug zu Risikofaktor 3, Fehldiagnosen und Fehlplatzierungen aufgrund fehlender oder nicht hinreichend geeigneter Diagnostik, sprechen).

Wir haben die Fragwürdigkeit dieses Gutachtens von externer Seite bestätigt bekommen und dies über das Jugendamt an das Familiengericht weitergegeben, was aber offensichtlich bei der Beschlussfassung nicht berücksichtigt wurde. Eigentlich wäre es auch eine Aufgabe des Verfahrenspflegers von Melanie gewesen, hier nochmal im Sinne des Kinds zu intervenieren. Er kam jedoch während des gesamten KiD-Aufenthalts von Melanie nie ins KiD, sprach nicht mit ihr und erkundigte sich auch nicht bei den Mitarbeiter*innen über ihr Befinden (Bezug zu Risikofaktor 4, „Aufstellung" der Jugendhilfelandschaft, hinsichtlich mehrerer Akteur*innen).

Bereits an dieser Stelle war aus unserer Sicht zu konstatieren, dass all dies Stolpersteine waren, die einen wirksamen Kinderschutz verhinderten. Wenn alle Akteur*innen bei diesem Kind und seiner Familie in professioneller Weise und Verantwortung ihre Arbeit gemacht hätten, wäre Melanie vieles erspart geblieben und wir hätten sie nicht nochmals aufnehmen müssen.

Gut drei Jahre später bekamen wir jedoch erneut die Anfrage, Melanie bei uns aufzunehmen. Aus einem Polizeiprotokoll war zu entnehmen, dass Melanie bei einer Wache berichtet habe, dass sie zu Hause Schläge bekommen würde. Sie wolle auf keinen Fall zurück dorthin. Sie sei besonders von ihrem Vater hart geschlagen worden. Ein Hämatom auf der linken Gesäßhälfte zeigte sie einer Polizistin. Im weiteren Gesprächsverlauf habe sie auch berichtet, dass ihr Vater sie sexuell missbrauchen würde. Dabei habe sie geweint und am ganzen Körper gezittert. Die Polizei informierte das Jugendamt und Melanie wurde daraufhin in Obhut genommen.

Nach einer ersten Risikoeinschätzung des Jugendamts zur vorliegenden §-8a-Meldung bezüglich des sexuellen Missbrauchs wurden die Kindseltern zum Klärungsgespräch eingeladen. In diesem Gespräch gab der Kindsvater an, nichts gemacht zu haben, nahm keinen Blickkontakt zu dem Jugendamtsmitarbeiter auf, hielt sich die Hand vor die Augen und tat so, als würde er weinen. Die Kindsmutter gab an, dass sich Melanie verändert habe und sexualisiert sei, seit sie Sozialkundeunterricht in der Schule habe. Sie wolle alles über Sex wissen und glaube, sich mit diesem Verhalten in den Vordergrund stellen zu können. Seit der Geburt eines kleinen Geschwisterkinds käme sie als Mutter nicht mehr an sie heran. Melanie sei sehr eifersüchtig auf das Baby, seit der Geburt der Schwester nässe sie wieder verstärkt ein. Auffällig war, dass beide Elternteile mit Gleichgültigkeit, emotionaler Kälte und Abfälligkeit über Melanie sprachen, sie als Sündenbock im Familiensystem sahen und sie für alles verantwortlich machten. Die Herausnahme von Melanie nahm die Kindsmutter hin und hatte noch keinen Kontakt zu Melanie in der Inobhutnahmestelle aufgenommen. Der Vater lehnte jeglichen Kontakt mit Melanie in der Zukunft ab. Als die Fallführung mitteilte, dass Melanie nicht wieder zurückkommen würde, sondern für sie eine stationäre Einrichtung gesucht würde, die möglicherweise auch weiter entfernt liegen könnte, gab die Kindsmutter sofort ihr Einverständnis und unterschrieb einen Hilfen-zur-Erziehung-Antrag (HzE) blanko.

Aus dem Protokoll der Inobhutnahmegruppe ging hervor:

> Aus unserer Sicht ist die Betreuung für Melanie nicht ausreichend, es entstehen täglich Gefährdungsmomente gegenüber anderen Kindern und Mitarbeitern. Melanie scheint in großer Not zu sein. Aus unserer Sicht ist das Tabuisieren des Missbrauchs kontraproduktiv [...] Unser Auftrag war und ist Melanie zu halten, bis zu weiteren Zeugenaussagen, und den Missbrauch nicht zu thematisieren.

Sie zeigte hier folgende Symptome: Sie nutzte sehr häufig eine sexuell provozierende Sprache („Komm, lass uns ficken.“, „Hol Deinen Penis raus und besorg es mir.“). Sie zog sich selbst vor anderen, auch außerhalb der Wohngruppe, die Hose herunter. Sie agierte distanzlos und konnte Körper- und Raumgrenzen anderer Kinder weder erkennen noch akzeptieren. Vielen Kindern und Jugendlichen in der Gesamteinrichtung erzählte sie, dass ihr Vater mit ihr geschlafen hätte. Wenn diese Kinder/Jugendlichen dann mit Ekel oder Beschimpfungen gegenüber dem Stiefvater reagierten, war Melanie wiederum entsetzt und konnte diese Haltung der anderen nicht verstehen. Sie hatte intensive Wutausbrüche (beschimpfte und bespuckte Mitarbeitende und andere Kinder, warf Möbel um oder zerstörte Gegenstände). In solchen Augenblicken war sie nicht mehr ansprechbar oder zu begrenzen. „Aus unserer Sicht benötigt sie dringend eine therapeutische Begleitung, ein anderes Setting, ebenfalls stationär angelegt. Wir schlagen daher dringend vor, dass für Melanie eine Spezialeinrichtung für Mädchen gesucht wird.“

Das Fatale in dieser gut aufgestellten und mit Personal gut ausgestatteten Jugendhilfeeinrichtung war, dass niemand mit Melanie über ihre Aussagen reden „durfte“, weil die strafrechtliche Verfolgung noch nicht abgeschlossen war (erneuter Bezug zu Risikofaktor 4, spezifisch bezüglich der Abwägung zwischen forensischer Maßgabe und Kindeswohl im Sinne von dringendem therapeutischem Unterstützungsbedarf).

Das Jugendamt fragte daraufhin erneut bei uns an. Wie nahmen Melanie wieder bei uns auf und sie konnte sich gut auf das KiD einlassen. Eine „Bitte“ des Gerichts an KiD, nicht mit Melanie „aufdeckend“ zu arbeiten, wurde unsererseits dahingehend beantwortet, dass wir eine diagnostisch-therapeutische Einrichtung seien, die mit Kindern über ihre Nöte sprechen würde. Die Erfahrungen, die die abgebende Einrichtung gemacht habe, hätten gezeigt, dass Melanie so nicht zu halten sei. Wir haben nie eine Antwort darauf erhalten und das getan, was unserem Auftrag entspricht. Eine erneute Diagnostik war nicht notwendig. Melanie wurde von uns therapeutisch begleitet und nach knapp drei

Monaten konnten wir sie in eine spezialisierte Wohngruppe für sexuell missbrauchte Mädchen weitervermitteln, in der sie noch heute lebt.

3.7 Risikofaktor 7: (falsch verstandener) Datenschutz

Falsch verstandener Datenschutz kann die Kinderschutzarbeit mit dem Kind und seinem Bezugssystem erschweren.

> „Den Bericht gebe ich Ihnen nicht. Der betrifft ja nur die übrigen Familienmitglieder und nicht so sehr ‚ihr' Kind." (Zitat einer Fallführung)

Das Thema Datenschutz ist einerseits wichtig und muss für Sensibilität im Umgang mit vertraulichen, kritischen Daten sorgen. Andererseits führt es – zumindest unserer Erfahrung nach – punktuell eher zu Angst und Unsicherheit bei den Fallverantwortlichen oder auch zu Ambivalenzen hinsichtlich der Umsetzung und kann dementsprechend die Diagnostik behindern, beispielsweise indem wichtige Informationen nicht zugänglich gemacht werden, die für die Gesamteinschätzung und damit auch für eine differenzierte, verantwortungsvolle Entscheidung im Sinne des Kindeswohls relevant wären. Dies kann zu Erschwernissen, Verzögerungen, aber auch zu Lücken in der Diagnostik führen und gegebenenfalls je nach Art und Relevanz der fehlenden Informationen das Risiko von Fehleinschätzungen und damit auch etwaigen Fehlentscheidungen erhöhen.

Es dürfte schwerfallen zu behaupten, dass falsch verstandener (!) Datenschutz eine Gesamtgefährdungslage zur Folge hat; entscheidender und häufiger vertreten dürften hingegen Fälle sein, in denen sich hinter dem Thema Datenschutz wahlweise große Unsicherheit, eine problematische professionelle Handlungsmotivation, etwaige Ängste, fehlende Rückendeckung im eigenen Haus oder insgesamt eine dysfunktionale Haltung o.Ä. verbergen und der Schutz von Daten (auch von Daten Dritter) als darüber gelagerte Argumentation oder gar als „Feigenblatt" fungiert. Dies soll und darf nicht etwa missverstanden werden als vermeintliches Plädoyer dafür, im Dienste des Kinderschutzes alle Vorsicht und jeden achtsamen Umgang mit sehr wohl schützenswerten, da vertraulichen und sensiblen Daten über Bord zu werfen. Vielmehr ist eine differenzierte, in alle Richtungen verantwortungsvolle Güterabwägung unter Berücksichtigung aller rechtlichen Aspekte wie auch aller potenziell hierdurch zumindest tangierten Fragen des Kindeswohls bzw. einer Kindeswohlgefährdung das Ziel.

So entstehen leider nicht selten durchaus Situationen, in denen Fallführende des Jugendamts uns auf die Frage bzw. Bitte um Vorberichte rückmelden, sie würden aufgrund mehrfacher Zuständigkeitswechsel gar nicht alle Dokumente finden und hätten keine Zeit, sich einzuarbeiten und alles zu recherchieren. Im Übrigen seien viele Inhalte ja datenschutzrelevant, auch weil beispielsweise Geschwisterkinder oder ein ehemaliger Partner der Kindsmutter betroffen seien, was „unseren" Fall ja gar nicht beträfe. Zeigt sich dann jedoch später aus anderen Zusammenhängen oder Quellen heraus, dass hierdurch bestimmte, für die Diagnostik im KiD hochrelevante Vorinformationen nicht verfügbar sind (beispielsweise zu einer langen Historie von Kindeswohlgefährdungsvermutungen und §-8a-Meldungen zu Geschwisterkindern oder aber zu bestimmten Belastungen auf der Elternebene, die zum Verständnis der Psycho- und Sozialdynamik des bei uns zur Diagnostik untergebrachten Kinds elementar bedeutsam sind und damit sowohl unser Ergebnis wie auch unsere Empfehlung zentral mitbestimmen etc.), so ist aus unserer Sicht die Frage der Höherpriorisierung und Güterabwägung sehr wohl betroffen.

Weniger problematisch, aber unsere Arbeit dennoch im Sinne des (zeitlichen) Aufwands erschwerend, sind Situationen, in denen die Sorgeberechtigten uns die entsprechende Schweigepflichtsentbindung und Erlaubnis zum Einholen bestimmter Berichte geben, das Jugendamt aber dennoch darauf beharrt, dass sie die Dokumente aufgrund der Datenschutzbestimmungen nicht herausgeben dürften, sodass wir sie uns von den jeweiligen ausstellenden Stellen (z.B. Beratungsstellen o.Ä.) besorgen müssen.

Eindrücklich sind leider auch Fälle, in denen ganz bestimmte Dokumente mit Verweis auf den Datenschutz zunächst nicht herausgegeben werden, sich später aber herausstellt, dass die enthaltenden Informationen eine bereits vorab manifestierte „Haltung" einer Fallführung untergraben hätten, weil sich die Gesamtsituation dann nicht mehr als vermeintlich eindeutig und dichotom im Sinne der „guten" vs. der „schädigenden/schuldigen" Seite darstellen lässt, weil eine Notwendigkeit und fachliche Verpflichtung deutlich wird, sich mit bereits langjährigen und entsprechend multifaktoriellen Ätiologien auseinanderzusetzen, und somit eine sehr komplexe, vielschichtige, psychodynamisch verwobene Gesamtgemengelage erkennbar wird.

Oftmals ist aber auch zu spüren, dass die Fallverantwortlichen selbst unzufrieden mit den Beschränkungen durch den Datenschutz (bzw. einen falsch oder zumindest problematisch verstandenen solchen) zu sein scheinen, und dann eine problematische Mehrgleisigkeit entsteht im Sinne von „offiziellen" und „inoffiziellen" Informationen, die dann aber nicht verwendet werden dürfen. D.h. ein wichtiges und gut gemeintes Thema (der Schutz sensibler, vertraulicher Daten) bewirkt unter Umständen das Gegenteil oder zumindest, dass die ohnehin betroffenen Kinder hier auf anderer Ebene erneut „Opfer" werden, indem die Rechte Dritter gewahrt bleiben, die ohnehin gewaltgeschädigten Kinder als die schwächsten Glieder jedoch zusätzliche Nachteile oder zumindest Erschwernisse davontragen.

Ohne fachfremd und damit anmaßend auf die juristischen Nuancen und Details des KKG eingehen zu wollen, möchten wir an dieser Stelle zumindest das Augenmerk noch auf die exakte Formulierung des Gesetzes lenken: Gesetz zur Kooperation und Information im Kinderschutz (BJV 2012/2016).

4. Resümee

In der Auseinandersetzung mit diesem Beitrag haben sich immer wieder viele Diskussionen zwischen uns entwickelt, was von unseren Erfahrungen und Thesen als allgemeingültig bzw. übertragbar zu werten ist und was nicht, wo der „KiD-Blick“ möglicherweise auch etwas verschoben ist aufgrund der Selektivität der Stichprobe und den Besonderheiten der Dynamik der KiD-Fälle etc.

Die Veranschaulichung komplexer Zusammenhänge, Prozesse und Strukturen mittels Erfahrungswerten und Fallbeispielen impliziert bei aller Differenziertheit immer auch subjektive Nuancen in der Auswahl und Deutung. Und natürlich gibt es umgekehrt auch immer wieder sehr positive Beispiele, in denen einer oder sogar alle Risikofaktoren durch ein sehr engagiertes und konstruktives Miteinander aller Akteur*innen, inklusive des Bezugssystems des Kinds, entweder zeitnah abgebaut oder sogar ganz vermieden werden können, sodass sich alle Energien ausschließlich darin bündeln können, einem gewaltgeschädigten Kind zu einer qualitativ guten Diagnostik, einem hierüber ermöglichten Verstehen seines So-geworden-Seins, seiner Symptomatik und seiner resultierenden Bedarfe zu verhelfen und gute, passgenaue Hilfen zu gewähren. Dennoch gibt es viel zu viele Fälle, in denen einer oder sogar mehrere der dargestellten Risikofaktoren neben der eigentlichen Gewaltschädigung auftreten und zusätzliche, oftmals dann auch noch kumulativ-negative Wirkung auf den Hilfeverlauf für das ohnehin schon belastete Kind ausüben.

Es gibt eine große Anzahl von gut arbeitenden Behörden, Institutionen und Jugendhilfeträgern, aber erst die Kooperation, das Ineinandergreifen dieser Hilfen ermöglicht eine nachhaltig gute Arbeit für die Belange der Kinder. Überforderung, Personalnotstand, fehlendes Fachwissen, konkurrierende Haltung und nicht zuletzt der große Kostendruck gefährden die Arbeit mit den Kindern und ihren Bezugssystemen und beeinträchtigen gegebenenfalls nachhaltig ihre Entwicklung und ihren weiteren Lebensweg.

Die dargestellten Risikofaktoren müssen aus unserer Sicht gesehen und benannt werden, um sie angehen und minimieren oder im Idealfall vermeiden zu können. Dabei geht es uns nicht um eine Einordnung in richtig oder falsch, in gut oder böse. Vielmehr gilt es aufzuzeigen, wie wichtig es ist, dass die Arbeit der verschiedenen Behörden und Jugendhilfeträger ineinandergreift, um so effektiv im Sinne der Kinder etwas erreichen zu können. Dabei ist es wichtig, dass jede*r den Fokus ihrer*seiner Arbeit in den Vordergrund stellt und sich gleichzeitig die Schwerpunkte bzw. Sichtweisen der anderen Institutionen bewusstmacht. Natürlich haben wir als diagnostische Einrichtung einen anderen Blick auf das Kind und das Familiensystem als ein Jugendamt mit seinem Wächterauftrag. Ein Familiengericht hat eine andere Auffassung und Interpretation von Kindeswohlgefährdung als wir als Kinder- und Jugendlichenpsychotherapeut*innen. Eine strafrechtliche Verfolgungsbehörde wird ein anderes Interesse haben als wir als diagnostisch-therapeutische Jugendhilfeeinrichtung. All das ist richtig und legitim. Nur wenn wir uns die verschiedenen Aufträge und Aufgaben bewusstmachen, sie akzeptieren und respektieren, können wir im Sinne der Kinder und ihrer Familien gut wirken.

Es gehört zu unserem Selbstverständnis, dass wir eng mit anderen Fachstellen, Fachärzt*innen, Beratungsstellen, Familiengerichten, gegebenenfalls Polizei, Wohngruppen, Erziehungsstellen, Familienhelfer*innen etc. kooperieren. Vor allem aber die engmaschige Zusammenarbeit mit den Mitarbeitenden der sozialen Dienste und den Fallführungen in den Jugendämtern ist für unsere Arbeit von wesentlicher Bedeutung. Es ist unser konzeptionelles Anliegen, insbesondere mit den verantwortlichen Personen (Fallführung, Vormund, Verfahrenspfleger*in etc.) in einem prozessbegleitenden Austausch zu stehen. Über den Weg regelmäßig stattfindender Helfer*innenkonferenzen, Hilfeplangespräche und kontinuierlicher Fachgespräche ist ein Informationsaustausch über diagnostische Kenntnisse und therapeutische Verläufe mit dem Kind und seiner Familie sowie über aktuelle Ereignisse und Entwicklungen gesichert. Diese aufwendigen Austauschprozesse haben vorrangig zum Ziel, dass die jeweiligen Zuständigen und Verantwortlichen durchgehend in den Prozess neu gewonnener Erkenntnisse und des neu gewonnenen Verständnisses miteinbezogen werden, nicht zuletzt, um eine nahtlose Beratung und Betreuung des Kinds beziehungsweise seiner Familie nach der Entlassung aus dem KiD zu ermöglichen.

Der fachliche Diskurs sowohl innerhalb des KiD (im Rahmen z.B. des Pädagog*innen- und Therapeut*innenteams) wie auch außerhalb, beispielsweise mit dem jeweiligen Jugendamt, gehört zu einer Arbeit für gewaltgeschädigte Kinder notwendigerweise hinzu. Die Familien, mit denen wir arbeiten, induzieren diese Gefühle und Dynamiken mit Ambivalenzen, aggressiven Impulsen und Widersprüchen etc.; und diese Dynamiken werden oft auf allen Ebenen, auch im Helfer*innensystem, sichtbar. Es gehört mit zu unserer Kernkompetenz, diese Konflikte anzunehmen, sie als Teil des Prozesses zu verstehen und konstruktive Lösungen anzubieten.

Diese Haltung und Herangehensweise sind durchaus übertragbar auf die Arbeit mit gewaltgeschädigten Kindern in der Jugendhilfe insgesamt und sind Möglichkeit, Chance, Verpflichtung und Herausforderung zugleich. In diesem Kontext ist auch die Beschreibung der Risikofaktoren zu verstehen; es geht nicht um eine Dichotomie von richtig oder falsch und auch nicht um einen Wettstreit um *den einen* optimalen Weg, sondern darum, Lösungswege zu finden, um in ein konstruktiveres Miteinander zu kommen. Stellvertretend sei hier nochmals der Datenschutz benannt, der eigentlich in seiner gesetzlichen Grundlage und seinen Optionen für das Einnehmen einer fallspezifischen Haltung aus unserer Sicht gut aufgestellt ist und eine gute Kooperation im Sinne des Kinderschutzes möglich macht, vorausgesetzt, diejenigen, die damit arbeiten, setzen diese Möglichkeiten auch gut um.

Trotz aller kontrastierenden Schwerpunkte und Ideologien, trotz aller fachlichen Kontroversen, trotz aller Komplexität der Falldynamiken und der notwendigerweise jeweils zu investierenden Energien ist der Einsatz für diese Kinder und ihre Bezugsysteme aus unserer Sicht nicht nur notwendig, sondern auch sehr lohnenswert, um die Spirale der Gewalt zu durchbrechen.

Literatur

Barwinksi, Rosmarie (2013): Ich-Spaltung bei der transgenerationalen Übertragung von Traumata. In: Rauwald, Marianne (Hg.): Vererbte Wunden. Transgenerationale Weitergabe traumatischer Erfahrungen. Weinheim/Basel, S. 109–117.

Bender, Doris/Lösel, Friedrich (2016): Risikofaktoren, Schutzfaktoren und Resilienz bei Misshandlung und Vernachlässigung. In: Egle, Ulrich Tiber/Joraschky, Peter/Lampe, Astrid/Seiffge-Krenke, Inge/Cierpka, Manfred (Hg.): Sexueller Missbrauch, Misshandlung, Vernachlässigung. Erkennung, Therapie und Prävention der Folgen früher Stresserfahrungen. 4. überarbeitete und erweiterte Auflage. Stuttgart, S. 77–103.

Brisch, Karl Heinz (2007): Der Hunger wirkt im Gehirn rund um die Uhr. Der Psychiater Karl Heinz Brisch über das kindliche Bedürfnis nach emotionaler Geborgenheit und die Folgen von Vernachlässigung. Stuttgarter Zeitung, Wochenendbeilage v. 23.06. Online unter: https://www.khbrisch.de/media/interv_stuttgarter_zeitung.pdf.

[BJV] Bundesministerium der Justiz und für Verbraucherschutz (2012/2016): Gesetz zur Kooperation und Information im Kinderschutz (KKG). Online unter: https://www.gesetze-im-internet.de/kkg/.

[BVerfG] Bundesverfassungsgericht (2014): Beschluss der 1. Kammer des Ersten Senats vom 19.11.

1 BvR 1178/14 –, Rn. 1–57, Online unter: https://www.bundesverfassungsgericht.de/SharedDocs/Entscheidungen/DE/2014/11/rk20141119_1bvr117814.html

Engfer, Anette (2016): Formen der Misshandlung von Kindern – Definitionen, Häufigkeiten, Erklärungsansätze. In: Egle, Ulrich Tiber/Joraschky, Peter/Lampe, Astrid/Seiffge-Krenke, Inge/Cierpka, Manfred (Hg.): Sexueller Missbrauch, Misshandlung, Vernachlässigung. Erkennung, Therapie und Prävention der Folgen früher Stresserfahrungen. 4. überarbeitete und erweiterte Auflage. Stuttgart, S. 3–23.

Fingscheidt, Nora (Buch und Regie) (2019): Systemsprenger. Port Au Prince Pictures Filmverleih.

Huber, Michaela (2007): Trauma und die Folgen. Trauma und Traumabehandlung, Teil 1. 3. Auflage. Paderborn.

Husmann, Wenke (2019): „Ich habe überall nur noch Fälle von Kindesmisshandlung gesehen." In: Zeit Online, Interview v. 15.09. Online unter: https://www.zeit.de/kultur/film/2019-08/nora-fingscheidt-regisseurin-systemsprenger-film.

Joraschky, Peter/Petrowski, Katja (2016): Sexueller Missbrauch und Vernachlässigung in Familien. In: Egle, Ulrich Tiber/Joraschky, Peter/Lampe, Astrid/Seiffge-Krenke, Inge/Cierpka, Manfred (Hg.): Sexueller Missbrauch, Misshandlung, Vernachlässigung. Erkennung, Therapie und Prävention der Folgen früher Stresserfahrungen. 4. überarbeitete und erweiterte Auflage. Stuttgart, S. 138–154.

KiD Kind in Diagnostik gGmbH (2016): Website. Online unter: www.kind-in-diagnostik.de.

Kolshorn, Maren/Brockhaus, Ulrike (2002): Drei-Perspektiven-Modell: Ein feministisches Ursachenmodell. In: Bange, Dirk/Körner, Wilhelm: Handwörterbuch sexueller Missbrauch. Göttingen/Bern/Toronto/Seattle, S. 55–60.

Roth, Gerhard (2011): Unveröffentlichter, mündlicher Vortrag im Rahmen des KiD Fachtags „Trauma – Bindung – Kinderschutz" v. 11.05. Düsseldorf.

[UB] Unabhängiger Beauftragter für Fragen sexuellen Kindesmissbrauchs (Hg.) (2019): Polizeiliche Kriminalstatistik: Zahlen kindlicher Gewaltopfer nach der Polizeilichen Kriminalstatistik 2018. Pressemitteilung v. 06.06. Online unter: https://beauftragter-missbrauch.de/presse/pressemitteilungen/detail/zahlen-minderjaehriger-gewaltopfer-nach-der-polizeilichen-kriminalstatistik-2018.

Weinberg, Dorothea (2013): Psychotherapie mit komplex traumatisierten Kindern. Behandlung von Bindungs- und Gewalttraumata der frühen Kindheit. 2. Auflage. Stuttgart.

Weiß, Wilma (2013): Selbstbemächtigung/Selbstwirksamkeit – ein traumapädagogischer Beitrag zur Traumaheilung. In: Lang, Birgit/Schirmer, Claudia/Lang, Thomas/Andreae de Hair, Ingeborg/Wahle, Thomas/Bausum, Jacob/Weiß, Wilma/Schmid, Marc (Hg.): Traumapädagogische Standards in der stationären Kinder- und Jugendhilfe. Eine Praxis- und Orientierungshilfe der BAG Traumapädagogik. Weinheim/Basel, S. 145–156.

Dem KiD liegen die entsprechenden Unterlagen fallbezogen vor. Aus Gründen der besonderen Sorgfaltspflicht im Sinne des Kindeswohls, des Datenschutzes etc. ist hier eine Quellenangabe im klassischen Sinn nicht möglich.

FRANZISKA BREITFELD, KATJA WERNER

Sexuelle Gewalt gegen Geschwisterkinder: Werdegänge im Kontext zweier Hilfesysteme

Als die siebenjährige Sanne ihrer Mutter von sexuellen Handlungen ihres elfjährigen Bruders Jonas an ihr berichtete, verstand ihre Mutter nicht, was Sanne ihr sagen wollte, und fragte nicht weiter nach. Da Sanne keine Unterstützung erhielt, reagierte sie in ihrer Not mit angepasstem Verhalten. Anders ihr neunjähriger Bruder Erik. Auch er erfuhr sexuelle und körperliche Gewalt durch den ältesten Bruder, reagierte darauf jedoch sehr aggressiv: Er schlug, trat und spuckte. Zudem fiel bei ihm intensiv sexualisiertes Verhalten und eine sexualisierte Sprache auf, ebenso seine Angst vor Dunkelheit und größeren Menschengruppen. Er hatte Alpträume und Einschlafstörungen.

Die Mutter suchte mit Erik aufgrund seiner Symptome die Kinder- und Jugendpsychiatrie auf, dort durchlief er mehrere Diagnostikverfahren, wurde in weiteren Einrichtungen vorgestellt und u.a. auf ADHS getestet. Außerdem wurde Erik in eine Beratungsstelle geschickt. Dort benannte Erik, wie bereits gegenüber der Mutter, die sexuelle und körperliche Gewalt durch seinen älteren Bruder an seiner Schwester Sanne und ihm.

Der älteste Bruder Jonas wurde daraufhin aus der Familie herausgenommen und in einer stationären Einrichtung für sexuell grenzverletzende Jungen, die noch nicht strafmündig sind, untergebracht. Sanne und Erik blieben zunächst bei der Mutter und erhielten keine Unterstützung, da diese durch die Unterbringung des sexuell übergriffigen Geschwisterkinds außerhalb der Familie nicht mehr notwendig erschien. Eine Fachkraft der ambulanten Beratungsstelle setzte sich jedoch für die Kinder ein und empfahl die Aufnahme von Erik und Sanne im KiD, einer diagnostischen Einrichtung für gewaltgeschädigte Kinder, welche schließlich vom zuständigen Jugendamt installiert wurde. Im KiD fand über einen Zeitraum von sechs Monaten eine interdisziplinär angelegte Diagnostik der Kinder in allen ihren sozialen Bezügen mittels Psychodiagnostik, Traumadiagnostik, Psychoanalyse, Kinderpsychotherapie, Familientherapie sowie Heil- und Sozialpädagogik statt. Es wurde ein differenziertes, auf die Lebensgeschichte des jeweiligen Kinds ausgerichtetes Hilfeangebot erarbeitet.

Während ihrer Zeit im KiD gaben Sanne und Erik weitere Details bekannt. Ihr Bruder Jonas habe über längere Zeit sexuelle Gewalt gegen sie ausgeübt. Zudem habe zu Hause insgesamt eine gewalttätige Atmosphäre geherrscht. Der Vater, der mittlerweile von der Mutter getrennt lebte, sei gegenüber Jonas körperlich, psychisch und sexuell übergriffig gewesen. Es zeigte sich im Laufe der die gesamte Familie in den Blick nehmenden Diagnostik, dass die Mutter selbst mehrfach traumatisiert war, sich aber trotz allem im Rahmen ihrer Möglichkeiten bemühte, ihre Kinder zu unterstützen. Als bekannt wurde, dass ihr ältester Sohn seine beiden jüngeren Geschwister zu sexuellen Handlungen gezwungen hatte, war sie sehr betroffen, aber gleichzeitig hilflos und überfordert mit der Situation.

Alle drei Kinder erhielten weiterführende Hilfen im Rahmen der Kinder- und Jugendhilfe, sie kehrten nicht in die Familie zurück. Sanne und Erik wurden im Anschluss an das KiD in eine Intensivgruppe vermittelt, in der sie therapeutisch begleitet wurden. Jonas blieb zunächst in der Einrichtung der Kinder- und Jugendhilfe für sexuell grenzverletzende Jungen in einer Gruppe für Kinder unter 14 Jahren, die noch strafunmündig sind. Als er älter wurde, musste er in die Gruppe für Strafmündige wechseln, in der seine sexuellen Übergriffe als Straftaten behandelt und bearbeitet wurden.

1. Problemlage & Forschungsinteresse

Kinder wie Sanne und Erik, die im KiD aufgenommen werden, haben unterschiedliche Formen von Gewalt erlebt. Von den 478 Kindern, deren Werdegänge in der KiD-Verlaufsstudie untersucht wurden, ist bei insgesamt 193 Mädchen und Jungen festgestellt worden, dass sie von sexueller Gewalt betroffen sind. Die Täter*innen stammen zumeist aus der eigenen Familie, vor allem die leibliche Mutter, der Vater oder der neue Lebenspartner der Mutter wurden hier ermittelt. Auffällig ist die viertgrößte Gruppe der Schädiger*innen, denn insgesamt konnte das KiD 52 minderjährige Geschwisterkinder identifizieren, die sexuelle Handlungen an ihren Geschwistern vollzogen haben. Diese Häufung weicht von den Ergebnissen anderer Studien und der herrschenden Literatur ab, sodass zu fragen ist, wie sich diese Besonderheit auf die Werdegänge der betroffenen Kinder, aber auch auf die der übergriffigen Geschwister, der Familie im Gesamten und die zuständigen Hilfesysteme Jugendhilfe und Strafjustiz auswirkt.

Der folgende Beitrag gibt deshalb einen groben Überblick über die Problematik innerfamiliärer Gewalt, insbesondere die Rolle von Kindern in Familien und gegen sie durch Erwachsene ausgeübte Gewalt. Kinder sind jedoch nicht nur von Erwachsenengewalt betroffen, sie können auch selbst gewalttätig sein. Insbesondere das Phänomen sexueller Geschwistergewalt ist bisher kaum untersucht und soll in diesem Beitrag betrachtet werden. Werden Fälle sexueller Geschwistergewalt aufgedeckt, greifen das staatliche Wächteramt und der Strafverfolgungsanspruch des Staats. Insbesondere zwei staatliche Hilfe- und Sanktionssysteme werden (spätestens jetzt) aktiviert: die Strafjustiz und die Kinder- und Jugendhilfe. Hierbei ist in den Hilfesystemen immer wieder eine Dichotomisierung gegenüber übergriffigen und betroffenen Kindern zu beobachten: das betroffene Kind wird, wenn überhaupt, der Kinder- und Jugendhilfe zugewiesen, während das übergriffige Kind, sofern es älter als 14 Jahre ist, in den Zuständigkeitsbereich der Strafjustiz fällt. Tatsächlich aber gelangen viele der übergriffigen und gewalttätigen Kinder über die Brücke der Strafjustiz letztlich wieder – und aus gutem Grund – in die Zuständigkeit der Kinder- und Jugendhilfe, welche ihren gesetzlichen Förderungsauftrag auch gegenüber übergriffigen und straffälligen jungen Menschen erfüllen muss. Es ist weiterhin Aufgabe der Jugendhilfe, die betroffenen Kinder zu schützen und bestmöglich zu fördern, ebenso soll sie die Erziehungsfähigkeit der Familien (wieder) herstellen. Eine Mammutaufgabe, welche auf ein kaputtgespartes und überlastetes System trifft.

Hieraus ergibt sich die These, dass die Kinder- und Jugendhilfe ihre originäre Aufgabe, nämlich die Verwirklichung des Rechts eines jeden jungen Menschen auf Förderung seiner Entwicklung und auf Erziehung zu einer eigenverantwortlichen und gemeinschaftsfähigen Persönlichkeit, nur dann gegenüber von sexueller Geschwistergewalt betroffenen Kindern, den übergriffigen jungen Menschen und ihren Familien erfüllen und ihre Werdegänge, gegebenenfalls in Zusammenarbeit mit der Strafjustiz, positiv beeinflussen kann, wenn ihre weitreichenden Belastungen anerkannt und strukturellen Defizite ausgeglichen werden.

2. Innerfamiliäre Gewalt

2.1 Rollen von Kindern in Familien

Eltern haben gemäß Art. 6 Abs. 2 GG das Recht und die Pflicht, sich um das minderjährige Kind zu sorgen. Dies umfasst u.a. den Schutz vor Gefahren, die materielle und medizinische Versorgung sowie die Betreuung und Erziehung des Kindes. Innerhalb des Familienlebens geben Eltern bzw. Erziehungsberechtigte Strukturen und Grenzen vor, stellen Regeln und Sanktionen gegen Regelverstöße auf, bestimmen den Alltag und treffen Entscheidungen für Kinder, die sich auch gegen ihre Bedürfnisse und Interessen – im schlimmsten Fall, wie der Ausgangsfall zeigt, gegen das Kindeswohl – richten können. Aufgrund ihres Alters wird Kindern oftmals die nötige Reife und Fähigkeit abgesprochen, Entscheidungen zu treffen und ihr Handeln zu bestimmen. Die Ansichten und Sichtweisen der Erwachsenen werden gegenüber denen der Kinder höher bewertet. Ein solch adultistisches[1] Verhalten gegenüber Kindern beruht auf der Annahme, dass Erwachsene intelligenter und besser seien als Kinder und sie deshalb dazu berechtigt sind, ohne deren Einverständnis Handlungen und Entscheidungen zu vollziehen (Ritz 2008, 128). Die Rolle des Kinds in Familien ist daher von einem Machtungleichgewicht geprägt, das von Eltern ausgenutzt werden kann. Erwachsene können damit in allen Lebensbereichen der Kinder die Kontrolle übernehmen und Handlungsspielräume eingrenzen.

Auch wenn innerhalb der Familie wie im Fallbeispiel die sexuellen Vorfälle durch Geschwister bekannt werden, behalten Eltern, hier die Mutter, der sich die Kinder anvertrauten, die (Entscheidungs-)Macht über das weitere Vorgehen, das übergriffige Verhalten zu beenden, Hilfe in Anspruch zu nehmen oder nicht zu handeln. Obwohl Kinder Träger*innen eigener Rechte sind,[2] haben sie einen erschwerten Zugang zu Recht und Einrichtungen, insbesondere, wenn sie Hilfe und Unterstützung benötigen. Sie sind darauf angewiesen, dass Erwachsene ihr Leid erkennen, für sie als Ansprechpartner*innen fungieren und ihnen Hilfe anbieten.

2.2 Gewalt gegen Kinder

Gewalt gegen Kinder ist in unserer Gesellschaft weit verbreitet und zieht sich durch alle Gesellschaftsschichten. Gewalt tritt in unterschiedlichen Formen auf und wird unterteilt in physische, psychische und sexuelle Gewalt sowie Vernachlässigung. Physische (körperliche) Gewalt umfasst alle Formen von Misshandlungen: Schlagen, Schütteln (von Babys und kleinen Kindern), Stoßen, Treten, Boxen, Mit-Gegenständen-Werfen, An-den-Haaren-Ziehen, Prügeln (mit Fäusten oder Gegenständen), Mit-dem-Kopf-gegen-die-Wand-Schlagen, Verbrennen, Attacken mit Waffen usw. bis hin zum Mordversuch oder Mord. Psychische Gewalt umfasst alle Formen der emotionalen Schädigung und Verlet-

---

1 Adultismus (engl. „adult“: Erwachsene; „ismus“: Kennzeichnung eines gesellschaftlich verankerten Machtsystems) beschreibt die Machtungleichheit zwischen Kindern und Erwachsenen und infolgedessen die Diskriminierung jüngerer Menschen allein aufgrund ihres Alters.

2 Am 20.11.1989 hat die UN-Generalversammlung das Übereinkommen über die Rechte des Kindes verabschiedet, womit die besonderen Bedürfnisse von Kindern anerkannt wurden. Die UN-Kinderrechtskonvention (kurz: UN-KRK) besteht aus 54 Artikeln und lässt sich in Schutz-, Förder- und Beteiligungsrechte einteilen.

zung einer Person durch verbale Drohungen, Beleidigungen, Nötigungen und Angstmachen sowie einschüchterndes und kontrollierendes Verhalten. Psychische Gewalt ist die häufigste Form von Gewalt, da sie immer auch Teil von jeder anderen Form von Gewalt ist. Kinder erleben diese auch dann, wenn sie nicht selbst das unmittelbare Ziel von Gewalt in der Familie sind. Auch die Androhung, Dritte zu verletzen wie Verwandte oder Haustiere, kann eingesetzt werden, um bestimmte Ziele zu erreichen. Durch die Drohungen „erübrigt" sich oft die Anwendung von physischer Gewalt, da die Angst davor bereits einschüchternd wirkt. Vernachlässigung wird definiert als die andauernde oder wiederholte Unterlassung fürsorglichen Handelns der Eltern oder durch andere von ihnen autorisierte Betreuungspersonen, welches zur Sicherstellung der physischen und psychischen Versorgung des Kinds notwendig wäre. Kinder können auf körperlicher, erzieherischer und kognitiver sowie auf emotionaler Ebene vernachlässigt werden. Dazu zählen eine mangelhafte Versorgung mit Nahrung und Kleidung, fehlende Kommunikation und Förderung der geistigen Entwicklung sowie ein Mangel an Wärme und Zuneigung. Die verschiedenen Formen von Gewalt und Vernachlässigung sind häufig miteinander verbunden.

Ein Blick in die Polizeiliche Kriminalstatistik (PKS) zu den Zahlen über kindliche Gewaltopfer zeigt, dass Kinder tagtäglich Gewalt ausgesetzt sind. Im Jahr 2019 wurden 112 Kinder getötet und 4.100 Fälle von Misshandlung bekannt (BKA 2020a). Bei den Täter*innen handelt es sich überwiegend um nahestehende Personen, in den meisten Fällen um die eigenen Eltern.[3] Neben dem beschriebenen Machtungleichgewicht zwischen Eltern und Kindern sind Überforderung eines oder beider Elternteile oder Belastungssituationen wie hochkonflikthafte Trennungen und Scheidungen, Alkohol- oder Drogenabhängigkeit oder eine psychische Erkrankung eines Elternteils wesentliche Risikofaktoren.

2.3 Sexuelle Gewalt gegen Kinder durch erwachsene Täter*innen

Für sexuelle Handlungen an Kindern gegen ihren Willen gibt es eine Vielzahl an Bezeichnungen: Sexueller Missbrauch, sexuelle (sexualisierte) Gewalt, sexuelle Übergriffe oder Inzest. Teilweise werden die Begriffe synonym verwendet, teilweise um Erscheinungsformen oder Tätergruppen voneinander abzugrenzen. Der Begriff des sexuellen Missbrauchs an Kindern wird sowohl im Strafrecht als auch in völkerrechtlichen Verträgen wie in der UN-Kinderrechtskonvention ver-

3 Das Gesetz zur Ächtung von Gewalt in der Erziehung (§ 1631 Abs. 2 BGB) aus dem Jahr 2000 soll Kinder vor elterlicher Gewalt schützen.

wendet und ist daher gesellschaftlich weitverbreitet. Dennoch wird der Begriff seit Langem kritisch betrachtet. In der Debatte darum wird vor allem kritisiert, dass die Wortbedeutung „Missbrauch" einen legitimen Gebrauch von Kindern impliziere (Jud 2014, 43). Sexueller Missbrauch von Kindern ist jede sexuelle Handlung, die an Mädchen oder Jungen gegen deren Willen vorgenommen wird oder der sie aufgrund körperlicher, seelischer, geistiger oder sprachlicher Unterlegenheit nicht wissentlich zustimmen können. Der*die Täter*in nutzt seine Vormachtstellung gegenüber dem Kind aus, um eigene Bedürfnisse auf Kosten des Kinds zu befriedigen. Sexuelle Handlungen können in unterschiedlicher Form wie Zungenküsse, Berühren und Streicheln des Genitalbereichs, Masturbation oder Zwang zur Masturbation, vaginale, orale und/oder anale Penetration sowie der Ausübung des Geschlechtsverkehrs erfolgen. Solche Handlungen werden zum Teil auf Ton und/oder Video aufgezeichnet und über das Internet verbreitet. Im Bereich sexueller Gewalt gegen Kinder waren laut der PKS im Jahr 2019 insgesamt 15.936 Kinder betroffen (BKA 2020a).[4] Hinzu kommen 12.262 Fälle der Herstellung, des Besitzes und der Verbreitung von sogenanntem kinderpornografischem Material.

3. Gewalt unter Kindern

Kinder sind nicht nur von Gewalt betroffen, sie üben auch selbst Gewalt gegenüber anderen Kindern aus. Bereits bei Kindern unter 14 Jahren kann delinquentes, aggressives und gewalttätiges Verhalten auftreten, etwa durch körperliche Angriffe und Drohungen sowie verbale Beleidigungen, die anderen Kindern Schaden zufügen. Dazu gehören auch sexuelle Übergriffe auf andere Kinder.

3.1 Minderjährige Täter*innen

Obwohl Fälle von straffälligen jungen Menschen medial große Wirkung erzielen, sind sie statistisch betrachtet in Deutschland im letzten Jahrzehnt stark rückläufig (Pfeiffer/Baier/Kliem 2018, 5). Beispielsweise verweist die PKS für das Jahr 2019 im Rahmen der Verdächtigenerfassung auf 72.890 Kinder unter 14 Jahren und 177.082 Jugendliche, die als Täter*innen in Betracht kamen (BKA 2020b).

4 Sexueller Missbrauch an Kindern (vollendet und versucht) gemäß den §§ 176, 176a, 176b StGB sowie Vergewaltigung und sexuelle Nötigung/Übergriffe (vollendet und versucht) gemäß §§ 177 Abs. 1, 2, 3, 4, 6, 7, 8 und 9, 178 StGB.

3.2 Erklärungsansätze für Jugendkriminalität

Es gibt eine Vielzahl von Erklärungsansätzen für Jugendkriminalität, welche nur eingeschränkt auch auf Kinder übertragen werden können. Differenziert wird gemeinhin zwischen verfestigter und entwicklungsbedingter, vorübergehender Jugendkriminalität (Ostendorf 2013, 29). Passageres Verhalten sei dabei „kein Indiz für ein erzieherisches Defizit [...], sondern [eine] überwiegend [...] entwicklungsbedingte Auffälligkeit [, die] mit dem Eintritt in das Erwachsenenalter abklingt und sich nicht wiederholt“ (Bundesregierung 1989, 1). In diesen Fällen bestehe „häufig kein Anlass für eine förmliche Reaktion durch Urteil“ und informelle erzieherische Maßnahmen seien vorzugswürdig (ebd., 13), denn „Normübertretung [sei] ein notwendiges Begleitphänomen im Prozess der Entwicklung einer individuellen und sozialen Identität“ (BKA 2006, 357). Ostendorf beschreibt die „Trias der Jugendkriminalität“ mit „bagatellhaft, ubiquitär und passager“ (Ostendorf 2013, 30). Etwas anderes gilt für die Gruppe der Wiederholungs- und Intensivtäter, bei denen sich das kriminelle Verhalten in einer kriminellen Karriere verfestigt. Obwohl nur wenige Jugendliche unter diese Kategorie fallen, „werden dieser Tätergruppe bis zu 40 Prozent aller jugendlichen Straftaten zugerechnet“ (ebd., 31). Begründet wird die Mehrfach- oder Intensivtäter*innenschaft unter anderem mit emotionaler Vernachlässigung und familiärer Gewalterfahrung (broken home situation), negativen (Aus-)Bildungserfahrungen, Perspektivlosigkeit, kriminogenen Freundesgruppen, Alkohol- und Drogenkonsum sowie Stigmatisierung, der Übernahme eines kriminellen Selbstbilds und Hospitalismus (ebd., 32). Die Kumulation der Risikofaktoren erhöht dabei die Wahrscheinlichkeit der Delinquenz (BKA 2006, 358).

4. Sexuelle Gewalt gegen Geschwisterkinder

4.1 Begriffe

Bei sexuellen Handlungen unter Minderjährigen ist vor allem zu unterscheiden zwischen altersangemessenem sexuellem Verhalten als Teil der psychosexuellen Entwicklung und sexuellen Übergriffen. Der Übergang von sogenannten Doktorspielen oder Erkundungsspielen zum sexuellen Übergriff kann dabei fließend sein. Daraus resultiert auch die Schwierigkeit, Handlungen als sexuell übergriffig zu identifizieren.

Es gehört zur normalen Entwicklung eines Kinds, den eigenen Körper und den Körper anderer zu erkunden. Die eigenen Geschlechtsorgane werden untersucht, anderen Kindern gezeigt, gegenseitig berührt, was als lustvoll empfunden wird. Durch das Betrachten und Berühren stellen Kinder Unterschiede und Gemeinsamkeiten fest. Kinder lernen, persönliche Grenzen und die Grenzen anderer Kinder wahrzunehmen und zu achten. Diese Erfahrungen sind wichtig für die Entwicklung der eigenen Identität und des eigenen Sexualwissens. Von Bedeutung ist dabei, dass sich die Verhaltensweisen durch Gleichberechtigung, Neugierde und Einvernehmlichkeit auszeichnen. Grenzen werden überschritten, wenn sexuelle Handlungen erzwungen werden und diese unter Androhung oder Anwendung von physischer und/oder psychischer Gewalt erfolgen. Um sexuelle Gewalt von einvernehmlichen Handlungen zu unterscheiden, sind auf Merkmale wie ein vorliegender Altersunterschied, Geschlechterzugehörigkeit, Körpergröße sowie ein unterschiedlicher Entwicklungsstand zu achten. Sexuelle Grenzverletzungen sind geprägt durch Unfreiwilligkeit, ein Machtgefälle zwischen den Minderjährigen und einen Geheimhaltungsdruck. Im Gegensatz zur Neugierde und Experimentierfreudigkeit werden mit sexuellen Übergriffen andere Bedürfnisse befriedigt.

Handlungen sexuell grenzverletzender Kinder, die nicht strafmündig sind, werden oftmals als sexuelle Übergriffe bezeichnet, denn Kindern unter 14 Jahren wird qua ihres Alters die notwendige Reife abgesprochen, ihre Taten und deren Konsequenzen adäquat einordnen zu können. Für die Beschreibung von sexuellen Übergriffen durch Geschwister wird im internationalen wissenschaftlichen Diskurs auch häufig der Begriff des Geschwisterinzests verwendet, der sexuelle Kontakte innerhalb der Geschwisterbindung meint (Klees 2008, 22). Klees unterscheidet dabei zwischen fürsorglichem, also einvernehmlichem, und machtorientiertem, also gewaltsamem, Geschwisterinzest. Bei dem im Folgenden verwendeten Begriff der „sexuellen Gewalt" richtet sich der Fokus auf die gegen den Willen der Minderjährigen vollzogene Gewalt, die mit sexuellen Mitteln ausgeübt wird. Der Terminus macht deutlich, dass es bei den sexuellen Handlungen vielmehr um die Ausübung von Macht geht als um die Befriedigung sexueller Bedürfnisse. Des Weiteren wird die Bezeichnung sexuelle Gewalt durch Geschwister verwendet, anstelle von Gewalt unter oder zwischen Geschwistern. Diese Formulierung macht deutlich, dass es sich um einseitige, machtorientierte Handlungen handelt, die von einer Person ausgehen und jedwede Schuld oder Verantwortung des*der Betroffenen ausschließt (Klees/Kettritz 2018, 15). Schließlich werden Geschwisterkinder hier nicht auf die biologischen Geschwister reduziert, sondern alle möglichen Konstellationen wie Adoptiv-, Halb-, Stief- oder Pflegegeschwister eingeschlossen. Letztlich werden auch die Termini „betroffenes Kind" und „übergriffiges Kind" verwendet, um die stigmatisierende Wirkung der Begriffe „Opfer" und „Täter*in" zu vermeiden.

4.2 Geschwisterkinder: Beziehungen und Machtstrukturen

Die Beziehung zwischen Geschwistern spielt neben den Eltern-Kind-Bindungen eine zentrale Rolle im Aufwachsen von Kindern. Geschwisterbeziehungen unterscheiden sich strukturell von anderen Beziehungen und können sowohl durch negative als auch positive Komponenten gekennzeichnet sein. Zum einen sind Konflikte, Eifersucht und Rivalitäten charakteristisch für die Beziehung. Zum anderen zeichnet sie sich auch durch Verbündetsein gegenüber den Eltern, Vertrautheit sowie Spielpartnerschaft aus. Dies gilt auch für das Zusammenleben mit nicht biologischen Geschwistern, das sich aus neuen Lebenspartnerschaften der Eltern oder einer Pflegschaft ergibt. Ein zentrales Merkmal bei allen Geschwisterschaften besteht darin, dass die Beziehung nicht frei gewählt ist und Geschwister vor allem im Kindesalter dazu gezwungen sind, miteinander zu interagieren (Brück 2019, 9).

Geschwisterbeziehungen können von einer Asymmetrie gekennzeichnet sein, die sich durch Macht und Dominanz äußert. Das Machtgefälle kann durch unterschiedliche Kriterien wie einem Altersunterschied und einem damit einhergehenden unterschiedlichen Entwicklungsstand sowie durch eine bevorzugte Position bei den Eltern entstehen. Vor allem ältere Geschwister können autoritär und dominant auftreten, wenn sie die Erziehungsrolle gegenüber ihren jüngeren Geschwistern, die Versorgung oder die Beaufsichtigung übernehmen. Geschwister besitzen auch verstärkt Kenntnisse über Schwächen und intime Geheimnisse, die zur Durchsetzung eigener Bedürfnisse eingesetzt werden können. Daraus kann eine gewaltvolle Beziehung zwischen den Geschwistern entstehen.

4.3 Sexuelle Gewalt gegen Geschwister

Mit Blick auf die Dimension sexueller Gewalt durch Geschwister wird deutlich, dass wenig über dieses Phänomen bekannt ist. Einen Eindruck über das Ausmaß sexueller Gewalt gegen Kinder liefern die Zahlen der Polizeilichen Kriminalstatistik, das sogenannte Hellfeld. Die PKS registriert alle Straftaten, die der Polizei in einem Jahr bekannt geworden sind und zur Anzeige gebracht werden. Aus diesem Grund bietet die PKS nur einen begrenzten Einblick in das mögliche Ausmaß von sexueller Gewalt gegen Kinder insgesamt.

Aus der Statistik ist nicht exakt zu entnehmen, in welchem Verhältnis der*die Betroffene und der*die Täter*in zueinander stehen. Die Fälle werden lediglich unter dem Oberbegriff „Ehe, Partnerschaft, Familie" zusammengefasst. Bei „Straftaten gegen die sexuelle Selbstbestimmung"[5] wurden einschließlich der

5 Der Deliktbereich umfasst die §§ 174, 174a, 174b, 174c, 177, 178, 184i, 184j StGB.

Versuche 13,9 % der Täter-Opfer-Beziehungen im Bereich Ehe/Partnerschaft/Familie verzeichnet. Dazu zählen auch Angehörige wie Pflegekinder und Geschwister, allerdings findet keine nähere Differenzierung statt (BKA 2020a, 26). Daher gibt es keine Angaben darüber, wie häufig die sexuellen Gewalttaten durch Geschwister ausgeführt werden.

Wendet man sich den Gruppen der Tatverdächtigen zu, zeichnet sich ein auffälliges Bild. Kinder, Jugendliche und Heranwachsende machen bei „Straftaten gegen die sexuelle Selbstbestimmung" 32,1 % der Tatverdächtigen aus. Im Jahr 2019 lag der Anteil der Kinder an der Gruppe der Tatverdächtigen von sexuellen Übergriffen und sexueller Nötigung (§ 177 Abs. 1, 2, 4, 5, 9 StGB) bei 2,3 %, der Jugendlichen bei 11,8 % und der Heranwachsenden bei 11,2 %. Im Deliktbereich „Sexueller Missbrauch von Kindern nach §§ 176, 176a, 176b StGB" verzeichnet die PKS 1.032 Kinder unter 14 Jahren, 2.178 Jugendliche zwischen 14 und 18 Jahren sowie 815 Heranwachsende zwischen 18 und 21 Jahren als tatverdächtig (BKA 2020b, 21). Damit machen Kinder, Jugendliche und Heranwachsende mehr als ein Drittel (39,2 %) der polizeilich ermittelten Tatverdächtigen im Bereich der Sexualdelinquenz aus. Allerdings reduziert sich die Zahl der beschuldigten Jugendlichen und Heranwachsenden, wenn man die Verurteiltenstatistik heranzieht. Aufgrund der Strafunmündigkeit von Kindern unter 14 Jahren tauchen diese in der Statistik nicht mehr auf. So wurden für das Jahr 2018[6] im Deliktbereich „Sexueller Missbrauch von Kindern" 224 Jugendliche und 164 Heranwachsende verurteilt. Im Bereich „Sexueller Übergriff/sexuelle Nötigung/Vergewaltigung" wurden 187 Jugendliche und 164 Heranwachsende verurteilt (DESTATIS 2019a).

Die Mehrheit der Tatverdächtigen ist männlich, während Mädchen mehrheitlich davon betroffen sind (BKA 2020b, 20, 25). Auch wissenschaftliche Studien kommen zu dem Ergebnis, dass in den meisten Fällen Mädchen von sexueller Gewalt betroffen und mehrheitlich Jungen übergriffig sind (Klees 2008, 114; Spehr/Yoon/Briken 2010, 145). Dennoch soll keineswegs der Umstand vernachlässigt werden, dass auch Übergriffe durch Mädchen stattfinden und auch viele Jungen von sexueller Gewalt betroffen sind.

Die Polizeiliche Kriminalstatistik gibt wenig bis keinen Aufschluss über das Ausmaß von sexueller Gewalt durch Geschwister. Daher ist von einer sehr hohen Dunkelziffer auszugehen. Tiefergehende Forschungsbefunde zum Ausmaß von sexueller Gewalt durch Geschwister gibt es nur vereinzelt in Deutschland.

6 Bei der Fertigstellung des Beitrags lagen die Zahlen zu den Verurteilten für das Jahr 2019 noch nicht vor.

So kam Klees in ihrer Täterstudie mit 13 männlichen jugendlichen Untersuchungsteilnehmern zu dem Ergebnis, dass diese insgesamt gegenüber 25 Geschwistern sexuell übergriffig waren. Auch hier waren mehrheitlich weibliche Geschwister betroffen. In fünf Fällen handelte es sich um männliche Betroffene. Die betroffenen Geschwister waren zu Beginn der sexuellen Handlungen zwischen zwei und 13 Jahre alt, die meisten waren neun Jahre oder jünger. Zu Beginn ihrer sexuellen Übergriffe waren die Untersuchungsteilnehmer zwischen acht und 16 Jahre alt. Ein Großteil hat bereits im Kindesalter die Taten verübt, sieben von ihnen waren zehn Jahre oder jünger. Im Gegensatz dazu haben nur zwei bis drei Jugendliche angegeben, nach dem 14. Lebensjahr die sexuellen Handlungen ausgeübt zu haben (Klees 2008, 117). Das bedeutet, dass ein Großteil zu Beginn der Taten unter 14 Jahren und somit strafunmündig war.

Die Unabhängige Kommission zur Aufarbeitung des sexuellen Kindesmissbrauchs (UKASK) hat in einem Bilanzbericht die Ergebnisse ihrer Anhörungen und Berichte von Männern und Frauen, die in ihrer Kindheit von sexueller Gewalt betroffen waren, veröffentlicht. Aus dem Bilanzbericht 2019 ist zu entnehmen, dass sexuelle Gewalt durch Geschwister in einem erheblichen Maße vorkommt (UKASK 2019, 103). Aus den 682 Anhörungen und Berichten, in denen es um sexuelle Gewalt im familiären Kontext ging, konnten für 542 die Täter*innen ermittelt werden. Danach bilden hier Geschwister mit einer Verteilung von 87 sogar die drittgrößte Gruppe der Täter*innen. In 67 Fällen wurde der Bruder, in 15 Fällen der Stief-/Pflegebruder und fünf Mal die Schwester als Täter*in identifiziert (ebd., 104).

Sexuelle Gewalt durch Geschwister unterscheidet sich von anderen Formen sexueller Gewalt. In den meisten Fällen finden die sexuellen Übergriffe über einen längeren Zeitraum statt und zeichnen sich durch eine erhöhte Intensität und Häufigkeit aus. Zum einen bleiben die sexuellen Übergriffe länger unentdeckt, sodass über Jahre hinweg die sexuelle Gewalt ausgeübt werden kann. Da die Betroffenen Familienmitglieder sind und die Übergriffe zum Großteil in der familiären Umgebung begangen werden, besteht eine enorme Verfügbarkeit von Betroffenen im Vergleich dazu, wenn sexuelle Gewalt außerhalb der Familie stattfindet (Klees 2008, 123 ff.). Dadurch, dass sich die sexuellen Handlungen über einen langen Zeitraum entwickeln und häufig durchgeführt werden können, kann sich die Intensität steigern. Nicht zu unterschätzen sind ferner Mechanismen der Geheimhaltung, die insbesondere bei innerfamiliärer sexueller Gewalt hervortreten.

Der Geheimhaltungsdruck ist auch einer von mehreren Gründen, warum so wenig über das Thema sexuelle Gewalt durch Geschwister bekannt ist. Es ist davon auszugehen, dass Straftaten im familiären Nahbereich, insbesondere durch

Geschwister, seltener angezeigt werden und dadurch unentdeckt bleiben. Des Weiteren werden die Fälle vermutlich aufgrund des jungen Alters der sexuell übergriffigen Kinder nicht zur Anzeige gebracht. Aufgrund der Strafunmündigkeit ist nicht mit strafrechtlichen Konsequenzen zu rechnen und es werden vielmehr andere (pädagogische) Maßnahmen erwogen. Zudem besteht die Schwierigkeit darin, sexuelle Übergriffe von altersangemessenen Doktorspielen zwischen Kindern zu unterscheiden. Möglicherweise hat das betroffene Kind zuerst den sexuellen Handlungen zugestimmt, welche im Verlauf dann nicht mehr einvernehmlich stattfanden. Sodann ist es schwierig für das betroffene Kind sich solchen Situationen zu entziehen, da es sich mitverantwortlich fühlt. Schließlich werden sexuelle Übergriffe durch Kinder verharmlost, da man ihnen solche Taten im Gegensatz zu Erwachsenen nicht zutraut. Darin birgt sich die Gefahr, dass man das Problem und die Folgen verkennt und weder dem betroffenen noch dem übergriffigen Kind notwendige Hilfemaßnahmen zugutekommen.

4.4 Risikofaktoren und Systematik sexueller Gewalt in der Familie

4.4.1 Risikofaktoren

Bei der Frage nach der Ursache von sexueller Gewalt durch Geschwister ist es nicht möglich, den einen Auslöser eindeutig zu bestimmen. Allerdings stehen verschiedene Risikofaktoren in Zusammenhang mit sexueller Gewalt, die deren Entstehung bedingen können. Ein gewichtiger Faktor liegt im familiären System selbst, welches zur Entstehung und Aufrechterhaltung von sexueller Gewalt beitragen kann. Vor allem in dysfunktionalen Familien tritt sexuelle Gewalt durch Geschwister vermehrt auf (Klees 2008, 51).

Dysfunktionale familiäre Verhältnisse

Dysfunktionale Familien zeichnen sich u.a. durch emotionale Instabilität, chaotische Familienstrukturen und soziale Isolation nach außen aus. Ferner sind sie durch eine patriarchalische Rollenverteilung gekennzeichnet, welche sich meist in einer autoritären Rolle des Vaters und einer eher passiven, unterdrückten Mutterrolle ausdrückt. Solch traditionelle Geschlechterrollen können sich negativ auswirken, insbesondere, wenn die Machtvorstellung des Vaters auf den Sohn übertragen wird und dieser seine neue Autorität gegenüber der Schwester ausübt (ebd., 52).

Ein wesentlicher Risikofaktor stellt die Abwesenheit von Eltern dar, die sich sowohl in physischer als auch emotionaler Form zeigen kann. Eltern können durch eine zeitintensive berufliche Tätigkeit oder auch durch eine Trennung abwesend sein. Viele Kinder wachsen in einer Einelternfamilie auf, in der häufig der leibliche Vater fehlt (Elsner/Hebebrand/König 2008, 222). In vielen Fällen werden die älteren Geschwister gebeten, auf die jüngeren aufzupassen. Es wird ihnen die Erziehungsrolle und damit eine Form von Autorität übertragen, um sich gegen die Geschwister durchsetzen zu können. Durch die Abwesenheit der Eltern entstehen Situationen, in denen Kinder auf sich allein gestellt sind, ungestört sexuelle Handlungen an ihren Geschwistern vornehmen können und dabei unentdeckt bleiben.

Eltern können auch auf emotionale Weise abwesend sein. Eine psychische Erkrankung, Alkohol- und/oder Drogenabhängigkeit oder eine Überforderung durch belastende Lebensumstände können Eltern darin beeinträchtigen, die Kinder umfassend zu versorgen und ihre emotionalen Bedürfnisse zu befriedigen. Es besteht die Gefahr, dass die fehlende soziale Bindung zu einem oder beiden Elternteil(en) bei den Geschwistern gesucht wird. Die emotionale Vernachlässigung wird durch sexuelle Kontakte ersetzt, die möglicherweise mit Nähe, Geborgenheit und Sicherheit fehlinterpretiert werden (Klees 2008, 22). In solchen Fällen können sexuelle Übergriffe schnell entstehen.

Die fehlende Kontrolle durch die Eltern begünstigt die Ausübung und Aufrechterhaltung sexueller Gewalt, da die Wahrscheinlichkeit einer Aufdeckung gering ist. Hinzu kommt, dass dem betroffenen Kind durch die Abwesenheit der Eltern eine verlässliche erwachsene Ansprechperson fehlt, der es sich anvertrauen kann.

Häufig sind Familien, die von sexueller Gewalt durch Geschwister betroffen sind, durch ein stark sexualisiertes oder ein sehr puritanisches Klima gekennzeichnet. In sexuell stimulierenden Familienmilieus werden Kinder mit der Sexualität der Eltern, pornografischen Medien und obszönen Äußerungen konfrontiert. Es mangelt an Grenzen zwischen der Sexualität von Erwachsenen und der kindlichen Sexualität. Kinder sind entsprechend ihrem Entwicklungsstand maßlos überfordert. Insbesondere der übermäßige Konsum pornografischer Darstellungen, die zudem besonders brutal sind, kann eine enthemmende Wirkung haben (ebd., 158). Pornografische Medien vermitteln einen verzerrten Eindruck von Frauen- und Männerbildern sowie von Sexualität allgemein. Zudem zeigen extrempornografische Medien verstärkt gewalttätige Handlungen, die den Anschein eines legitimierten Einsatzes von Gewalt erwecken. Durch einen regelmäßigen Konsum manifestieren sich diese Bilder und Eindrücke und eine Differenzierung zwischen Realität und Medien ist erschwert. Klees zufolge ist der Konsum auch für viele der minderjährigen Täter ein „Auslöser“ und eine Art „Gebrauchsanleitung“ für Sexualtaten (ebd.).

Dahingegen wird in einem puritanischen Familienmilieu jegliche Kommunikation über Sexualität strikt untersagt. Kinder werden in solchen Haushalten nicht über Sexualität aufgeklärt. Darin liegt die Gefahr, dass betroffene Kinder die sexuellen Handlungen nur schwer einordnen und benennen können. In Bezug darauf können sie sich aber auch nicht an ihre Eltern wenden. Sexualität wird als etwas Verbotenes und Schlimmes begriffen, was den Geheimhaltungsdruck verstärkt.

Immer wieder wird in der Fachöffentlichkeit diskutiert, dass eigene sexuelle Gewalterfahrungen dazu führen können, selbst sexuell übergriffig zu werden. Die eigene Betroffenheit stellt allerdings keinen kausalen Wirkfaktor für eine spätere Ausübung von sexueller Gewalt dar. Vielmehr besteht ein erhöhtes Risiko darin, dass Kinder, die sexuelle Auffälligkeiten zeigen, zuvor mehrere Viktimisierungserfahrungen in Form von körperlicher Gewalt, häuslicher Gewalt und Vernachlässigung erlebt haben (Mosser 2012, 30 f.). Kinder, die in einer feindseligen Familienatmosphäre aufwachsen, die durch körperliche und/oder psychische Gewalt geprägt ist, lernen Gewalt als Konfliktlösungsstrategie einzusetzen. Sie sind weniger in der Lage, ihre Emotionen zu regulieren und verwenden unterschiedliche Formen von Gewalt als Mittel zur Problemlösung. Bereits das Miterleben von häuslicher Gewalt als Zeuge, ohne von der Gewalt selbst betroffen zu sein, hat negative Auswirkungen auf Kinder. Solch schwere traumatische Kindheitserfahrungen können in Form gewalttätiger Übergriffe ausagiert werden.

Veränderungen im Familiensystem

Lebensbrüche in Familien wie eine Trennung, Krankheit oder der Tod eines Familienmitglieds können das Familiensystem belasten. Eine Veränderung von Familienkonstellationen stellt Kinder vor Herausforderungen. Ob in Patchwork- oder auch Stief-/Adoptivfamilien müssen sich Kinder auf neue Familienmitglieder einlassen, ihre vorherigen Rollen aufgeben oder Positionen verteidigen. Innerhalb des neuen Familiensystems verändern sich die Machtverhältnisse und es muss ein neues Gleichgewicht hergestellt werden (Engelhardt 2018, 188). Solche schwerwiegenden Veränderungen im Familiensystem können das Risiko für innerfamiliäre sexuelle Gewalt durch Kinder erhöhen.

Individuelle Risikofaktoren

Die familiäre Sozialisation hat einen starken Einfluss auf die Persönlichkeitsentwicklung eines Kindes. Eine mangelnde soziale Bindung[7] zu Bezugspersonen,

7 Hier wird von einer emotional engen Beziehung zu den Eltern oder anderen Bezugspersonen ausgegangen, die das Kind zur Befriedigung seiner Bedürfnisse nach Sicherheit, Schutz und Geborgenheit benötigt und welche durch einen intensiven sozialen Kontakt gekennzeichnet ist.

Gewalterfahrungen in der Kindheit, mangelnde Unterstützung aus dem Umfeld etc. kann zu einem Mangel an sozialen Kompetenzen, Empathiefähigkeit sowie einer gestörten Impulskontrolle führen. Die unsicheren Bindungen können sich zu einer ausgeprägten Beziehungsstörung entwickeln. Dies kann einhergehen mit einer verstärkten sozialen Isolation und wenigen sozialen Bindungen zu Gleichaltrigen. Die sexuellen Übergriffe dienen als Kompensation für die unzureichenden interpersonellen Bindungen und den Mangel an Fürsorge und Zuwendung. Aufgrund der zahlreichen traumatischen Kindheitserfahrungen entwickelt das Kind ein geringes Selbstwertgefühl. Das sexuell deviante Verhalten kann ein Versuch sein, sich selbst aufzuwerten, indem andere mit sexueller Gewalt abgewertet werden.

Sexuelle Gewalt als Symptom des Familiensystems

Die Entstehung von sexueller Gewalt kann nicht nur auf einen Aspekt reduziert werden, sondern entsteht aus einem komplexen Zusammenspiel mehrerer Faktoren. In der Mehrheit der Fälle ist die Ausübung von sexueller Gewalt durch Minderjährige weniger auf eine Störung ihrer Sexualpräferenz zurückzuführen. Vielmehr ist das starke Bedürfnis nach Macht und Kontrolle ein zentraler Aspekt, welches vermutlich aus Gefühlen der eigenen Hilflosigkeit, Wut und Minderwertigkeit resultiert. Die Ausübung sexueller Gewalt kann eine Strategie darstellen, aus der sogenannten Opferrolle herauszutreten. Das sexuell übergriffige Verhalten hat daher eine stabilisierende Funktion für das Kind. Die aktive Täter*innenrolle verleiht dem Kind ein Gefühl von Stärke, Dominanz und Überlegenheit (Klees 2009, 24 ff.). Engelhardt spricht hier von einer „Kompensationsstrategie“ (2018, 190), mit der das Kind versucht, einen tieferliegenden Konflikt in der Familie zu bewältigen. In Form von sexueller Gewalt werden innerfamiliäre Spannungen abgebaut, um eine Auseinandersetzung mit dem zugrunde liegenden Problem zu vermeiden. Daher ist der Blick des Hilfesystems auf die familiären und sozialen Hintergründe zu richten, um die Ursachen der Taten vollumfänglich zu sehen. Das bedeutet nicht, dass das übergriffige Kind nicht die Verantwortung für seine Handlungen trägt. Grundsätzlich sollte bei innerfamiliärer sexueller Gewalt die Frage nach dem Sinn des Verhaltens des übergriffigen Kindes für sich selbst sowie für das gesamte Familiensystem gestellt werden (ebd., 187). Denn eine reine Fokussierung auf die Beziehung der Geschwister greift in dem Fall zu kurz und mögliche tieferliegende Problem werden nicht wahrgenommen. So sind auch Sanne, Erik und Jonas in einer gewaltgeprägten Atmosphäre aufgewachsen und insbesondere Jonas war der Gewalt des Vaters ausgesetzt. Die Mutter übernimmt eher eine passive Rolle und ist womöglich aufgrund eigener Traumatisierungen nicht in der Lage, ihre Kinder ausreichend zu schützen und zu unterstützen. Auch wenn eigene Gewalterfahrungen nicht unmittelbar zu Gewaltanwendungen führen, ist es möglich, dass Jonas gegenüber seinen Geschwisterkindern sexuell übergriffig ist, um seine eigenen Viktimisierungserfahrungen zu verarbeiten und die Rolle des „Opfers" zu verlassen. Im Fokus stehen vor allem die instabilen familiären Verhältnisse, in denen die drei Kinder aufwachsen. Es ist anzunehmen, dass bei einem Großteil der Kinder, die im KiD untergebracht sind, dysfunktionale Familienverhältnisse vorherrschen. Vor der Aufnahme ins KiD lebten viele Kinder nur mit einem Elternteil zusammen, überwiegend mit der Mutter oder waren bereits fremduntergebracht in Pflegefamilien oder Heimen. Bei einem Großteil der Familien waren bereits zuvor eine oder mehrere Hilfemaßnahmen durch das Jugendamt installiert (siehe den Beitrag von Kathinka Beckmann), was auf einen erhöhten Hilfebedarf hinweist. Die Familien sind mehrfach mit Problemen belastet, die sowohl einzeln als auch in der Summe die sexuellen Übergriffe der Geschwisterkinder begünstigen können.

4.4.2 Systematik sexueller Gewalt in der Familie

Sexuelle Gewalt innerhalb der Familie erschüttert jedes einzelne Familienmitglied und stellt eine große Herausforderung für das gesamte Familiensystem dar. Denn das ganze System ist mit den Konsequenzen der Sexualtaten konfrontiert. Die Aufdeckung der sexuellen Handlungen kann daher eine Vielzahl an Reaktionen auslösen, deren Bandbreite von Bagatellisierung und Verleugnung bis hin zu Beschämung und Beschuldigungen reicht.

Erfahren Eltern von der sexuellen Gewalt innerhalb der Familie stehen sie vor einem Dilemma und sind massiven Loyalitätskonflikten ausgesetzt. Auf der einen Seite müssen Väter und Mütter dem betroffenen Kind beistehen, während sie auf der anderen Seite akzeptieren müssen, dass ihr anderes Kind übergriffig ist. Diese Loyalitätskonflikte nehmen Einfluss auf ihre Handlungen, die durch Unsicherheit und Überforderung gekennzeichnet sind. Eltern stellen sich Fragen, ob sie sich für eine Seite entscheiden müssen, ob sie beide Kinder gleich lieben dürfen und ob sie jemals wieder als Familie zusammenleben können. Es entstehen Verdrängungs- und Abwehrmechanismen, die dazu führen, dass Eltern die Taten bagatellisieren, leugnen oder minimieren. Sexuelle Handlungen werden vorschnell auf harmlose Doktorspiele reduziert oder es wird erwartet, dass „alles schon nicht so schlimm sei" (Bovensmann 2013, 75). Aufgrund massiver Schuld- und Schamgefühle sowie der Furcht vor möglichen Sanktionen und Ausgrenzung werden die sexuellen Übergriffe eher verdrängt anstatt beendet.

Infolge des Verdrängungsbedürfnisses können Eltern dazu neigen, die Schuld und Verantwortung dem betroffenen Kind aufzubürden. Mit Schuldzuweisungen, es hätte sich „mehr wehren müssen“, oder Vorwürfen, es habe „zu spät Hilfe geholt“, wird das Kind für die Situation der Familie verantwortlich gemacht anstatt sich als Eltern zu hinterfragen.

Das betroffene Kind befindet sich in einer schwierigen Situation,

> weil es die übergriffigen Handlungen unterscheiden muss von geschwisterlicher Liebe und geschwisterlichem Streit. Wenn es endlich merkt, dass das, was da geschieht, nicht in Ordnung ist, steckt es in der Falle, schon zu lange mitgemacht zu haben [...]. Und es trägt die Bürde des Familienglücks. (Bormann 2018, 311)

Zunächst hofft das Kind vor allem, dass ihm geglaubt wird und wünscht sich eine parteiliche Positionierung der Eltern. Gleichzeitig gibt es sich selbst die Schuld für das mögliche Auseinanderbrechen der Familie und schämt sich, die verbotenen sexuellen Handlungen geduldet zu haben. Betroffene Kinder leben daher in einem paradoxen Spannungsverhältnis zwischen familiärer Bindung und dem Leid durch die sexuellen Übergriffe, die beendet werden sollen. Begleitet wird dieses Spannungsverhältnis von ambivalenten Gefühlen für den*die Täter*in, da es trotz allem Loyalität für das sich übergriffig verhaltende Geschwisterkind empfindet. Folglich scheint ein besonderer innerfamiliärer Druck auf dem betroffenen Kind zu lasten, die Taten selbst zu bagatellisieren.

Dahingegen hofft das übergriffige Kind nach der Aufdeckung der sexuellen Gewalt, nicht abgelehnt zu werden, sondern ein Teil der Familie bleiben zu können. Da das Kind befürchtet, strafrechtlich sanktioniert oder aus der Familie herausgenommen zu werden, leugnet es oft seine Taten.

Bei den Familienmitgliedern herrscht große Angst vor den Folgen durch die Offenlegung der sexuellen Gewalt. Sowohl bei dem betroffenen als auch bei dem übergriffigen Kind besteht die Angst, als „Opfer“ und „Täter“ stigmatisiert und sozial isoliert zu werden. Generell besteht bei allen Familienmitgliedern die Angst, dass die familiäre Struktur zusammenbricht.

Aufgrund der Angst um die Konsequenzen werden die sexuellen Handlungen oftmals tabuisiert. Gerade weil die Aufdeckung sexueller Gewalt durch Geschwister das ganze System infrage stellt, nimmt das Tabu, welches letztendlich zum Schweigen über die sexuellen Handlungen führt, in Familien einen besonderen Stellenwert ein. Das Tabu übernimmt dabei eine stabilisierende Funktion für das Familiensystem, auch für dysfunktionale Familien (Kavemann et al. 2016,

80; Röhl 2018, 86). Ferner muss sich die Familie durch die Tabuisierung der sexuellen Handlungen auch nicht näher mit der Problematik auseinandersetzen und kann somit eine vermeintliche Normalität herstellen. Das Schweigen entlastet die Eltern und dient als Lösung, die Familie erhalten zu können. Mit dem Tabu geht ein hoher Druck innerhalb der ganzen Familie einher, die sexuelle Gewalt nach außen hin geheim zu halten.

Mosser konstatiert das Problem dahingehend, dass es innerhalb der Familie an einer „kritischen Öffentlichkeit" (2012, 63) fehle, sich mit dem Umstand auseinanderzusetzen und das eigene Verhalten sowie Hintergründe kritisch zu reflektieren. Darin besteht die Gefahr, dass sexuelle Handlungen nicht beendet werden und das betroffene Kind keine Hilfe erhält. Das Familiensystem kann daher sowohl für die Entstehung als auch Aufrechterhaltung von sexueller Gewalt durch Geschwister verantwortlich sein.

In vielen Fällen erhalten Kinder erst Hilfe, wenn sie sich an außerfamiliäre Bezugspersonen wenden. Fachkräfte aus Kita, Schule und Jugendhilfeeinrichtungen können eher intervenieren, wenn es zu sexuellen Übergriffen gekommen ist. Aus diesem Grund ist es besonders wichtig, dass Personen außerhalb der Familie wie Erzieher*innen, Lehrkräfte und Sozialarbeiter*innen aufmerksam gegenüber sexuellen Übergriffen sind.

5. Hilfesysteme

Werden Fälle von sexueller (Geschwister-)Gewalt aufgedeckt, etwa durch eine bereits in der Familie installierte Jugendhilfemaßnahme (KiD-Verlaufsstudie: 30,9 % der Impulsgeber), dem Jugendamt (KiD-Verlaufsstudie: 25,4 % der Impulsgeber) oder der Kernfamilie selbst (KiD-Verlaufsstudie: 24,3 % der Impulsgeber), greifen das staatliche Wächteramt und der Strafverfolgungsanspruch des Staats. Insbesondere zwei staatliche Hilfe- und Sanktionssysteme werden (spätestens jetzt) aktiviert: die Strafjustiz und die Kinder- und Jugendhilfe.

In Fällen von sexueller Gewalt durch Geschwister ist in den Hilfesystemen immer wieder eine Dichotomisierung gegenüber übergriffigen und betroffenen Kindern zu beobachten. Solche Zuschreibungen sind problematisch, da daraus die Zuordnung zu zwei verschiedenen Systemen erfolgt. Man geht davon aus, dass die Hilfen für sexuell übergriffige Kinder und für von sexueller Gewalt betroffene Kinder unterschiedlich ausgerichtet werden müssen. Folglich wird das betroffene Kind, wenn überhaupt, der Kinder- und Jugendhilfe und das übergriffige Kind, sofern es älter als 14 Jahre ist, der Strafjustiz zugeordnet. Dies hat wiederum Auswirkungen auf den weiteren (Hilfe-)Verlauf. Die Familien werden mit zwei ihnen oft unbekannten Systemen konfrontiert, die unterschiedlich funktionieren und unterschiedliche Akteur*innen sowie Aufgabengebiete haben. Einige für die Werdegänge der betroffenen Kinder, aber auch die der übergriffigen Kinder und ihre Eltern wesentlichen Aspekte sollen im Folgenden betrachtet werden.

5.1 Strafjustiz

Befasst sich die Justiz mit Strafsachen, ist laut einer Redewendung „Justitia blind und vor Gericht sind alle Menschen gleich." Doch ganz so ist es nicht. Das aktuelle Strafrecht beinhaltet ebenso wie zahlreiche seiner historischen Vorgänger und angepasst an die gesellschaftlichen Realitäten und Wandel eine Vielzahl von Sonderregelungen. Dazu gehört auch, dass die Zugehörigkeit zu bestimmten Personengruppen strafbegründend, strafverschärfend oder (vermeintlich) strafmildernd wirkt. Für eine Strafvereitelung im Amt (§ 258a StGB) oder eine Körperverletzung im Amt (§ 340 StGB) bedarf es logischerweise einer Amtsperson; für eine Rechtsbeugung (§ 339 StGB) eines Richters oder einer Richterin, eines anderen Amtsträgers oder einer Amtsträgerin oder eines Schiedsrichters oder eine Schiedsrichterin. Für jede*n andere*n ist das gleiche Verhalten nicht strafbar. Der (historische) Gesetzgeber sah aber auch außerhalb von Berufsgruppen einen Regelungsbedarf, so etwa für junge Menschen. Die spezifischen Regelungen zum Umgang mit kriminellem Verhalten junger Menschen finden sich im Jugendgerichtsgesetz (JGG). Die Sondernormen haben Auswirkungen nicht nur auf die jungen Täter*innen, sondern auch auf die von ihren Taten Betroffenen.

5.1.1 Von sexueller Geschwistergewalt betroffene Kinder in der Strafjustiz

5.1.1.1 Aussagen gegen ein Geschwisterkind: Herausforderung und Chance

Aussagen gegen ein Geschwisterkind stellen für die betroffenen Kinder in vielerlei Hinsicht Belastungen dar. Zum einen können sich Ambivalenzen, die bereits durch die Betroffenheit von sexueller Gewalt durch ein Geschwisterkind entstehen, durch eine Beteiligung des betroffenen Kinds am Strafverfahren verstärken, denn trotz der Gewalterfahrungen lieben die betroffenen Kinder ihre Geschwister. Dies kann zu erneuten Schuldgefühlen gegenüber dem übergriffigen Geschwisterkind oder sogar gegenüber der ganzen (vermeintlich) leidenden Familie führen. Für viele Kinder sind auch die Vorstellung von Strafen gegen ihre Geschwister, schlimmstenfalls ein Gefängnisaufenthalt, schwer zu ertragen oder sie haben Angst, als Folge von Urteilen gegen Geschwister und Eltern selbst aus der Familie herausgenommen zu werden und allein zurückzubleiben.

Zum anderen kann das betroffene Kind durch die Befragung und Auseinandersetzung mit den sexuellen Handlungen retraumatisiert werden, wenn das Verfahren nicht auch auf die Bedürfnisse der betroffenen Minderjährigen zugeschnitten, ihre Rechte beachtet und dem Reifegrad des individuellen Kinds entsprechend vermittelt werden. Werden diese Bedingungen erfüllt, können Strafverfahren für Betroffene sogar positive Effekte haben, da sie sich unterstützt, ernst genommen und selbstwirksam fühlen.

5.1.1.2 Rechte und Pflichten minderjähriger sogenannter Opferzeug*innen

Von Straftaten betroffene Personen haben die Möglichkeit, gegenüber der Polizei, der Staatsanwaltschaft oder dem Amtsgericht Strafanzeige zu erstatten. Dies setzt das Ermittlungsverfahren in Gang. Aber auch ohne eine Strafanzeige sind die Strafverfolgungsbehörden bei Vorliegen eines Verdachts zur Strafverfolgung verpflichtet (Legalitätsprinzip). Voraussetzung dafür ist ein Anfangsverdacht, das heißt, es müssen Tatsachen bekannt werden, die die Begehung einer Straftat als möglich erscheinen lassen. In der Konsequenz bedeutet dies für Familien wie jener aus dem Fallbeispiel, in denen es zu sexueller Geschwistergewalt kam, dass die Strafverfolgungsbehörden bei entsprechenden Hinweisen tätig werden, auch wenn das betroffene Kind bzw. die Familie lieber auf ein Strafverfahren verzichten oder wenn eine Strafanzeige zurückgezogen würde.

Kommt es zu einem Gerichtsverfahren, können betroffene Kinder wie Sanne und Erik als Zeug*innen geladen werden. Eine gesetzliche Altersgrenze gibt es dabei nicht, vielmehr liegt die Entscheidung im Ermessen des Gerichts. Der Ladung muss gefolgt werden, allerdings gilt die grundsätzlich bestehende Aussagepflicht einer*s Zeug*in nicht bei Familienangehörigen, sodass Sanne und Erik vor Gericht erklären könnten, die Aussage zu verweigern. Über die Ausübung des Zeugnisverweigerungsrechts entscheidet bei minderjährigen Zeug*innen der*die gesetzliche Vertreter*in, es sei denn, sie*er selbst – oder im Falle der gemeinsamen Vertretung durch beide Eltern der andere Elternteil – ist Beschuldigte*r des Ermittlungs- oder Strafverfahrens (§ 52 Abs. 2 Satz 2 StPO). In Fällen von sexueller Geschwistergewalt ist es nicht unwahrscheinlich, dass ein erheblicher Interessengegensatz vorliegt und Anhaltspunkte dafür bestehen, dass der sorge- und vertretungsberechtigte Elternteil deshalb nicht mehr im Interesse des Kinds entscheiden kann, weil er*sie auch für die Interessen des tatverdächtigen jungen Menschen, also Jonas, eintritt. In diesem Fall ist zu prüfen, ob durch das Familiengericht ein*e Ergänzungspfleger*in zu bestellen ist.

Würden sich Sanne und Erik zur Aussage entschließen, ist mit nachforschenden und detaillierten Fragen zu rechnen. Im Rahmen einer aussagepsychologischen Untersuchung wird die Aussage gegebenenfalls im Rahmen der sogenannten Nullhypothese untersucht – ein Verfahren, welches durch die Rechtsprechung des Bundesgerichtshofs (BGH) in einer Grundsatzentscheidung bestätigt wurde. Dabei wird ein zu überprüfender Sachverhalt, also die Glaubhaftigkeit der Aussage des betroffenen Geschwisterkinds, „so lange negiert, bis diese Negation mit den gesammelten Fakten nicht mehr vereinbar ist. Der Sachverständige nimmt daher bei der Begutachtung zunächst an, die Aussage sei unwahr. Zur Prüfung dieser Annahme hat er weitere Hypothesen zu bilden“ (BGH 1999). Erst wenn keine der gebildeten Negativhypothesen greifen kann, wird auf die Alternativhypothese der Glaubhaftigkeit der Aussage zurückgegriffen und damit anerkannt, dass die Aussage der*des Opferzeug*in auf tatsächlichen, eigenen Erlebnissen beruhen muss. Dies kann für die minderjährigen Zeug*innen sehr belastend sein.

Um die (zum Tatzeitpunkt) minderjährigen Opferzeug*innen zu schützen, ist eine schonende Vernehmung vorgeschrieben. So gilt beispielsweise ein Vereidigungsverbot (§ 60 Nr. 1 StPO) und die Vernehmung erfolgt ausschließlich durch den*die (vorsitzende*n) Richter*in. Zudem ist es möglich, den*die Angeklagte*n während der Vernehmung des*der minderjährigen Zeug*in aus dem Gerichtssaal zu entfernen (§ 247 StPO), die Vernehmung aufzuzeichnen (§ 58a StPO) oder die Aufzeichnung vorzuführen (§ 255a StPO), die Öffentlichkeit während der Vernehmung von der Verhandlung auszuschließen (§ 172 GVG) etc. Hierüber entscheidet das Gericht. Zu beachten sind zudem eine Vielzahl von Handreichungen und Richtlinien, wie etwa die bundeseinheitliche Handreichung zum Schutz kindlicher (Opfer-)Zeug*innen im Strafverfahren oder die Richtlinien für das Straf- und Bußgeldverfahren, welche zum Beispiel Regelungen zur Vernehmung von Kindern und Jugendlichen und einen Prüfungsauftrag, ob ein Kind bei einem Geständnis der*des Angeklagten zu vernehmen ist, beinhalten. Darüber hinaus haben Opferzeug*innen das Recht, sich anwaltlich vertreten zu lassen.

Von Gewalt betroffene Zeug*innen haben die Möglichkeit, sich dem Strafverfahren gegen den*die Täter*in im Rahmen der Nebenklage anzuschließen (§ 395 StPO). Dadurch erlangen sie erweiterte Rechte im Verfahren, etwa bei der Beweiserhebung, ein Anwesenheitsrecht während der Hauptverhandlung, ein Fragerecht und die Möglichkeit, Rechtsmittel gegen das Urteil einzulegen (§§ 397, 401 StPO).

Verletzte Zeug*innen im Strafverfahren haben seit dem 01.01.2017 das Recht auf eine psychosoziale Begleitung vor, während und nach der Gerichtsverhandlung (§ 406g StPO i.V.m. § 397a StPO i.V.m. Gesetz über die psychosoziale Prozessbegleitung im Strafverfahren (PsychPbG)). Sie richtet sich ausdrücklich an junge Menschen, die schwere Gewalt- und Sexualstraftaten erleben mussten. Die psychosoziale Prozessbegleitung ist kostenlos und soll Belastungen für die Betroffenen reduzieren, sie stabilisieren, Informationen bereithalten und sekundäre Viktimisierung vermeiden helfen. Die psychosoziale Prozessbegleitung kann dabei ergänzend neben anderen bestehenden Angeboten der Betroffenen- und Zeug*innenbetreuung/-beratung in Anspruch genommen werden, ersetzt jedoch weder eine juristische Beratung oder Vertretung noch die Nebenklage oder (psycho-)therapeutische Unterstützung. Auch trägt sie nicht zur Aufklärung der Tat bei, ersetzt also keine Ermittlungsbehörden. Fachkräfte, welche im Rahmen der psychosozialen Prozessbegleitung tätig sind, „verfügen über einen Hochschulabschluss im Bereich Sozialpädagogik, Soziale Arbeit, Pädagogik oder Psychologie oder eine abgeschlossene Berufsausbildung in einem dieser Bereiche und haben eine spezifische, interdisziplinäre Zusatzqualifikation zur professionellen Betreuung und Begleitung verletzter Zeuginnen und Zeugen im Strafverfahren erworben." (bpp) So soll eine qualitativ hochwertige Unterstützung für die Betroffenen gewährleistet werden.

5.1.1.3 Kindgerechte Justiz?

Nicht nur persönlich ist ein Strafverfahren gegen ein Geschwisterkind für Betroffene wie Sanne und Erik eine massive Herausforderung. Hinzu kommt, dass deutsche Gerichtsverfahren noch immer nicht ausreichend auf die Interessen und Bedürfnisse junger Menschen eingestellt sind, und das, obwohl Hunderttausende Kinder und Jugendliche in jedem Jahr als Angeklagte, Zeug*innen oder Beteiligte vor Gericht erscheinen. Im Rahmen der Studie „Kindgerechte Justiz – Sichtweisen und Erfahrungen von Kindern und Fachkräften" haben die Europäische Kommission und die European Union Agency for Fundamental Rights (FRA) untersucht, inwieweit die Rechte von Kindern auf Gehör und Meinungsäußerung, auf Information, auf Schutz und auf Schutz vor Diskriminierung in der Praxis eingehalten werden. Dafür wurde eine interviewbasierte Feldforschung in zehn EU-Mitgliedstaaten (Bulgarien, Deutschland, Estland, Finnland, Frankreich, Kroatien, Polen, Rumänien, Spanien und Vereinigtes Königreich) durchgeführt. In diesem Rahmen wurden 570 Richter*innen, Staatsanwält*innen, Rechtsanwält*innen, Justizbedienstete, Psycholog*innen, Sozialarbeiter*innen und Polizeikräfte, die täglich bei Straf- und Zivilverfahren mit Kindern in Kontakt kommen, befragt. Zudem wurden Interviews mit 392 Kindern,[8] die als

8 Gemeint ist hier der Begriff des Kinds gemäß Art. 1 UN-Kinderrechtskonvention: „Im Sinne dieses Übereinkommens ist ein Kind jeder Mensch, **der das achtzehnte Lebensjahr**

Opfer, Zeug*innen oder Partei an Gerichtsverfahren beteiligt waren, durchgeführt. Nicht erfasst wurden bei der Untersuchung Kinder, die in Strafverfahren verdächtigt oder beschuldigt wurden. Auf der Grundlage der kombinierten Auswertung der Interviews mit Fachkräften und Kindern hat die FRA Stellungnahmen zur kindgerechten Justiz formuliert und in einem umfangreichen Bericht zusammengefasst (FRA 2017; Graf-van Kesteren 2015).

In Deutschland berichteten die kindlichen Opferzeug*innen von bedrängenden und verunsichernden Frageweisen in strafrechtlichen Verfahren, die insbesondere für junge Kinder belastend seien.

> „Und ich sollte dann […] halt reinkommen und sollte alles noch einmal so erzählen. Dann wurden so ein paar Fangfragen gestellt."
>
> (Interviewpartnerin, 16 Jahre, Opferzeugin im Alter von 15 Jahren)

> „Die [Richterin] war so mega-unfreundlich. […] Wenn man im Gericht ist, und man ist aufgeregt und schnappt auch manchmal so nach Luft, […] und dann so eine Frage kommt, dann denkst du halt irgendwie sofort, du wirst als unglaubwürdig dargestellt. Die müssen so sein, aber die sind wirklich hart."
>
> (Interviewpartnerin, 16 Jahre, Opferzeugin im Alter von 15 Jahren)

Bemängelt wurden zudem die zu wenigen und nicht auf den Reifegrad von Kindern und Jugendlichen zugeschnittenen Informationen. Erhielten die jungen Menschen Informationen, so waren diese zudem von sehr unterschiedlicher Qualität. Einen Grund dafür sehen die Wissenschaftler*innen darin, dass die

> psychosoziale Prozessbegleitung zum Zeitpunkt, als die befragten Kinder und Jugendlichen in Verfahren involviert waren, noch nicht flächendeckend angeboten wurde. Die psychosozialen Prozessbegleitungen, die den Kindern und Jugendlichen zur Verfügung gestellt wurden, waren sehr unterschiedlich und reichten von einem punktuellen Kontakt bei Gericht bis hin zu mehreren Terminen vor und nach der Anhörung inklusive Besichtigung eines Gerichtssaals. (Graf van Kesteren, Kindergerechte Justiz, S. 18)

---

noch nicht vollendet hat, soweit die Volljährigkeit nach dem auf das Kind anzuwendenden Recht nicht früher eintritt." [Herv. d. Autorinnen]

Je weniger Kontakt die jungen Menschen zu den Prozessbegleiter*innen hatten, desto weniger empfanden sie diese als Unterstützung.

> „Ich hatte mit der ja nicht so viel zu tun. Ich wusste zwar, dass die mir helfen sollte, aber ich hatte jetzt nicht so einen Bezug zu ihr. Das war irgendwie halt so eine Frau, die da war."
>
> (Interviewpartnerin, 18 Jahre,
> Opferzeugin im Alter von elf bis zwölf Jahren)

Auffällig schien auch, dass die Beteiligungsrechte von Kindern – immerhin völker-, verfassungs- und einfachrechtlich geschützt – immer wieder dem (vermeintlichen) Schutzbedürfnis von Kindern weichen mussten. Gemäß der Studie hätten die Interviews gezeigt,

> dass ein Teil der minderjährigen Opferzeugen und -zeuginnen, deren Anhörungen vor Gericht zunächst angekündigt und langfristig vorbereitet, dann jedoch (wahrscheinlich um die Kinder zu schützen) kurzfristig abgesagt wurden, dies als ungerecht empfanden. (Kesteren, Kindgerechte Justiz, S.18.)

> „[Dass ich nicht aussagen durfte] war nicht gut, weil ich finde, dass jedes Kind das Recht hätte, vor Gericht auszusagen, wenn irgendwas ist. Ich fand es ungerecht, dass ich nicht aussagen durfte."
>
> (Interviewpartnerin, 13 Jahre,
> Opferzeugin im Alter von elf bis zwölf Jahren)

Die befragten Kinder sprachen sich dafür aus, bei der Notwendigkeit und Ausgestaltung von Schutzmaßnahmen Mitspracherechte eingeräumt zu bekommen.

> „Man könnte fragen, ob die Kinder es auch sagen möchten. Wenn ja, würde ich selber auch das Kind trotzdem [trotz eines geständigen Angeklagten] zur Aussage nehmen, […] ich würde gerne wissen, was aus ihrer Sicht vorgefallen ist."
>
> (Interviewpartner, 15 Jahre,
> Opferzeuge im Alter von zwölf bis 13 Jahren)

Trotz der Reformschritte der letzten Jahre, insbesondere der Einführung des gesetzlichen Anspruchs auf psychosoziale Prozessbegleitung, würde die Konfrontation mit einem strafrechtlichen Verfahren gegen ein Geschwisterkind für betroffene Kinder wie Sanne und Erik neben der massiven persönlichen Herausforderung auch eine Vielzahl von systemimmanenten Schwierigkeiten mit sich bringen. Es ist daher essenziell, dass sich die beteiligten Professionen mit den Erfahrungen und Bedürfnissen junger Menschen in diesen Verfahren auseinandersetzen und die betroffenen Kinder und ihre Familien frühzeitig, umfassend und niedrigschwellig informiert sowie durch ein unterstützendes Netzwerk auf Augenhöhe begleitet werden.

5.1.2 Übergriffige Kinder in der Strafjustiz

Betroffene Kinder wollen nicht nur wissen, welche Folgen die Konfrontation mit der Strafjustiz für sie selbst hat, auch die Konsequenzen für den übergriffigen Bruder oder die gewalttätige Schwester spielen in der Auseinandersetzung mit der Tat eine wesentliche Rolle. Für übergriffige und straffällige junge Menschen scheint es, der medialen Berichterstattung folgend, einen klaren Platz zu geben: die Strafjustiz. Hier sollen sie ihre gerechte Strafe erhalten, während die Gesellschaft vor weiteren Taten geschützt wird. Fälle von Kinder- und Jugendgewalt werden immer wieder begleitet von der Forderung, vom jugendstrafrechtlichen Erziehungsgedanken abzurücken. Um zudem jungen Menschen unter 14 Jahren „den Freibrief, um Straftaten zu begehen" (Kriminalpsychologe Adolf Gallwitz 2016 in Antja Hildebrandt 2016), zu entziehen und sie strafrechtlich verfolgen und verurteilen zu können, wird beständig die Herabsenkung der Strafmündigkeitsgrenze gefordert. Doch tatsächlich spricht weder die Entwicklungspsychologie für ein verschärftes Vorgehen gegen junge Menschen, noch lässt sich dieses mit dem Völker- und Verfassungsrecht vereinbaren. Zudem ist zu bedenken, dass sich durch die engen Verbindungen und Verweise des Jugendstrafrechts in die Kinder- und Jugendhilfe eine Vielzahl der gewalttätigen Kinder letztlich tatsächlich und mit guten Gründen in der Kinder- und Jugendhilfe wiederfinden. Zu oft wird übersehen, dass das Jugendstrafrecht tatsächlich kein milderes, sondern schlichtweg ein anderes Strafrecht ist.

5.1.2.1 Grundlagen des Jugendstrafrechts

Das deutsche Strafrecht umfasst die Normen der Rechtsordnung, die bestimmte Handlungen verbieten und unter Strafe stellen oder mit Geldbuße belegen, und ist im Strafgesetzbuch sowie den spezialgesetzlichen Nebengesetzen geregelt. Der Gesetzgeber sah im Laufe der Geschichte den Bedarf an strafrechtlichen Sonderregelungen für bestimmte Personen- oder Deliktsgruppen, etwa für die Bereiche der Umwelt-, Wirtschafts- oder Betäubungsmittelkriminalität. Mit dem sich stetig wandelnden Bild von Kindern und Kindheiten (James/James 2012, 15) ging auch eine Verrechtlichung einher, die neben der Verbindlichmachung der Kinderrechte auch die Regelungen der Kinder- und Jugendhilfe sowie des Jugendstrafrechts hervorbrachte. Durch die Letztgenannten galt es „[d]as Potential der Jugend […] zu nutzen, ihre Energien mussten jedoch in die rechten Bahnen gelenkt werden" (WD BT 2008, S. 39). Hierbei konkurrierten die erzieherisch orientierte Sanktionierung zur Verhinderung weiterer Delinquenz mit dem Vergeltungsgedanken (Petersen 2008, 23). Das Jugendstrafrecht, heute niedergelegt im Jugendgerichtsgesetz (JGG), ist die normative Antwort auf das Verständnis von Kindheiten, des Normenlernens und -brechens und der entsprechenden Sanktionierung (Meier et al. 2014, 41). Es ist auf Jugendliche[9] und eingeschränkt auf Heranwachsende anzuwenden (§ 1 Abs. 1, §§ 105–112 JGG). Das Jugendstrafrecht ist geprägt von einer Vielzahl von Abweichungen vom Erwachsenenstrafrecht. So sind spezielle Jugendabteilungen der Staatsanwaltschaften und Jugendgerichte für Jugendstrafsachen zuständig, welche „erzieherisch befähigt und in der Jugenderziehung erfahren" (§ 37 JGG) sein sollen. Die tatsächlichen Qualifikationen entsprechen dem gesetzlichen Anspruch jedoch regelmäßig nicht (Ostendorf 2013, 71 ff., 77; Petersen 2008, 44). Zudem ist die Jugendgerichtshilfe (JGH) während des gesamten Verfahrens hinzuzuziehen. Dazu kommen verfahrensrechtliche Besonderheiten und eine vom Strafgesetzbuch abweichende Sanktionierung. Werden jugendstrafrechtliche Sanktionen verhängt, sind dies zunächst Erziehungsmaßregeln. Reichen diese nicht aus, werden Zuchtmittel oder Jugendstrafe angeordnet. Erziehungsmaßregeln (§§ 9–12 JGG) sollen durch Erziehung den*die Straffällige*n von einer erneuten Tat abhalten, ohne die Tat zu ahnden. Hierunter fällt das Erteilen von Weisungen, also Grundverboten zur Regelung der Lebensführung, z. B. die Betreuung durch eine*n Sozialarbeiter*in oder der Täter-Opfer-Ausgleich. Als Erziehungsmaßregel kommt auch die Anordnung, Hilfe zur Erziehung im Rahmen der Jugendhilfe in Anspruch zu nehmen, in Betracht (Ostendorf 2013, 139 ff.; Priese 2012, 81 ff.). Zuchtmittel (§§ 13–16 JGG) werden eingesetzt, „wenn Jugendstrafe nicht geboten ist, dem Jugendlichen aber eindringlich zum Bewusstsein gebracht werden muss, dass er für das von ihm begangene Unrecht einzustehen hat" (Priese 2012, 83). In Betracht kommen die Verwarnung, also die förmliche Zurechtweisung des*r Täters*Täterin durch den*die Jugendrichter*in, die Erteilung von Auflagen wie die Zahlung eines Geldbetrags und der Jugendarrest. Letzterer dauert wenige Stunden bis maximal vier Wochen und findet in

9 § 1 Abs. 2 JGG: „Jugendlicher ist, wer zur Zeit der Tat vierzehn, aber noch nicht achtzehn, Heranwachsender, wer zur Zeit der Tat achtzehn, aber noch nicht einundzwanzig Jahre alt ist."

der Freizeit statt. Er soll „das Ehrgefühl des Jugendlichen wecken“ (Priese 2012, 84), ohne zu Nachteilen in der Schule oder Ausbildung zu führen. Die Jugendstrafe (§§ 17 ff. JGG) ist das schärfste Schwert des Jugendstrafrechts und Ultima Ratio. Es handelt sich um eine echte Kriminalstrafe, umfasst eine Dauer von sechs Monaten bis zu zehn Jahren und kann nur verhängt werden, wenn „wegen der schädlichen Neigungen, die in der Tat hervorgetreten sind, Erziehungsmaßregeln und Zuchtmittel nicht ausreichen oder wegen der Schwere der Schuld Strafe erforderlich ist“ (Priese 2012, 85 f.) Jugendlichen Angeklagten wird eine besondere Schutzbedürftigkeit zugesprochen, mit der Folge, dass für sie besondere Rechte gelten. Neben der Vereinfachung des Verfahrens sind hier beispielsweise eine Vielzahl von Beteiligten (Jugendgerichtshilfe, gesetzliche*r Vertreter*in etc.), der Grundsatz der Nichtöffentlichkeit (§ 48 JGG) oder die Unzulässigkeit von Privat- und Nebenklage (§ 80 JGG) erwähnenswert. Letzteres führt zu einer erheblichen und umstrittenen Einschränkung der Rechte der Betroffenen.

5.1.2.2 Strafmündigkeitsgrenze als Freifahrtschein?

Viel kritisiert wird die Regelung der Strafunmündigkeit, wonach unter 14-Jährige strafrechtlich nicht verfolgt werden dürfen. Werden Gewalttaten durch Kinder bekannt, wird regelmäßig der Ruf nach der Herabsetzung der Strafmündigkeitsgrenze laut, denn den delinquenten jungen Menschen wie Jonas „müsse mit der Härte des Gesetzes begegnet“ werden und sie dürften „nicht ungestraft davonkommen“. Dies unterstellt zum einen, dass es für unter 14-Jährige Gewalttätige keine Konsequenzen gäbe, und zum anderen, dass eine vermeintlich sühnende Strafjustiz die besten Antworten auf das gewalttätige Handeln von Kindern habe. Doch dem ist nicht so. Die schlichte Herabsetzung der Strafmündigkeit wird weder den völker- und verfassungsrechtlichen Verpflichtungen unseres Lands noch der komplexen Problematik kindlicher Delinquenz gerecht.

Die Verurteilung eines*einer Tatverdächtigen setzt die Erfüllung des Tatbestands, die Rechtswidrigkeit der Tat und die Schuld, also die individuelle Vorwerfbarkeit des*r Täters*Täterin, voraus. Schuldig kann jedoch nur sein, wer schuldfähig, also einsichts- und handlungsfähig ist. Das Strafgesetzbuch (StGB) regelt in §§ 19 ff. die Fälle der Schuldunfähigkeit. Diese umfassen krankhafte seelische Störungen, tiefgreifende Bewusstseinsstörungen, Schwachsinn oder andere seelische Abartigkeiten (§ 20 StGB). Gemäß § 19 StGB ist ebenso schuldunfähig, wer bei Begehung der Tat noch nicht 14 Jahre alt ist. Diese Regelung bestimmt die Grenze der Strafmündigkeit und enthält eine unwiderlegliche Vermutung, welche den Gegenbeweis ausschließt. Sie gilt also auch für

Kinder, welche zum Zeitpunkt der Tat die notwendige Einsichts- und Steuerungsfähigkeit besitzen, eine Überprüfung findet nicht statt (Joecks 2010, 82 f.). Als Prozesshindernis schließt die Altersgrenze in § 19 StGB die strafrechtliche Verfolgung von Kindern aus, eventuell eingeleitete Verfahren sind einzustellen (§§ 206a, 260 Abs. 3 StPO).

Die Strafmündigkeitsgrenze ist historisch betrachtet unbeständig, schwankte sie doch zwischen sieben und 14 Jahren, zudem gab es eine Vielzahl von Milderungsregelungen. Die Heranziehung fixer Altersgrenzen ist bereits für sich kritisch zu betrachten, da es kein Bild des „normal" entwickelten Kinds gibt, sondern eine Vielzahl von Faktoren zu berücksichtigen sind, um die Strafmündigkeit eines Kinds sicher festzustellen (Paul 2003, 205). Es gibt keine empirischen Anhaltspunkte, welche ein bestimmtes Alter begründen könnten, die wenigen durchgeführten Studien zeichnen kein einheitliches Bild. In seiner Motivanalyse fragte Levy-Suhl (1912) 120 Zwölf- bis 17-Jährige „Warum darf man nichts stehlen?" und schlussfolgerte aus den Antworten, dass unter einem Alter von 14 Jahren „die allgemeinen theoretischen Voraussetzungen der strafrechtlichen Zurechnungsfähigkeit oder Verantwortlichkeit normaliter noch nicht gegeben" (Hommes/Lewand 2003, 7) seien. Schäfer (1913) stellte die gleiche Frage 1.100 „normal begabten Schülern" zwischen zwölf und 17 Jahren und forderte daraufhin die Heraufsetzung der Strafmündigkeitsgrenze vom damals zwölften auf das mindestens 15. Lebensjahr, weil erst dann sozialethische gegenüber egoistischen Motiven überwiegen würden (Hommes/Lewand 2003, 7). Kohlberg (1996) entwickelte Niveaustufen der Moralentwicklung, nachdem er 58 Probanden beginnend im Alter von zehn Jahren in dreijährigen Intervallen über einen Zeitraum von zehn Jahren interviewte (Hommes/Lewand 2003, 8 f; Losert 2014, 35). Cauffman und Steinberg (2000) legten 810 durchschnittlichen 13-, 15- und 17-Jährigen sowie 205 Collegestudent*innen, welche in zwei Altersgruppen (18 bis 21 Jahre, 22 bis 47 Jahre) unterteilt wurden, fünf hypothetische Szenarien vor (Haschrauchen, Ladendiebstahl, Fahren mit gestohlenem PKW, Prüfungsbetrug, Betrug des Arbeitgebers) und baten um die Beurteilung der sozialen Akzeptanz. In der Auswertung fiel unter anderem auf, dass zwei Drittel der 13-Jährigen sich in ihrer Fähigkeit, ihr Verhalten in moralischen Entscheidungssituationen zu steuern, nicht von 18- bis 21-jährigen unterschieden. Cauffman und Steinberg folgerten, dass sich die psychosoziale Reife zwischen 13 und 17 kaum verändere (Hommes/Lewand 2003, 9). Somit ist deshalb „eine in Jahren festgelegte Altersgrenze [...] pseudoexakt und nur scheinwissenschaftlich begründbar; in Wirklichkeit ist sie von politischen, wirtschaftlichen und sozialen Gegebenheiten bestimmt" (Hommes/Lewand 2003, 7). Altersgrenzen dienen vor allem den Abläufen der Justiz, denn sie erübrigen langwierige Erwägungen und sind damit billiger, schneller, einheitlich und geben durch ihre Vorhersehbarkeit Rechtssicherheit. Auch dienen sie der Vereinheitlichung der Rechtsordnung. Altersgrenzen beruhen folglich eher auf praktischen Erwägungen und nur begrenzt auf Erkenntnissen der Entwicklungspsychologie.

Die aktuelle deutsche Strafmündigkeitsregelung findet Rückhalt im Völkerrecht. Artikel 40 der UN-Kinderrechtskonvention (KRK), welche 1989 in Kraft trat, 1992 von Deutschland ratifizierte wurde und damit verbindlicher Teil unserer Rechtsordnung ist, regelt die Rechte von Kindern in strafrechtlichen Verfahren. Neben der Garantie des Kindeswohls und strafprozessualen Mindestgarantien wurde in Art. 40 Abs. 3 lit. A KRK festgeschrieben, dass die Vertragsstaaten insbesondere:

> ein Mindestalter fest[legen], das ein Kind erreicht haben muss, um als strafmündig angesehen zu werden.

Die Regelung selbst enthält keine konkrete Altersgrenze, die Festsetzung liegt im Ermessen der Vertragsstaaten. Für die Auslegung des Artikels sind die 1985 von der UN beschlossenen Rahmenbestimmungen der UN zur Jugendgerichtsbarkeit („Bejing Rules"), die (unverbindlichen) UN Guidelines for the Prevention of Juvenile Delinquency („Riyadh Guidelines"), die UN Rules for the Protection of Juveniles Deprived of their Liberty („Havana Rules") sowie die Leitlinien zur kinderfreundlichen Justiz der EU heranzuziehen (Schmahl 2017, 429). „Das Mindestalter soll dabei nicht auf ein zu geringes Niveau festgesetzt und ein bereits bestehendes Mindestalter ggf. auf anerkannte internationale Standards angehoben werden" (Schmahl 2017, 426). Eine Altersgrenze unter zwölf Jahren wird vom UN-Kinderrechtsausschuss (KRA) abgelehnt (UN Committee 2007, Rn. 32). Die aktuelle deutsche Strafmündigkeitsregelung entspricht danach den völkerrechtlichen Anforderungen, eine Absenkung auf die Mindestaltersgrenze des KRA von zwölf Jahren ist zwar theoretisch mit der UN-KRK vereinbar, kann aber unter Berücksichtigung des Kindeswohls im Sinne der Beijing Rules (siehe oben) nicht bezweckt sein.

Befürwortende der Altersabsenkung verweisen auf die frühere Reife und intensivere Schulbildung junger Menschen (Kreuzer 2002, 2349). Die Täter*innen seien oft schon vor der Vollendung des 13. Lebensjahrs alt genug, um die erforderliche Einsichts- und Steuerungsfähigkeit im Sinne des § 3 JGG aufzuweisen (Paul 2003, 204). Intensive Beschulung bedeutet jedoch nicht auch frühere emotionale, soziale und/oder moralische Reife. Vielmehr ist eher von einer Erschwerung und Verzögerung durch die schwieriger werdende Orientierung, Wertumbrüche, die „Mit-Erziehung“ außerfamiliärer Institutionen der Freizeit und die Medien sowie durch interkulturelle Migration auszugehen (Kreuzer 2002, 2349). Dies bedeutet zwar im Umkehrschluss nicht, dass kein Mensch unter 14 Jahren in der Lage sei, rechtliche Grundwertungen nachzuvollziehen, jedoch ist die zunehmende Komplexität der Gesellschaft als Beeinträchtigung der Normverinnerlichung trotz früherer körperlicher Reife zu berücksichtigen (Paul 2003, 205). Die Argumentation von Absenkungsunterstützer*innen, (Intensiv-)Täter*innen würden ihre altersbedingte Straflosigkeit ausnutzen (Paul 2003, 204), ist als Generalisierung abzulehnen und stellt eine Vorverurteilung aller auf Grundlage weniger dar. Im Gegenteil ist zu bedenken, dass Kinder meist spontan handeln und vorher nur selten das Bestrafungsrisiko einkalkulieren, sodass eine Strafdrohung sie kaum abhalten würde (Heinz 2002, 569). Auch die Behauptung des besonders starken Kriminalitätsanstiegs bei Zwölf- und 13-Jährigen kann statistisch nicht nachvollzogen werden. Darüber hinaus ist zu beachten, dass der Regelfall der Kinderkriminalität die Bagatellkriminalität ist. Nicht in jedem Fall sind demnach strafrechtliche Maßnahmen nötig, sodass die allgemeine Einbeziehung aller Zwölf und 13-Jährigen in das JGG mit Blick auf die geringe Zahl an Intensivtäter*innen unverhältnismäßig wäre (Paul 2003, 204 f.). Ebenso abzulehnen ist der hieran anknüpfende Vorschlag, nur für Intensivtäter*innen und/oder bei schweren Delikten wie Raub, Totschlag, Mord etc. die bestehende Altersgrenze herabzusetzen (Lütkes/Rose 2003, 473). Zum einen ist ein darin erkennbarer Sühnegedanke dem erziehungsorientierten Jugendstrafrecht fremd (BGH 1961). Zum anderen käme in diesen Fällen wohl nur Jugendstrafe in Betracht, wodurch Zwölfjährige entwicklungsbeeinträchtigend im Jugendstrafvollzug auf ältere, teilweise hafterfahrene Gefangene träfen. Der Jugendstrafvollzug kommt aufgrund der Kenntnis über die Schädlichkeit freiheitsentziehender Sanktionen bereits bei 14-Jährigen extrem selten zur Anwendung und es ist nicht erkennbar, warum die Belastungen bei noch jüngeren Kindern andere sein sollten (Heinz 2002, 569 f.), zumal die oft stigmatisierenden Zwangsmaßnahmen des Jugendstrafrechts stark in die Entwicklung des jungen Menschen eingreifen (Paul 2003, 205). Zudem würde dies paradoxerweise bedeuten, dass sich „die Reife […] allen Ernstes ausgerechnet in besonders schwerer Kriminalität zeigen“ (Keiser 2008, 39) würde. Auch mit der UN-KRK ist ein Abweichen von der Altersgrenze bei schweren Straftaten nicht vereinbar (Schmahl 2017, 426). Dies folgt außerdem auch dem deutschen (Grund-)Rechtsverständnis aus dem Kindeswohlprinzip, welches „als jugendspezifischer Aspekt der Menschenwürde an deren [in Art. 1 GG manifestierter; Anm. d. Autorinnen] Unverzichtbarkeit teilhat“ (Keiser 2008, 36).

Die Herabsetzung der Strafmündigkeitsgrenze wäre nur dann sinnvoll, wenn es an einer Zuständigkeit für diese Kinder fehlen würde. Die Justiz verliert delinquente Kinder jedoch nicht aus dem Blick. Zum einen wird Kindheitsdelinquenz in eventuell später stattfindenden Jugendstrafverfahren bei der prognostischen Beurteilung der Erziehungsbedürftigkeit des Täters oder der Täterin berücksichtigt (Schöch 2011). Zum anderen kann das Familiengericht Maßnahmen gemäß § 1631 Abs. 3 BGB, § 1666 BGB oder dem Kinder- und Jugendhilfegesetz (§ 27 ff. SGB VIII) einsetzen (Fischer et al. 2012, 139) bzw. die Kinder- und Jugendhilfe wird selbstständig tätig und übernimmt die Betreuung und Begleitung im Rahmen ihres originären Handlungsauftrags nach § 1 SGB VIII, der Verwirklichung des Rechts junger Menschen wie Jonas auf Förderung ihrer Entwicklung und auf Erziehung zu einer eigenverantwortlichen und gemeinschaftsfähigen Persönlichkeit. In diesem Rahmen kann nicht nur das Gesamtsystem Familie berücksichtigt, sondern können auch die eigenen Gewalterfahrungen von Jonas berücksichtigt und therapeutisch begleitet werden.

5.1.2.3 Der Erziehungsgedanke: Relikt oder Wegweiser?

Ähnlich umstritten wie die Strafmündigkeitsgrenze ist der im Jugendstrafrecht grundlegende Erziehungsgedanke. Ziel des allgemeinen Strafrechts ist der Rechtsgüterschutz und damit der Schutz des Zusammenlebens der Gemeinschaft. Es dient dabei als Ultima Ratio, also als letztes einzusetzendes Mittel. Diese Funktion hat im Jugendstrafrecht besonderes Gewicht, da die strafrechtliche Sanktion besonders in den Entwicklungsprozess der jungen Menschen eingreift (Petersen 2008, 19, 22). Auch der Sinn von Strafe ist deshalb besonders zu berücksichtigen. Strafe ist eine „missbilligende hoheitliche Reaktion" (BVerfGE 105, 135, 157), welche an ein „sozialethisches Unwerturteil" (BVerfGE 45, 254) anknüpft. Strafe dient zum einen dazu, generalpräventiv „der Begehung von Rechtsgutsverletzungen entgegenzuwirken" (BVerfGE 96, 245, 249), indem durch die Strafverfolgung und Verurteilung die Rechtstreue der Bürger*innen und das Vertrauen in den Rechtsstaat gestärkt sowie potenzielle Nachahmer abgeschreckt werden (Fischer et al. 2012, 354).[10]

---

10 Obwohl generalpräventive Beweggründe mit Blick auf Art. 1 Abs. 1 des Grundgesetzes (GG) auf das Jugendstrafrecht nicht anwendbar sind, da „junge Straftäter funktionalisiert würde[n] zur Aufrechterhaltung der Rechtsordnung" und nach empirischer Forschung Zweifel an der Wirksamkeit bestehen (Ostendorf 2013, 56), finden sich generalpräventive Abwägungen in der Praxis der Jugendgerichte (Buckolt 2009, 310 ff., 324).

Individualprävention zielt positiv auf die Besserung und negativ auf die Abschreckung des*r Täters*Täterin vor erneuter Kriminalität. Im Vordergrund stehen dabei Resozialisation und Rückfallvermeidung. Vor allem Letzteres ist Kern des Jugendstrafrechts und wird hier verdeutlicht:

> Die Anwendung des Jugendstrafrechts soll vor allem erneuten Straftaten eines Jugendlichen oder Heranwachsenden entgegenwirken. Um dieses Ziel zu erreichen, sind die Rechtsfolgen und unter Beachtung des elterlichen Erziehungsrechts auch das Verfahren vorrangig am Erziehungsgedanken auszurichten. (§ 2 Abs. 1 JGG)

Ziel des Jugendstrafrechts ist, dass der junge Mensch künftig einen rechtschaffenen Lebenswandel führen wird, es soll das Ehrgefühl des Jugendlichen wecken und ihm/ihr eindringlich zum Bewußtsein bringen, daß er/sie für das von ihm begangene Unrecht einzustehen hat, ihm/ihr helfen, die Schwierigkeiten zu bewältigen, die zur Begehung der Straftat beigetragen haben und so bemessen sein, dass die erforderliche erzieherische Einwirkung möglich ist. (WD BT 2008, 3)

Ungeklärt ist bis heute, ob mit Erziehung ein sittliches Ideal (Werteverinnerlichung, geistig-charakterliche Formung, soziale Integration) oder bloße Legalbewährung (Verbrechensbekämpfung, Rückfallprophylaxe) gewollt ist. Ziel ist eine positive Persönlichkeitsveränderung – doch wie weit darf diese Veränderung gehen? Als Teil des dem Ultima-Ratio-Grundsatzes unterliegenden Strafrechts kann der jugendstrafrechtliche Erziehungsansatz nicht grenzenlos gelten. Jugendstrafrechtliche Sanktionen greifen in die völker- und verfassungsrechtlich geschützten Grundrechte junger Menschen (Art. 1 Abs. 1, Art. 2 Abs. 1 GG, Art. 40 KRK etc.). Der Erziehungsbegriff muss zudem begrenzt sein durch das verfassungsrechtlich geschützte Elternrecht auf Erziehung (Art. 6 Abs. 1 GG), denn dem Staat „obliegt nur eine Missbrauchskontrolle bei krassem, nicht mehr tolerablem Erziehungsverhalten" (Petersen 2008, 31) aus Art. 6 Abs. 2 GG (Wächteramt), im Übrigen sind Eltern in der Ausübung ihres Grundrechts nur durch das Kindeswohlprinzip beschränkt.

Die deutsche Vereinigung für Jugendgerichte und Jugendgerichtshilfen verknüpft ihre Erziehungsinterpretation mit § 1 des Kinder- und Jugendhilfegesetzes:

> Auch aus Anlass strafrechtlich relevanten Fehlverhaltens haben junge Menschen ein Recht auf Förderung ihrer Entwicklung zu einer eigenverantwortlichen und gemeinschaftsfähigen Persönlichkeit. An diesem Ziel der sozialen Integration mitzuwirken, sind neben der Jugendhilfe die Justiz und alle staatlichen Institutionen verpflichtet. (Brunner 2002, 423)

Um die Zuständigkeitsgrenzen der Institutionen nicht völlig zu verwischen und mit Blick auf die Rechtssicherheit und Normenklarheit ist einschränkend der Sinn und Zweck des Strafrechts, die Aufrechterhaltung der Ordnung im Sinne des Rechtsgüterschutzes, erforderlich. Die Maßnahmen müssen „Antwort auf spezifische, in der Tat zum Ausdruck kommende Besonderheiten und Problemlagen des Täters sein und diese beseitigen" (Petersen 2008, 38). Ziel ist nicht der Schutz der Gesellschaft vor dem straffälligen Kind, wie es ähnlich in § 3 II RJGG 1943 formuliert war, sondern eine positive Einwirkung im Sinne einer Erziehung mit den Mitteln des Jugendstrafrechts (Paul 2003, 205). Erziehung selbst ist demnach kein Strafzweck, sondern Mittel zum Zweck, um künftiges Legalverhalten zu erreichen (Petersen 2008, 37, 38, 43). Die Sanktion darf nicht Maßnahme zur, sondern in der Erziehung sein (Mager 2009, 15). Hieraus ergibt sich ein jugendstrafrechtliches Dilemma: Einerseits lässt der strafrechtliche Interventionskontext, wie soeben aufgezeigt, eine über den unmittelbaren Rechtsgüterschutz hinausgehende Einflussnahme nicht zu, andererseits sollte unter Effektivitätsgesichtspunkten eine positive Beeinflussung der Tätermotivation erfolgen (Petersen 2008, 42). Dass auf diese Problematik bis heute keine befriedigende Antwort gefunden wurde, ist einer der Gründe, warum Rufe nach Reformen und Abschaffung des Erziehungsgrundsatzes nicht verhallen.

Jene Stimmen, welche sich für die Abschaffung des Erziehungsgedankens aussprechen, konstatieren, Art. 1 GG untersage es, Besserung im Sinne innerer Umkehr mit staatlichem Zwang erreichen zu wollen (Ostendorf 2013, 57). Sie verweisen auf die Gefahr einer Erziehung als Selbstzweck ohne strafrechtlichen Bezug (Petersen 2008, 25, 27) – ein Gedanke, der mit Blick auf die NS-Vergangenheit der Bundesrepublik Deutschland und die Erfahrungen in der DDR nicht bagatellisiert werden darf. Kritiker*innen führen zudem an, dass Erziehung unter Strafbedingungen wenig aussichtsreich sei. Doch mit Blick auf die enge Definition des Erziehungsgedankens und unter Berücksichtigung, dass der gezielte Einsatz bestimmter Behandlungsprogramme bei definierter Problemgruppe durchaus erfolgreicher sein kann als bloße Strafe, sofern die nötigen Mittel dafür vorhanden sind, reduziert sich die Kraft der Abschaffungsargumente auf im individuellen Fall zu berücksichtigende Umsetzungskriterien und damit das

„Wie" einer Maßnahme, stellen aber nicht den Erziehungsgedanken per se, also das „Ob", infrage.

Ostendorf verweist auf empirische Untersuchungen, welche den Vorwurf bestätigt hätten, dass das Erziehungsstrafrecht teilweise straferhöhend wirke (Ostendorf 2013, 57). Hier ist zu bedenken, dass das Jugendstrafrecht nicht das mildere Recht, sondern das mit der

> größeren Vielfalt an Reaktionsmöglichkeiten und einem flexiblem Prozedere ist, welches es erlaubt zu individualisieren und auf Probleme und Bedürfnisse junger Menschen [...] [mit] helfenden, stützenden, chancenverbessernden und integrierenden Maßnahmen (Heinz 2002, 571)

einzugehen. In der Folge kann dies zu milderen oder intensiveren Maßnahmen führen, bei schweren Delikten kommt es statistisch wegen der Reduzierung des gesetzlichen Strafrahmens und der Tendenz des Bundesgerichtshofs, schuldangemessene Strafen zu unterschreiten, zu deutlich geringeren Strafen (Kreuzer 2002, 2347). Hinzu kommt, dass das Jugendstrafrecht ohne den Erziehungscharakter zu einem milderen Erwachsenenstrafrecht würde, in dem kein Raum für individuelle Maßnahmen verbliebe, da diese im Rahmen der unflexiblen Proportionalität nicht umsetzbar wären (Heinz 2002, 575). Die Abschaffung würde zudem internationalen Verpflichtungen der BRD, etwa aus Art. 40 KRK in Verbindung mit den UN-Mindestgrundsätzen der Vereinten Nationen für die Jugendgerichtsbarkeit, widersprechen (Ostendorf, zit. nach WD BT 2008, 10). Im Gegensatz zur reinen Tat-Schuld-Proportionalität ermöglicht das Erziehungsleitbild, mit verschiedenen Wirkungsmechanismen das Potenzial des Sanktionsspektrums weitestmöglich zu nutzen, wird so dem Kindeswohl im Sinne des Art. 3 KRK und der Individualität jedes Kinds gerechter und ist deshalb vorzugswürdig (Keiser 2008, 66).

5.1.3 Erziehungsgedanke und Jugend-(gerichts-)hilfe

Der Erziehungsgedanke des Jugendstrafrechts bildet die Grundlage für das Ineinandergreifen von Strafjustiz und Jugendhilfe. Das Gericht kann den Jugendlichen anweisen, Jugendhilfeleistungen entgegenzunehmen, eine Gegenüberstellung von JGG und SGB VIII macht die Verschränkungen deutlich:

	JGG (Voraussetzung: Straftat)	SGB VIII (Voraussetzung: Erziehungsdefizit nach § 27)
1. Weisungen a. Wohnen bei Familie oder im Heim	**§ 10** Abs. 1 S. 3 Nr. 2	§ 33 (Vollzeitpflege) § 34 (Heimerziehung) § 35 (intensive sozialpädagogische Einzelbetreuung)
b. Betreuung und Aufsicht	Nr. 5	§ 30 (Betreuungshelfer)
c. sozialer Trainingskurs	Nr. 6	§ 29 (soziale Gruppenarbeit)
d. Täter-Opfer-Ausgleich	Nr. 7	§ 27 Abs. 2 S. 1 (unbenannte Hilfe)?
2. Anordnung der Hilfe zur Erziehung a. Erziehungsbeistandschaft	**§ 12** Nr. 1	§ 30 (Erziehungsbeistandschaft)
b. Heimerziehung	Nr. 2	§ 34 (Heimerziehung)

Abbildung 1: Gegenüberstellung JGG & SGB VIII (Kunkel 2015)

Die Anordnung gilt jedoch nur gegenüber dem jungen Menschen und ersetzt gewissermaßen den Leistungsantrag. Eine Wirkung gegenüber dem Jugendamt besteht nicht. Dieses trifft die Entscheidung über die Gewährung der Leistung im Rahmen seiner Steuerungsverantwortung (§ 36 SGB VIII).[11]

Auch im strafrechtlichen Verfahren ermöglicht der Erziehungsgedanke der Jugendhilfe im Rahmen der Jugendgerichtshilfe eine Mitwirkung in Verfahren nach dem Jugendgerichtsgesetz (§ 52 SGB VIII) und somit den Raum, auch in strafrechtlichen Verfahren zugunsten junger Menschen und ihrer Familien tätig zu werden (§ 2 SGB VIII). Die Jugendhilfe erfüllt damit ihren originären Handlungsauftrag, nämlich die Verwirklichung des Rechts eines jeden jungen Menschen auf Förderung seiner Entwicklung und auf Erziehung zu einer eigenverantwortlichen und gemeinschaftsfähigen Persönlichkeit (§ 1 SGB VIII). Durch die Jugendgerichtshilfe (JGH) werden von den Jugendämtern bzw. den freien Trägern nicht nur „die erzieherischen, sozialen und sonstigen im Hinblick auf die Ziele und Aufgaben der Jugendhilfe bedeutsamen Gesichtspunkte im Verfahren vor den Jugendgerichten zur Geltung“ gebracht und „die beteiligten Behörden durch Erforschung der Persönlichkeit, der Entwicklung und des familiären, sozialen und wirtschaftlichen Hintergrundes des Jugendlichen“ (§ 38 JGG) unterstützt, sondern den Gerichten wird so auch die Möglichkeit gegeben, auf Grundlage der sozialpädagogischen Kompetenz zu prüfen, ob durch die jugend-

11 Die Kostentragung der Leistung durch die Justiz ist umstritten.

hilferechtliche Leistung von der Verfolgung abgesehen werden oder eine Einstellung des Verfahrens erfolgen kann (§ 52 Abs. 2 SGB VIII). Kommt es zum Vollzug, bleibt die JGH mit dem*r Jugendlichen in Kontakt und unterstützt die Wiedereingliederung in die Gemeinschaft. Auch im Rahmen einer Bewährungsstrafe arbeitet die JGH eng mit den jungen Menschen und ihren Bewährungshelfern zusammen (§ 38 Abs. 4 JGG).

Bereits dieser kurze Einblick in das Verhältnis zwischen Jugendhilfe und Strafjustiz zeigt, dass beide Bereiche nicht nur miteinander verwoben sind, sondern auch, dass eine Vielzahl von grenzüberschreitenden und/oder straffälligen jungen Menschen über die Brücke der Strafjustiz früher oder später in die Jugendhilfe zurückgeführt wird. Für die Arbeit der Jugendgerichtshilfe gilt wie auch für alle anderen Leistungen und Angebote der Jugendhilfe der sozialrechtliche Grundsatz des § 17 SGB I, wonach der Leistungsträger, hier die Verwaltung des Jugendamts, verpflichtet ist, darauf hinzuwirken, dass jede*r Berechtigte die ihr*ihm zustehenden Sozialleistungen in zeitgemäßer Weise, umfassend und zügig erhält und die zur Ausführung von Sozialleistungen erforderlichen sozialen Dienste und Einrichtungen rechtzeitig und ausreichend zur Verfügung stehen (§ 17 Abs. 1 SGB I). Dies gilt auch während und unabhängig von einem Strafverfahren. Das Jugendamt hat demnach auch bei übergriffigen und/oder straffälligen jungen Menschen stets zu überprüfen, ob die Leistungsvoraussetzungen aus dem SGB VIII vorliegen und hat diese bei Bedarf zu gewähren.

5.2 Hilfesystem Kinder- und Jugendhilfe

„Jugendhilferecht ist als Sozialrecht der Teil des öffentlichen Rechts (Verwaltungsrechts), der der Verwirklichung sozialer Gerechtigkeit und sozialer Sicherheit dient, indem es die Entwicklung junger Menschen fördert“ (Kunkel 2015, 18). Der Kinder- und Jugendhilfe (KJH) kommt damit vor allem eine Ausgleichsfunktion zu, sie kompensiert bestehende Defizite (ebd.). Da die Pflege und Erziehung der Kinder natürliches Recht der Eltern sind (Art. 6 Grundgesetz), erfüllt die öffentliche Jugendhilfe keinen eigenständigen Erziehungsauftrag, sondern soll die Familien so unterstützen, dass sie ihren Pflege- und Erziehungsauftrag erfüllen können. Ziel der Familienhilfe ist es, das Recht jedes jungen Menschen auf Förderung seiner Entwicklung und auf Erziehung zu einer eigenverantwortlichen und gemeinschaftsfähigen Persönlichkeit zu verwirklichen (§ 1 SGB VIII). Dieser Auftrag gilt, wie beschrieben, nicht nur für von Gewalt betroffene Kinder, sondern auch für jene, die selbst gewalttätig wurden. Zur Bewältigung dieser Aufgabe steht der Kinder- und Jugendhilfe ein breiter Leistungskatalog zur Verfügung. In Fällen innerfamiliärer sexueller Geschwistergewalt ist es dabei unabdingbar, bei der Auswahl der sozialpädagogischen Mittel dem übergriffigem und dem betroffenem Kind nicht nur punktuell zu begegnen, sondern die gesamte Familie mehrdimensional zu betrachten und zu begleiten, um die hinter sexueller Geschwistergewalt stehenden Risikofaktoren und Strukturen zu erkennen, zu verstehen und aufzubrechen.

5.2.1 Rolle der Kinder- und Jugendhilfe im Familiensystem

Werden der Kinder- und Jugendhilfe Fälle von sexueller Gewalt durch Geschwister bekannt, ist sie aufgrund ihres staatlichen Wächteramts (Art. 6 Abs. 2 Satz 2 Grundgesetz) dazu verpflichtet, zu handeln. Die Arbeit mit Familien, in denen es zu sexueller Gewalt durch Geschwister gekommen ist, stellt eine Herausforderung für die Fachkräfte dar. Aufgrund der Komplexität und Besonderheit der Situation sieht sich die Jugendhilfe sowohl einem betroffenen als auch einem übergriffigen Kind gegenübergestellt, die beide Hilfe und Unterstützung benötigen. Insgesamt ist sie mit den Belangen und Bedürfnissen einer gesamten Familie konfrontiert. Das betroffene Kind muss vor weiteren Übergriffen geschützt werden, während das übergriffige Kind daran gehindert werden soll, weiterhin Gewalt auszuüben, und schließlich müssen die Eltern dazu befähigt werden, ihre Erziehungskompetenz und Verantwortung gegenüber beiden Kindern wahrzunehmen.

5.2.2 Zugang zur Familie

Neben den komplexen unterschiedlichen Interessenlagen erschwert der Ruf der Jugendhilfe und allen voran der des Jugendamts die Arbeit der Fachkräfte. Dabei ist die Jugendhilfe zentrale Anlaufstelle für Familien mit Schwierigkeiten. Die vorherrschenden Meinungen sind geprägt von Vorstellungen, das Jugendamt „tue nicht genug“ oder „es nehme immer sofort die Kinder weg“. Ein solcher Ruf steht allerdings einer gelingenden Intervention im Weg, da die Jugendhilfe auf eine gute Kooperation mit den Eltern angewiesen ist. Dennoch führt eine Intervention durch das Hilfesystem zweifellos zu Veränderungen im Familiensystem, insbesondere in Fällen von sexueller Gewalt durch Geschwister. Auch wenn die Jugendhilfe Unterstützung leistet, stellt dies stets ein Eingriff in das Private einer Familie dar. Das Familiensystem wird offengelegt, Geheimnisse bzw. intime Details aus der Familie werden öffentlich und die Familie sieht sich mit ihren Unzulänglichkeiten konfrontiert. Eine Herausnahme eines oder gar beider Kinder führt zu Beziehungsabbrüchen innerhalb der Familie. Dies schürt ein hohes Konfliktpotenzial und mögliche Ängste sowie Abwehrreaktionen gegenüber dem Hilfesystem, die den Zugang zu angemessenen Hilfen behindern. Dahingegen ist Vertrauen gegenüber dem Hilfesystem Voraussetzung für eine gelingende Zusammenarbeit. Das Jugendhilfesystem muss sich deshalb stets dieser Dynamiken bewusst sein, die Ambivalenzen der Familienmitglieder wahrnehmen und die asymmetrischen Machtverhältnisse durch die Beteiligung der Eltern im Hilfeverfahren auflösen.

5.2.3 Was die Jugendhilfe leisten kann

Die Kinder- und Jugendhilfe hat im Fall von innerfamiliärer sexueller Gewalt zum Ziel, durch eine adäquate, auf die Bedarfe der Beteiligten zugeschnittene Intervention weitere Übergriffe zu vermeiden, Kindeswohlgefährdungen auszuschließen und eine gesunde Entwicklung der Kinder zu fördern. Während in der Strafjustiz die Täter-Opfer-Konstellation stark im Fokus ist, orientiert sich die Kinder- und Jugendhilfe verstärkt am Wohl des Kindes und dessen Bedürfnissen. Die Angebote reichen von der Beratung der Eltern in ihrer Erziehungsverantwortung (§ 16 SGB VIII) über Hilfen zur Erziehung (§§ 27–35 SGB VIII) bis hin zur Inobhutnahme von Kindern und Jugendlichen (§ 42 SGB VIII) und werden zum Teil von den Jugendämtern selbst, zu einem Großteil aber von freien Trägern der Jugendhilfe erbracht (Wiesner 2016, 167). Die Leistungen der Hilfen zur Erziehung bieten ein breites Spektrum an pädagogischen und therapeutischen Maßnahmen, die ambulant, teilstationär oder stationär erfolgen können. Die Entscheidung für eine geeignete Hilfe ergibt sich stets aus der individuellen Lage und den Bedürfnissen der Familien, weshalb es auch in Fällen von innerfamiliärer sexueller Gewalt kein Standardverfahren gibt.

5.2.3.1 Hilfen für betroffene Kinder

Eine Fachberatungsstelle für von sexueller Gewalt betroffene Kinder kann eine erste Anlaufstelle sein, in der Informationen über Hilfen, Angebote und Zugänge zur Verfügung gestellt werden. Im Fallbeispiel hat die Fachkraft einer ambulanten Beratungsstelle das Jugendamt über Eriks Schilderungen zu den sexuellen Übergriffen informiert. Das Jugendamt, genauer der Allgemeine Soziale Dienst (ASD), nimmt eine Einschätzung zur Kindeswohlgefährdung vor. In den meisten Fällen führt die Aufdeckung von sexuellen Übergriffen zur Herausnahme des übergriffigen Geschwisterkinds – wie bei Jonas. Eine Unterbringung in einer Einrichtung der Jugendhilfe dient zunächst der Beendigung der sexuellen Übergriffe und dem Schutz des betroffenen Kinds. Bei Sanne und Erik ist man zunächst davon ausgegangen, mit der Herausnahme von Jonas sei „das Problem" behoben und bei den betroffenen Kindern bestehe kein weiterer Hilfebedarf. Diese Annahme kann trügerisch sein, denn auch bei einem Kind, welches keine offensichtlichen Symptome zeigt wie Sanne, können die negativen Erfahrungen nachhaltig schädigend sein. Denn das Erleben von (sexueller) Gewalt kann schwerwiegende Folgen für die weitere gesundheitliche, soziale und emotionale Entwicklung von Betroffenen haben.[12] Sannes angepasstes Verhalten war ihr Versuch, die ausweglose Situation zu bewältigen und mit ihrem Leid umzugehen. Anders bei Erik, bei dem wie bei vielen gewaltgeschädigten Kindern unterschiedliche psychische Störungsbilder wie Ängste, Selbstverletzung, Störung der Emotionen und des Sozialverhaltens etc. aufgetreten sind. Neben dem Schutz vor weiteren Übergriffen benötigen Kinder Hilfe und Unterstützung, um das Geschehene zu verarbeiten und nachhaltig psychisch stabilisiert zu werden. Aus diesem Grund ist eine engmaschige Begleitung der Jugendhilfe notwendig, die auch den Fokus auf die Förderung einer positiven Entwicklung des Kindes legt. Auch bei betroffenen Kindern wie bei Sanne und Erik, besteht die Möglichkeit einer stationären Unterbringung. Die umfassende Diagnostik durch das KiD ermöglicht es, die Bedarfe der gewaltgeschädigten Kinder zu identifizieren und geeignete, weiterführende Hilfen zu installieren. In enger Absprache und unter Mitwirkung der Kinder und der Mutter können das Jugendamt und die Jugendhilfeeinrichtung bedarfsgerechte Hilfen ermitteln. Für Sanne und Erik wurde eine Intensivgruppe (§ 34 SGB VIII) gewählt, in der sie über einen längeren Zeitraum hinweg therapeutisch und pädagogisch begleitet werden. Die Intensivgruppe ist eine Wohnform für Kinder mit einem erhöhten Betreuungsbedarf, in der die entwickelten Störungsbilder – ausgelöst durch die Gewalterfahrung – reduziert werden, die Persönlichkeitsentwicklung gefördert und eine individuelle Lebensperspektive aufgebaut wird. Als ambulante Hilfen bieten der Erziehungsbeistand (§ 30 SGB VIII) oder eine intensive sozialpädagogische Einzelbetreuung (§ 35 SGB VIII) Unterstützung, um die Entwicklungschancen der Kinder und Jugendlichen zu fördern. Eine teilstationäre Alternative, welche über die Kinder- und Jugendhilfe vermittelt werden kann, wäre der Besuch einer Tagesklinik für Kinder- und Jugendpsychiatrie. Kinder und Jugendliche können weiterhin im familiären Umfeld leben, werden aber innerhalb der Tagesklinik gefördert, um sich zu stabilisieren, Konflikte zu bewältigen und ihre sozialen Kompetenzen weiterzuentwickeln. Ziel der Behandlung und sozialpädagogischen Beratung wäre zudem die Entwicklung eines stabilen Umfelds.

5.2.3.2 Hilfen für übergriffige Kinder

Für sexuell übergriffige Kinder gibt es vereinzelt Beratungsangebote und therapeutische Angebote, die ambulant zugänglich sind. Allerdings erscheint in vielen Fällen, wie bei Jonas, die stationäre Unterbringung zwingend erforderlich zu

---

12 Siehe den Beitrag von Kathinka Beckmann zu der Vielzahl an Störungsbildern, die bei den gewaltgeschädigten Kindern im KiD diagnostiziert wurden.

sein, um den Schutz der betroffenen Kinder zu gewährleisten. Dafür gibt es spezialisierte Einrichtungen der Jugendhilfe für sexuell übergriffige Kinder. Im Vordergrund des Hilfeprozesses stehen therapeutische Angebote, die die Kinder darin unterstützen, sich mit ihren sexuellen Gewalthandlungen auseinanderzusetzen. Ziel ist es, die Verhaltensmuster zu identifizieren und zu durchbrechen. Den übergriffigen Kindern und Jugendlichen werden zudem soziale Kompetenzen vermittelt. Sie lernen, die Gefühle und Grenzen anderer wahrzunehmen, Konflikte gewaltfrei zu lösen und sich selbst besser zu kontrollieren. Zudem finden eigene Traumatisierungen der Kinder Beachtung. Jonas hat selbst körperliche und sexuelle Gewalt in der Familie erfahren, die möglicherweise ausschlaggebend für sein Verhalten ist. Auch er benötigt eine therapeutische und pädagogische Begleitung, die neben einer Rückfallvorbeugung seine positive Entwicklung fördert.

5.2.3.3 Hilfen für die gesamte Familie

Angesichts der Tatsache, dass die Familienstruktur und -dynamik als mitursächlich für innerfamiliäre sexuelle Gewalt begriffen werden kann, muss die Jugendhilfe folglich das gesamte Familiensystem in den Blick nehmen. Das bedeutet, dass Hilfen allein für das betroffene oder übergriffige Kind nicht zielführend sind, sondern eine gelingende Intervention das gesamte Familiensystem umfassen muss.

Die Kinder erhalten zwar einzeln in den jeweiligen spezialisierten Einrichtungen pädagogische und therapeutische Unterstützung. Im Fallbeispiel wird aber deutlich, wie wichtig es ist, die Mutter in den Hilfeverlauf einzubeziehen. Die Strukturen der Familie müssen sich ändern, damit das Wohl der Kinder nicht mehr gefährdet wird. Das Jugendamt kooperiert eng mit den Jugendhilfeeinrichtungen, in denen Sanne, Erik und Jonas untergebracht sind. In gemeinsamen Helfer*innenkonferenzen werden die Hilfemaßnahmen stets überprüft und gegebenenfalls modifiziert.

Eine mangelnde Kooperation der Eltern hat Auswirkungen auf den Hilfeverlauf. Die Mutter zeigt eine hohe Bereitschaft, ihre Kinder zu unterstützen. Die Bereitschaft zur Mitwirkung und Kooperation der Eltern am Hilfeverlauf ist zentral in der Arbeit mit Familien. Die Fachkräfte der Kinder- und Jugendhilfe unterstützen die Mutter darin, ihre Erziehungskompetenz wahrzunehmen. Sie soll dazu befähigt werden, die Verantwortung für ihre Kinder zu übernehmen, das Wohl ihrer Kinder im Blick zu behalten und für deren Schutz zu sorgen. Ihre Kommunikations- und Interaktionsmuster werden überprüft und neue Problembewältigungsstrategien erlernt. Sie wird zur Reflexion angeregt, inwiefern ihre eigenen Traumata sie an der Wahrnehmung der sexuellen Übergriffe gehindert haben. Sodann muss sie bereit sein, die Entstehungsbedingungen von sexueller Gewalt in der Familie anzuerkennen und bewusster damit umzugehen. Die Fachkräfte der Kinder- und Jugendhilfe unterstützen Eltern darin, die Risikofaktoren innerhalb der Familie aufzudecken und abzubauen. Außerdem wird die Eltern-Kind-Beziehung in den Blick genommen, um eine stabile Bindung zu allen drei Kindern aufzubauen. Sanne und Erik müssen Vertrauen zurückerlangen, dass ihre Mutter sie zukünftig vor Gefahren für ihr Wohl schützt. In Bezug auf Jonas können bei der Mutter Loyalitätskonflikte entstehen, die sich in der Ablehnung des Kinds zeigen können. Auch diese Gefühle sollten thematisiert werden.

Ziel ist es, das Familiensystem dahingehend zu verändern, dass sexuelle Übergriffe nicht mehr begünstigt werden. Das Jugendamt erarbeitet gemeinsam mit der Jugendhilfeeinrichtung und der betroffenen Familie eine Perspektive für alle: für das betroffene Kind, für das übergriffige Kind und für die Familie insgesamt. Dabei kann die Frage der Wiederannäherung aller Beteiligten zum Bestandteil des weiteren Hilfeverlaufs werden. Wie aber auch der KiD-Fall zeigt, kann und muss die Rückkehr sowohl des betroffenen als auch des übergriffigen Kinds in die Familie nicht als erstrebenswertes Ziel gelten. Sodann sind Vereinbarungen zu treffen, um einzelne Kontakte zwischen den Familienmitgliedern aufrechtzuerhalten, und es muss über andere Formen der Unterbringung beraten werden, um den Kindern den Weg in ein selbstbestimmtes Leben zu ermöglichen.

5.2.4 Strukturelle Defizite in der KJH

Dem großen fachlichen Potenzial der Kinder- und Jugendhilfe steht eine Vielzahl von strukturellen Herausforderungen gegenüber, welche die Werdegänge der betroffenen Kinder, der übergriffigen jungen Menschen und ihrer Familien stark beeinflussen. Im Beispielsfall zeigt sich, dass Sanne und Erik zunächst keine Unterstützung durch die Kinder- und Jugendhilfe erhielten, nachdem ihr übergriffiger Bruder Jonas in einer stationären Einrichtung für sexuell grenzverletzende Jungen untergebracht worden war. Wurde dem Umstand, dass Erik und Sanne schwere Gewalterfahrungen machen mussten und ihre Mutter auf ihren Hilferuf nicht (angemessen) reagiert hatte, nicht genug Aufmerksamkeit geschenkt oder waren vielmehr strukturelle Probleme der Kinder- und Jugendhilfe[13] ein Grund für die späte Unterstützung durch das Jugendamt?

13 Die Thematik der strukturellen Defizite in der Jugendhilfe wird auch im Beitrag von Kathinka Beckmann in diesem Buch diskutiert.

Obwohl sich „Art und Umfang der [rechtlich garantierten] Hilfe [zur Erziehung] […] nach dem erzieherischen Bedarf im Einzelfall" richtet und dabei „das engere soziale Umfeld des Kindes oder des Jugendlichen einbezogen werden" soll (§ 27 Abs. 2 SGB VIII), müssen fachliche Kriterien immer wieder gegen finanzielle Betrachtungen abgewogen werden. Je nach wirtschaftlicher Lage der Kommune, dem das zuständige Jugendamt angehört, überwiegt gegebenenfalls die finanzielle Komponente und junge Menschen und ihre Familien erhalten statt der für sie passendsten Unterstützung nur die bezahlbarste.

„Ein Personensorgeberechtigter hat bei der Erziehung eines Kindes oder eines Jugendlichen Anspruch auf Hilfe (Hilfe zur Erziehung), wenn eine dem Wohl des Kindes oder des Jugendlichen entsprechende Erziehung nicht gewährleistet ist und die Hilfe für seine Entwicklung geeignet und notwendig ist" (§ 27 Abs. 1 SGB VIII). Der öffentliche Träger (Jugendamt) als Leistungsträger ist gegenüber den Eltern (bzw. Sorgeberechtigten) zur Leistungserbringung[14] verpflichtet. Daraus folgt umgekehrt ein gleichlautender Rechtsanspruch der*des leistungsberechtigten Bürgers*Bürgerin gegen den öffentlichen Träger. Die Leistung wird jedoch in der Regel nicht vom Jugendamt selbst, sondern (hauptsächlich) von Trägern der freien Jugendhilfe erbracht und im Rahmen des sozialrechtlichen Dreiecks finanziert. Das bedeutet, dass der*die Bürger*in die Kosten in den allermeisten Fällen nicht selbst aufbringt, sondern sie werden von Entgeltvereinbarungen (§§ 77, 78b SGB VIII) zwischen dem öffentlichen Jugendhilfeträger und dem freien Träger oder Zuwendungen/Förderungen (§ 74 SGB VIII) des öffentlichen Trägers umfasst. Im Jahr 2018 betrugen die Ausgaben für die Kinder- und Jugendhilfe bundesweit 51 Mrd. Euro (DESTATIS 2019b).

Die Kostentragung durch die Leistungsberechtigten macht, ebenso wie Mieteinnahmen oder Verkäufe, nur einen sehr kleinen Teil der Kostendeckung der SGB-VIII-Leistungen aus. Über 90 % der Aufwendung werden aus Steuermitteln finanziert (Beckmann/Ehlting/Klaes 2018, 21). Der Bund (2014: 3 %) und die Länder (2014: 19 %), kommen nur ausnahmsweise für die KJH auf, die Gemeinden und kreisfreien/kreisangehörigen Städte tragen den Großteil der Kosten (2014: 78 %) (ebd.). Die 11.014 Kommunen (Stand: Ende 2018; DESTATIS 2019c) in Deutschland sind finanziell sehr unterschiedlich aufgestellt. Ihnen stehen vor allem kommunale Steuern[15] zur Verfügung, um die soziale Da-

---

14 Bzw. zu einer fehlerfreien Ermessensentscheidung hinsichtlich der Leistung.

15 Staatliche Zuweisungen und Gebühren sind als Einnahmequellen nur von geringem Gewicht.

seinsfürsorge selbst zu finanzieren. Einkommens-, Grund- und Gewerbesteuer sind hier die Haupteinnahmequellen. Diese sind stark von der kommunalen Entwicklung abhängig. Geht es Arbeitnehmer*innen und Gewerbetreibenden in der Region gut, steigen auch die Steuereinnahmen und die Ausgaben können erhöht werden. Gibt es kaum Gewerbe in der Region oder müssen bestehende Unternehmen ihren Betrieb aufgeben, fehlen nicht nur die direkt durch das Unternehmen erwirtschafteten Steuern für die Kommune, sondern auch die Einkommenssteuern der ehemaligen Arbeitnehmer*innen, bei Wegzug der Familien auch die Einnahmen aus dem Einkommen weiterer Familienmitglieder und gegebenenfalls deren Grund- und Gewerbesteuern. Gleichzeitig erhöht die Krisensituation in der Regel den Bedarf an Unterstützung durch die KJH und fordert ein höheres Personalaufkommen. Aufgrund der fehlenden Einnahmen kann oft nicht nur der erhöhte Mehrbedarf nicht gedeckt, sondern auch der bisherige Leistungskatalog nicht aufrechterhalten werden, es bleibt den Kommunen nur, auf der Ausgabenseite zu sparen. Dabei ist zum einen zu beachten, dass die finanziellen Bedarfe der KJH für die kommunale Haushaltsplanung schwer planbar sind, da nicht vorausgesagt werden kann, welcher Hilfebedarf im Folgejahr auf die KJH zukommt. Mit dieser Unsicherheit steigt die Wahrscheinlichkeit, dass das im Vorjahr durch das Kommunalparlament beschlossene Budget dem tatsächlichen Bedarf nicht entspricht (Beckmann/Ehlting/Klaes 2018, 26). Zum anderen führt die finanzielle Einschränkung zu einem Sparzwang für die dem Effizienzgebot unterliegende Verwaltung, welches sich beispielsweise durch die Einsparungen bei Personalkosten, Deprofessionalisierung, hohe Fallbelastungszahlen von bis zu 160 laufenden Fällen pro Sozialpädagog*in und einer schwierigen finanziellen und materiellen Ausstattung der Jugendamtsverwaltung zeigt und direkten Einfluss auf die Qualität und den Entscheidungsspielraum in der sozialpädagogischen Arbeit hat (Beckmann 2016, 178). Das deutsche Verwaltungswesen wurde seit den 1990er Jahren durch das Neue Steuerungsmodell (NSM) dezentralisiert und im Sinne des betriebswirtschaftlichen Kontraktmanagements effektiviert. Unter anderem durch die Einführung eines künstlichen Markts und die Zulassung privatgewerblicher Träger, sollten Angebot und Nachfrage den Preis bestimmen, die Qualität erhöhen und das Angebot sozialpädagogischer Hilfen erweitern. Tatsächlich aber kommt der*die „Kund*in“, also die Familien, nicht selbst für die angenommene Leistung auf, sondern das Jugendamt trägt die Kosten. Das Jugendamt ist damit der einzige Käufer und bestimmt die „Marktverhältnisse“ durch sein Monopol. Die leistungserbringenden freien gemeinnützigen und privatgewerblichen Träger konkurrieren um den Zuschlag und müssen, als Folge des Sparzwangs beim Auftraggeber Jugendamt, ein möglichst kostengünstiges Angebot vorlegen. Dafür müssen sie selbst wiederum eigene Ausgaben reduzieren, also an Personal und/oder Leistung sparen. Die Qualität der Leistung sinkt und das Gemeinwohlziel geht verloren, weil finanzielle Aspekte ebenso wie oder stärker als fachliche Einschätzungen berücksichtigt werden müssen (Beckmann/Ehlting/Klaes 2018, 30 ff.). Das Recht auf bedarfsgerechte Versorgung wird durch die aufgezeigten strukturellen Defizite der Kinder- und Jugendhilfe rechtswidrig unterlaufen und verletzt damit nicht nur die Rechte der Anspruchsberechtigten und Leistungsbeteiligten nach dem SGB VIII, also die Grundrechte der Eltern (Art. 6 GG) und Kinder (Art. 1 und 2 GG), sondern auch die Rechte der Kinder, zu deren Umsetzung und Sicherstellung sich die Bundesrepublik Deutschland durch die Ratifizierung der UN-Kinderrechtskonvention (KRK) völkerrechtlich verpflichtet hat und welche darüber hinaus in Art. 4 KRK artikuliert ist. Die Daten aus der KiD-Verlaufsstudie weisen darauf hin, dass empfehlungsgemäß untergebrachte junge Menschen sich durch die sozialpädagogische und/oder therapeutische Begleitung durchschnittlich besser entwickeln, (höhere) Bildungsabschlüsse erreichen und dem Arbeitsmarkt als qualifizierte Kraft und Steuerzahler*innen zu Verfügung stehen. Umgekehrt könnte ein Zusammenhang bestehen zwischen der nicht empfehlungsgemäßen Unterbringung und den in den Werdegängen dieser jungen Menschen verzeichneten Schulabbrüchen, ungünstiger Situierung auf dem Arbeitsmarkt oder den Hinweisen auf weitergehenden Begleitungsbedarf etwa durch Krankenkassen oder Sozialleistungen (Beckmann 2014, 152 ff.). Hieraus ergibt sich zum einen die Frage, ob die zunächst finanziell günstigere, empfehlungsfremde Unterbringung der jungen Menschen langfristig betrachtet kostenintensiver für das Sozialsystem ist (siehe den Beitrag von Kathinka Beckmann). Zum anderen ist zu konstatieren, dass Hilfefälle, in denen Kinder nicht bedarfsgerecht und entsprechend der fachlichen Empfehlung begleitet werden, sondern nur im Rahmen der finanziellen Möglichkeiten der Kommune Unterstützung erhalten, als rechtswidrige strukturelle Kindeswohlgefährdung verstanden werden müssen.

6. Fazit

Die Auswertung der erhobenen Daten der KiD-Verlaufsstudie eröffnet einen vertieften Einblick in die Werdegänge gewaltbetroffener Kinder. Die überraschende Erkenntnis, dass minderjährige Geschwisterkinder in Fällen sexueller Gewalt zu dem viertgrößten ermittelten Täter*innenkreis gehören, zwingt zu einer vertieften Auseinandersetzung mit dieser Thematik. Dass Kinder, auch und gerade in ihren Familien, Gewalt erleben müssen, ist eine traurige, aber auch unbestreitbare Wahrheit. Die in unserer Gesellschaft vorherrschenden Machtstrukturen gegenüber Kindern fördern ihr Risiko, von Gewalt betroffen zu sein, gleichsam können sich Gewalt- und Machterfahrungen auch im Verhältnis zu anderen Kindern, insbesondere Geschwistern, fortsetzen. Die Kumulation verschiedener Risikofaktoren und innerfamiliärer Strukturen erhöht dabei die Wahrscheinlichkeit der Eskalation.

Erhält die Strafjustiz Kenntnis von sexueller Geschwistergewalt, ist sie verpflichtet, ein Ermittlungs- und Strafverfahren gegen die jungen Täter*innen durchzuführen. Damit kommt eine Vielzahl von Belastungen auf die betroffenen Kinder, die übergriffigen jungen Menschen und deren Familien zu. Für die gewaltbetroffenen jungen Menschen wurden zwar in den letzten Jahren Unterstützungsangebote wie die psychosoziale Prozessbegleitung in das Strafverfahren eingeführt, doch erst wenn diese jungen Menschen die Justiz als ernsthaft kindgerecht beschreiben können und ihre (Beteiligungs-)Rechte ernst genommen werden, können Strafverfahren für Betroffene nicht nur Last, sondern auch Chance sein. Auch für die übergriffigen Kinder bedarf es mehr als der Bestrafung rechtswidrigen Verhaltens. Im Ausgangsfall ist Jonas zur Zeit seiner Übergriffe auf seine jüngeren Geschwister jünger als 14 Jahre. Die Strafmündigkeitsgrenze des Jugendstrafrechts herabzusetzen, um Kindern wie ihm „den Freifahrtsschein" zur Begehung von (Sexual-)Delikten zu entziehen und ihm mit „der harten Hand des Gesetzes zu begegnen", widerspricht nicht nur geltendem Völker-, Europa- und Verfassungsrecht, es findet sich auch keine entwicklungspsychologische Basis für die Idee von „schärfer = sicherer". Gleiches gilt für den umstrittenen Erziehungsgedanken des Jugendstrafrechts, welcher dieses tatsächlich nicht zu einem milderen, sondern flexibleren Instrument macht und der Jugendhilfe einen Platz in diesen Verfahren und bei der Ausgestaltung der Werdegänge der übergriffigen und straffälligen jungen Menschen einräumt. Der Erziehungsgedanke, der für viele dieser Kinder und Jugendlichen eine Brücke von der Strafjustiz in die Jugendhilfe schlägt, ermöglicht eine umfassende und individuelle Arbeit nicht nur mit den straffälligen jungen Menschen, sondern mit allen Familienmitgliedern. Dabei ist wie im Fallbeispiel eine langfristige Arbeit mit der Familie notwendig, die kleinschrittig und sehr zeitintensiv ist. Familien müssen über einen längeren Zeitraum hinweg engmaschig begleitet werden, sodass auch eine vertrauensvolle Beziehung für die Zusammenarbeit aufgebaut werden kann. Es handelt sich dabei um vielschichtige komplexe Prozesse der Familienarbeit, die nur die Kinder- und Jugendhilfe leisten kann. Die Jugendhilfe bildet hier das Fundament, da sie ein Netz aus unterschiedlichen, aufeinander abgestimmten Hilfen, die miteinander kooperieren, bereitstellt. Strukturelle Defizite wie die Abhängigkeit von der kommunalen Kassenlage oder die Budgetierung erschweren es, gemeinsam mit den Familien die bestmögliche Entscheidung über bedarfsgerechte Hilfemaßnahmen zu treffen und umzusetzen. Der finanzielle Sparzwang entscheidet nicht nur über die Installation angemessener Hilfen, sondern auch über die Personalbemessung. Ein Mangel an Personal und eine damit einhergehende hohe Fallzahlbelastung hat für die einzelne Fachkraft eine enorme Arbeitsverdichtung zur Folge. Diese massive Arbeitsbelastung hat wiederum Auswirkungen darauf, wie intensiv die Fachkraft eine Familie im Hilfeverlauf begleiten und unterstützen kann. Für die fachlich erforderliche Arbeit muss die Kinder- und Jugendhilfe deshalb personell und finanziell ausreichend ausgestattet sein. Denn nur, wenn die strukturellen Defizite und die weitreichenden Belastungen ausgeglichen werden, kann sie ihrem originären Auftrag – die Verwirklichung des Rechts eines jeden jungen Menschen auf Förderung seiner Entwicklung und auf Erziehung zu einer eigenverantwortlichen und gemeinschaftsfähigen Persönlichkeit – gerecht werden und positiv auf die Werdegänge betroffener und übergriffiger Kinder sowie der Familie als Ganzes einwirken.

Literatur

Beckmann, Kathinka/Ehlting, Thora/Klaes, Sophie (2018): Berufliche Realität im Jugendamt: der ASD in strukturellen Zwängen. 2. korrigierte Auflage. Berlin.

Bormann, Monika (2018): „Jetzt ist aber auch mal gut.“ Der Wunsch nach Heilung und Abschluss. In: Klees, Esther/Kettritz, Thorsten (Hg.): Sexualisierte Gewalt durch Geschwister. Praxishandbuch für die pädagogische und psychologisch-psychiatrische Arbeit mit sexualisiert übergriffigen Kindern/Jugendlichen. Lengerich, S. 305–317.

Bovensmann, Helle (2013): Geschwisterinzest: Eine besondere Form der Familiengewalt und ihre therapeutischen Interventionsmöglichkeiten. In: Bundesarbeitsgemeinschaft der Kinderschutz-Zentren e. V. (Hg.): Traumatisierte Kinder, gewalttätige Jugendliche, hochstrittige Eltern. Lösungswege aus schwierigen Familienkonstellationen. Köln, S. 73–91.

Brunner, Rudolf (2002): Ist das deutsche Jugendstrafrecht noch zeitgemäß? In: Der Kriminalist, Nr. 56, S. 418–427.

Brück, Nina (2019): Geschwisterbeziehungen und Freundschaften: Kindliche Beziehungen als Entwicklungskontexte für Moral. Wiesbaden.

[BGH] Bundesgerichtshof (1999): Entscheidung BGHSt 45, 164 ff. BGH 1 StR 618/98 – Urteil v. 30.07. Online unter: https://www.hrr-strafrecht.de/hrr/1/98/1-618-98.php3.

[BGH] Bundesgerichtshof (1961): Entscheidung BGHSt 16, 261 (263). BGH 4 StR 301/61 Urteil v. 29.09. Online unter: https://opinioiuris.de/entscheidung/900.

[BKA] Bundeskriminalamt (2006): Zweiter Periodischer Sicherheitsbericht. 2006. Online unter: https://www.bka.de/SharedDocs/Downloads/DE/Publikationen/JahresberichteUndLagebil der/PeriodischerSicherheitsbericht/psb02Lang.html.

[BKA] Bundeskriminalamt (2020a): Polizeiliche Kriminalstatistik. Bundesrepublik Deutschland. Jahrbuch 2019, Bd. 2, Opfer. Online unter: https://www.bka.de/SharedDocs/Downloads/DE/Publikationen/PolizeilicheKriminalstatistik/2019/Jahrbuch/pks2019Jahrbuch2Opfer.pdf?__blob=publicationFile&v=3.

[BKA] Bundeskriminalamt (2020b): Polizeiliche Kriminalstatistik. Bundesrepublik Deutschland. Jahrbuch 2019, Bd. 4, Einzelne Straftaten/-gruppen und ausgewählte Formen der Kriminalität. Online unter: https://www.bka.de/SharedDocs/Downloads/DE/Publikationen/Polizeili cheKriminalstatistik/2019/Jahrbuch/pks2019Jahrbuch4Einzelne.pdf?__blob=publication File&v=4.

[bpp] Bundesverband Psychosoziale Prozessbegleitung (2016): Flyer. Online unter: https://www.bpp-bundesverband.de/wp-content/uploads/2015/09/K3_BPP_Flyer-aktuell-mai-2016.pdf.

Buckolt, Oliver (2009): Die Zumessung der Jugendstrafe. Eine kriminologisch-empirischeund rechtsdogmatische Untersuchung. 1. Auflage. Baden-Baden: NomosVerlagsgesellschaft mbH & Co. KG. Online verfügbar unterhttps://doi.org/10.5771/9783845217185

Bundesregierung (1989): Entwurf eines Ersten Gesetzes zur Änderung des Jugendgerichtsgesetzes (1. JGGÄndG). Drucksache 11/5829 v. 27.11. Online unter: https://dipbt.bundestag.de/doc/btd/11/058/1105829.pdf.

Bundesverfassungsgericht, Urteil. In BVerfGE 105, 135, 157.

Bundesverfassungsgericht, Urteil. In BVerfGE 45,254.

Bundesverfassungsgericht, Urteil. In BVerfGE 96, 245, 249.

Cauffman, Elizabeth/Steinberg, Lawrence (2000): (Im)maturity of Judgment in Adolescence: Why Adolescents May Be Less Culpable Than Adults. In: Behavioral Sciences and the Law, Nr. 18, S. 741–760. Online unter: http://www2.law.columbia.edu/fagan/courses/law_socialscience/ju venile_justice/documents/Cauffman_and_Steinberg.pdf.

[DESTATIS] Statistisches Bundesamt (2019a): Verurteilte, Strafverfolgung. Online unter: https://www.destatis.de/DE/Themen/Staat/Justiz-Rechtspflege/Tabellen/verurteilte-strafart.html.

[DESTATIS] Statistisches Bundesamt (2019b): Statistiken der Kinder- und Jugendhilfe. Ausgaben und Einnahmen. Online unter: https://www.destatis.de/DE/Themen/Gesellschaft-Umwelt/Soziales/Kinderhilfe-Jugendhilfe/Publikationen/Downloads-Kinder-und-Jugendhilfe/ausga ben-einnahmen-jugendhilfe-5225501187004.pdf?__blob=publicationFile.

[DESTATIS] Statistisches Bundesamt (2019c): Anzahl der Gemeinden in Deutschland nach Gemeindegrößenklassen. Stand: 31.12.2018. Online unter: https://de.statista.com/statistik/daten/studie/1254/umfrage/anzahl-der-gemeinden-in-deutschland-nach-gemeindegroessenklassen/.

Elsner, Klaus/Hebebrand, Johannes/König, Andrej (2008): Sexuell übergriffiges und aggressives Verhalten im Kindesalter: Einflüsse entwicklungsrelevanter Faktoren. In: Forensische Psychiatrie, Psychologie, Kriminologie, Nr. 2, S. 222–231.

Engelhardt, Werner (2018): Die systemische Bedeutung und Funktion sexualisierter Gewalt von Kindern und Jugendlichen im Kontext der Familie. In: Klees, Esther/Kettritz, Thorsten (Hg.): Sexualisierte Gewalt durch Geschwister. Praxishandbuch für die pädagogische und psychologisch-psychiatrische Arbeit mit sexualisiert übergriffigen Kindern/Jugendlichen. Lengerich, S. 183–193.

Fischer, Thomas/Schwarz, Otto Georg/Dreher, Eduard/Tröndle, Herbert (2012): Strafgesetzbuch und Nebengesetze. 59. Auflage. München.

[FRA] European Union Agency for Fundamental Rights (2017): Studie Kindgerechte Justiz – Sichtweisen und Erfahrungen von Kindern und Fachkräften. Online unter: https://fra.europa.eu/sites/default/files/fra_uploads/fra-2017-child-friendly_justice-summary_de.pdf.

Graf-van Kesteren, Annemarie (2015): Kindgerechte Justiz. Wie der Zugang zum Recht für Kinder und Jugendliche verbessert werden kann. Policy Paper Nr. 34. Hg. v. Deutschen Institut für Menschenrechte. Online unter: https://www.institut-fuer-menschenrechte.de/fileadmin/user_upload/Publikationen/Policy_Paper/Policy_Paper_34_Kindgerechte_Justiz.pdf.

Heinz, Wolfgang (2002): Kinder- und Jugendkriminalität – ist der Strafgesetzgeber gefordert? In: Zeitschrift für die gesamte Strafrechtswissenschaft, Bd. 114, S. 569–579.

Hildebrandt, Antja (2016): Wenn Kinder andere Kinder töten. In: WELT. Artikel v. 25.09. Online unter: https://www.welt.de/vermischtes/article153658455/Wenn-Kinder-andere-Kinder-toeten.html.

Hommes, Wilfried/Lewand, Martin (2003): Zur empirischen Fundierung des strafrechtlichen Eintrittsalters. In: Zentralblatt für Jugendstrafrecht, Bd. 90, Nr. 1, S. 7–12.

James, Allison/James, Adrian (2008): Key Concepts in Childhood Studies. Los Angeles.

Joecks, Wolfgang (2010): Strafgesetzbuch. Studienkommentar. 9. Auflage. München.

Jud, Andreas (2014): Sexueller Kindesmissbrauch – Begriffe, Definitionen und Häufigkeiten. In: Fegert, Jörg/Hoffmann, Ulrike/König, Elisa/Niehues, Johannes/Liebhardt, Hubert (Hg.): Sexueller Missbrauch von Kindern und Jugendlichen. Ein Handbuch zur Prävention und Intervention für Fachkräfte im medizinischen, psychotherapeutischen und pädagogischen Bereich. Berlin, S. 41–49.

Kavemann, Barbara/Graf-van Kesteren, Annemarie/Rothkegel, Sibylle/Nagel, Bianca (2016): Erinnern, Schweigen und Sprechen nach sexueller Gewalt in der Kindheit. Ergebnisse einer Interviewstudie mit Frauen und Männern, die als Kind sexuelle Gewalt erlebt haben. Wiesbaden.

Keiser, Claudia (2008): Jugendliche Täter als strafrechtliche Erwachsene? Das Phänomender „Adulteration" im Lichte internationaler Menschenrechte. In: Zeitschrift fürdie gesamte Strafrechtswissenschaft (ZStW) 120. Band (1), S. 25-67.

Klees, Esther (2008): Geschwisterinzest im Kindes- und Jugendalter. Eine empirische Täterstudie im Kontext internationaler Forschungsergebnisse. Lengerich.

Klees, Esther (2009): Fachinformation und didaktisches Begleitmaterial für Eltern und PädagogInnen. In: Mebes, Marion/Klees, Esther (Hg.): Katrins Geheimnis. Eine Geschichte über sexuelle Übergriffe unter Geschwistern. Köln.

Klees, Esther/Kettritz, Thorsten (Hg.) (2018): Sexualisierte Gewalt durch Geschwister. Praxishandbuch für die pädagogische und psychologisch-psychiatrische Arbeit mit sexualisiert übergriffigen Kindern/Jugendlichen. Lengerich.

Kohlberg, Lawrence (1996): Die Psychologie der Moralentwicklung. Frankfurt/M.

Kreuzer, Arthur (2002): Ist das deutsche Jugendstrafrecht noch zeitgemäß? In: Neue Juristische Wochenschrift, Heft 33, S. 2345–2351.

Kunkel, Peter-Christian (2015): Jugendhilferecht. Systematische Darstellung für Studium und Praxis. 8. völlig neu bearbeitete Auflage. Baden-Baden.

Levy-Suhl, Max (1912): Die Prüfung der sittlichen Reife jugendlicher Angeklagter und die Reformvorschläge zum § 56 des deutschen Strafgesetzbuches. Kriminalpsychologische Studie auf Grund von 120 Ausfrageversuchen. Stuttgart.

Lütkes, Anna/Rose, Frank (2003): Das geltende Jugendstrafrecht ist besser als sein Ruf. In: Zeitschrift für Rechtspolitik, Nr. 36, S. 472–473.

Mager, Stephan (2009): Strafverteidigung in Jugendsachen. Hat der Erziehungsgedanke des JGG Auswirkungen auf die Tätigkeit des Verteidigers? In: Berliner Rechtshilfefonds Jugendhilfe, Nr. 1, S. 14–18.

Meier, Bernd-Dieter/Rössner, Dieter/Trüg, Gerson/Wulf, Rüdiger/Blessing, Gernot (Hg.) (2014): Jugendgerichtsgesetz. Handkommentar. 2. Auflage. Baden-Baden.

Mosser, Peter (2012): Sexuell grenzverletzende Kinder – Praxisansätze und ihre empirischen Grundlagen. Eine Expertise für das Informationszentrum Kindesmisshandlungen/Kindesvernachlässigungen (IzKK), DJI e.V., München. Online unter: https://www.dji.de/fileadmin/user_upload/izkk/IzKK_Mosser_Expertise.pdf.

Ostendorf, Heribert (2013): Jugendstrafrecht. 7. völlig überarbeitete Auflage. Baden-Baden.

Paul, Andreas (2003): Reform der Altersstufen im Jugendstrafrecht. In: Zeitschrift für Rechtspolitik, Nr. 36, S. 204–207.

Petersen, Aiko (2008): Sanktionsmaßstäbe im Jugendstrafrecht. Baden-Baden.

Pfeiffer, Christian/Baier, Dirk/Kliem, Sören (2018): Zur Entwicklung der Gewalt in Deutschland. Schwerpunkte: Jugendliche und Flüchtlinge als Täter und Opfer. Gutachten im Auftrag des Bundesministeriums für Familie, Senioren, Frauen und Jugend, Hg. v. der Züricher Hochschule für Angewandte Wissenschaften. Institut für Delinquenz und Kriminalprävention. Online unter: https://www.zhaw.ch/storage/shared/sozialearbeit/News/gutachten-entwicklung-gewalt-deutschland.pdf.

Priese, Andrea (2012): Kriminologie, Jugendstrafrecht. 2. Auflage. Dänischenhagen.

Ritz, ManuEla (2008): Adultismus – (un)bekanntes Phänomen: „Ist die Welt nur für Erwachsene gemacht?“ In: Wagner, Petra (Hg.): Handbuch Kinderwelten. Vielfalt als Chance – Grundlagen einer vorurteilsbewussten Bildung und Erziehung. Freiburg, S. 128–136.

Röhl, Thomas (2018): „Das große Tabu“ – einige Aspekte zur Arbeit mit Familien, in denen sexualisierte Gewalt durch Geschwister aufgetreten ist. In: Klees, Esther/Kettritz, Thorsten (Hg.):

Sexualisierte Gewalt durch Geschwister. Praxishandbuch für die pädagogische und psychologisch-psychiatrische Arbeit mit sexualisiert übergriffigen Kindern/Jugendlichen. Lengerich. S. 85–106.

Schäfer, M. (1913): Elemente zur moral-psychologischen Beurteilung Jugendlicher. In: Zeitschrift für Pädagogische Psychologie, Nr. 14, S. 47–59.

Schmahl, Stefanie (2017): Kinderrechtskonvention. Mit Zusatzprotokollen: Handkommentar. 2. Auflage. Baden-Baden/Wien/Zürich/St. Gallen.

Schöch, Heinz (2011): § 19. In: Leipziger Kommentar zum Strafgesetzbuch. 12. Auflage. Tübingen.

Spehr, Aranke/Yoon, Dahlnym/Briken, Peer (2010): Sexuell auffällige Minderjährige. Erste Ergebnisse eines Hamburger Modellprojekts. In: Zeitschrift für Sexualforschung, Bd. 23, Nr. 2, S. 139–154.

[UKASK] Unabhängige Kommission zur Aufarbeitung sexuellen Kindesmissbrauchs (2019): Geschichten, die zählen. Bilanzbericht 2019, Bd. 1. Online unter: https://www.aufarbeitungskommission.de/wp-content/uploads/2019/05/Bilanzbericht_2019_Band-I.pdf.

[UN Committee] UN Committee on the Rights of the Child (2007): General Comment No. 10. Children's rights in juvenile justice. Genf. Online unter: https://www2.ohchr.org/english/bodies/crc/docs/CRC.C.GC.10.pdf.

Wiesner, Reinhard (2016): Überblick über die Aufgaben der Kinder- und Jugendhilfe. In: Deutsche Kinderhilfe e.V. (Hg.): Praxisleitfaden Kinderschutz in Kita und Schule. Die Würde des Kindes ist unantastbar. Köln, S. 166–170.

[WD BT] Wissenschaftliche Dienste des Deutschen Bundestages (2008): Zum Erziehungsgedanken im Jugendstrafrecht. Begründung, Historie, Stellenwert heute. Ausarbeitung. Berlin. Online unter: https://refubium.fu-berlin.de/bitstream/handle/fub188/6603/03_Kapitel2.pdf?sequence=4&isAllowed=y; S. 39, zuletzt geprüft am 26.11.2020.

KATHINKA BECKMANN

Das Forschungsdesign der KiD-Verlaufsstudie

Die KiD-Verlaufsstudie (VS) wurde schon im Jahr 2005 im Rahmen der Dissertation *Kinderschutz in öffentlicher Verantwortung* (Beckmann 2008) entwickelt. Von Beginn an war das Forschungsdesign auf zwei große Arbeitsschritte hin angelegt:

Um den vier Thesen

1. Die Umsetzung der KiD-Empfehlung ist abhängig vom finanziellen Handlungsspielraum des Jugendamts.
2. Der finanzielle Handlungsspielraum des Jugendamts ist abhängig von der kommunalen Sozialpolitik, konkret von der Budgetierung des*der Stadtkämmerers*Stadtkämmererin.
3. Der Werdegang einzelner KiD-Kinder ist abhängig von der kommunalen Sozialpolitik.
4. Die finanziell günstigere Unterbringung von Kindern entgegen der fachlichen Empfehlung, bedeutet langfristig eine kostenintensivere Maßnahme für das Jugendamt und damit auch für die Kommune (unter Umständen bei späterer Delinquenz sogar für das Land).

nachzugehen, war im **ersten Schritt** die Erfassung des seit 1994 bestehenden Aktenmaterials in Form einer Dokumentenanalyse sinnvoll. Zum Zeitpunkt der Doktorarbeit umfasste das Datenmaterial 201 analysefähige Akten. Anders formuliert konnten zum Stichtag 31.05.2006 die Lebensläufe von 201 gewaltgeschädigten Kindern abgebildet werden. Seitens des KiD bestand großes Interesse an der Weiterführung der VS und mittels Finanzierung durch die KiD-Stiftung ließen sich zum Stichtag 31.03.2012 weitere 146 Werdegänge untersuchen. Eine erneute Weiterführung wurde durch das Forschungs- und Fortbildungszentrum KindgeRECHT der ständigen Kindervertretung e.V. möglich, so dass zum Stichtag 31.03.2018 weitere 132 Kinder mit der Fokussierung auf erlebte Gewalt und initiierte Unterstützung durch das Jugendamt ins Blickfeld des mittlerweile dreiköpfigen Forscherinnenteams rückten. Aktuell umfasst die KiD-VS dementsprechend die Lebenswege bzw. einen Ausschnitt von Lebensereignissen von insgesamt 479[1] Kindern.

1 In den Auswertungen beträgt die Gesamtzahl der KiD-Kinder N = 478, da für ein Kind eine Akte angelegt wurde, es aber nie zur Aufnahme kam.

Arbeitsschritt 1: Aktenanalyse

Die Aktenanalyse ist *eine* unter vielen Methoden der empirischen Analyse. Mit diesem nicht reaktiven Messverfahren geraten prozess-produzierte Daten ins Blickfeld (Beckmann 2014, 105): Es sind Aufzeichnungen in öffentlichen und privaten Organisationen, die im Rahmen ihrer Tätigkeit gesammelt, „produziert" werden. Bei den Pionierinnen der Sozialen Arbeit, Mary Ellen Richmond und Alice Salomon, war die Aktenanalyse zu Beginn des 20. Jahrhunderts ein viel praktiziertes Instrument zur Erfassung gesellschaftlicher und klient*innenspezifischer Entwicklungen. Überraschenderweise ist dieses Instrument auf dem Weg der zunehmenden Professionalisierung der Disziplin zumindest in Deutschland weitgehend in Vergessenheit geraten, was sich unschwer an der nicht vorhandenen Fülle an Publikationen ablesen lässt. Erst in den letzten Jahren wurde die Aktenanalyse im Kontext der publik gewordenen Kinderschutzfälle wiederentdeckt und gewinnt seitdem vor allem als Methode der Selbstevaluation und Fehlerdetektion neue Bedeutung (z.B. Biesel 2011). Grundsätzlich beinhaltet eine Akten- und Dokumentenanalyse die Dechiffrierung prozess-produzierter Daten. Ihre Funktion im Bereich der Jugendhilfe kann sehr unterschiedlich sein: Fließen die Ergebnisse unter Berücksichtigung der Umsetzungschancen zurück in die Praxis, kommt der Aktenanalyse im Sinne einer institutionellen Selbstevaluierung eine praxisverändernde Bedeutung zu. Die Selbstevaluierung hat das Potenzial, mögliche Widersprüche zwischen der Zielsetzung einer Institution und dem tatsächlichen Berufsvollzug aufzudecken. Daneben kann die Aktenanalyse die konkreten Interaktionsabläufe zwischen den Akteur*innen der Kontrollinstanzen (hier: Jugendamt) und der Dienstleistungsagenturen (hier: KiD) beleuchten. Auch die Untersuchung der Handlungsmuster der Hilfesuchenden (hier: die Sorgeberechtigten und die Kinder) ist möglich. Die Erfassung gesellschaftlicher Abläufe und politischer Rahmenbedingungen eignet sich ebenfalls als Untersuchungsgegenstand, da sich in den Akten ein Teil gesellschaftlicher Organisation und Struktur niederschlägt. Kritisch anzumerken ist, dass die Aussagekraft einer Akte – und damit in der Konsequenz auch die der Aktenanalyse – vor allem von der Qualität der Daten abhängig ist. Diese wiederum ist stark mit der Frage der Selektivität bei der Informationsaufnahme und -wiedergabe verbunden.

Die KiD-Akten bestehen zu einem Teil aus dem vom Jugendamt zur Verfügung gestellten Material. Dazu kommen die laufende Dokumentation von stattgefundenen Gesprächen mit den am Hilfeprozess Beteiligten wie Lehrer*innen, Kita-Mitarbeiter*innen, Ärzt*innen sowie die Protokolle der Hilfeplangespräche, an denen neben den institutionell Zuständigen die Sorgeberechtigten und die zuständige Fachkraft des Jugendamts teilnehmen. Wichtigster Bestandteil der KiD-Akten ist der Abschlussbericht, in dem die von den pädagogischen Fachkräften durchgeführten Alltagsbeobachtungen, die Anamnesegespräche mit den Eltern sowie die von den Therapeut*innen durchgeführte Diagnostik letztlich in der Formulierung der Empfehlung ihren Niederschlag finden. Der professionellen Aktenführung kommt im Kontext des beruflichen Handelns ein großer Stellenwert zu, da die Erstellung des Berichts inklusive der dort formulierten Empfehlung die Erfüllung des vom Jugendamt bezahlten Auftrags bedeutet (Beckmann 2014, 104).

Um das vorhandene umfangreiche Datenmaterial erheben zu können, ist schon 2005 die Entwicklung eines Codebuchs notwendig gewesen. Größere Datenmengen werden in der Regel mit Computerunterstützung ausgewertet. In der KiD-VS ist die Erfassung und Auswertung mittels des SPSS- Programms erfolgt, um frühzeitig die Legitimität von Zusammenhangsinterpretationen prüfen zu können. Kernstück der Aktenanalyse ist das Kategoriensystem: „Wie bei Umfragedaten sind die Kategorien Ausprägungen der interessierenden Variablen“ (Diekmann 2002, 489). Die Kategorien müssen sich dabei auf die aufgeworfenen Fragen bzw. Thesen beziehen. Mittels dieses Kategoriensystems sind die Variablen der zugrunde gelegten vier Thesen operationalisiert worden, wobei jede Variable eine Bedeutungsdimension kennzeichnet:

- Objektive Daten: Namen (V1), Geschlecht (V2), Alter des Kinds und der Eltern (V3, V12, V15), Tag der Aufnahme (V4), Alter bei der Aufnahme (V5), Tag der Entlassung (V6), Verweildauer in Tagen im KiD (V7), Wohnort vor der Aufnahme (V9), Staatsangehörigkeit (V8), Lebensort nach der Maßnahme (V26)
- Ökonomische Daten: Berufe der Eltern (V13, V16), wobei sich die berufliche Zuordnung am „International Standard Classification of Occupations (ISCO-88)“ orientiert (Hoffmeier-Zlotnik et al. 2004)
- Soziale Lage: Familienkonstellation vor der Aufnahme (V10)
- Beziehung der Familie zum Jugendamt: Anlass der Aktenkundigkeit und Maßnahmen seitens des Jugendamts (V11), Zuständigkeit des Jugendamts (V19)
- Problemkontext „Gewalt“: Gewalterfahrung der Eltern (V14, V17), Störungsbild des Kinds (V23), welches sich an der „International Classification of Mental and Behavioural Disorders (ICD-10)“ orientiert (Dilling/Freyberger 1999), Schädiger im Missbrauchsfall (V22)
- Situation des Verdachts: Impulsgeber für die Aufnahme (V18), Verdachtsdiagnose (V20), KiD-Diagnose (V21)

- Das weitere Vorgehen: die Empfehlung (V24) und ihre Umsetzung (V25) sowie bezüglich der Recherche des Werdegangs der entlassenen Kinder die Art der folgenden Maßnahme (V26)
- Werdegangsrecherche: Bei Wiederaufnahme bzw. Erweiterung der VS in 2012 stand die schulische (V31), die berufliche (V32, V33) und die familiäre Situation (V34–V38) sowie als gravierend eingestufte Lebensereignisse (V30, V39) der mittlerweile erwachsenen KiD-Kinder im besonderen Erkenntnisinteresse.

Wird die Zahl der Fälle mit N = 478 und die Zahl der Variablen mitsamt ihren Ausprägungen mit M = 148 bezeichnet, dann ist der Typ der Datenmatrix N x M. In der vorliegenden Untersuchung sind demzufolge 70.744 Eintragungen vorgenommen worden.

Da die Aussagekraft einer Aktenanalyse von der sorgfältigen Konstruktion des Kategoriensystems abhängt, ist schon im Jahr 2005 ein Pretest mit 40 Akten durchgeführt worden. Durch diesen ist deutlich geworden, dass z.B. die Variable „Schädiger“ (V22) um die Möglichkeit zur Mehrfachantwort ergänzt werden musste, da manche Kinder mehr als einem Täter bzw. einer Täterin sexueller Grenzüberschreitungen ausgesetzt waren.

Insgesamt muss bei der Betrachtung der Datenquellen kritisch bedacht werden, dass sie auf mindestens drei Ebenen gefiltert worden sind (Beckmann 2014, 110f.):

Filterungsebene 1: Zunächst ist festzuhalten, dass über die Lebenslage der Adressat*innen der Jugendhilfeleistung immer nur bestimmte Ausschnitte bekannt sind. Insbesondere in den Akten des ASD der Jugendämter ist die berufliche Wahrnehmung vieler Fachkräfte trotz ressourcenorientierter Ansätze quasi berufsbedingt auf Problemzusammenhänge fokussiert.

Filterungsebene 2: Nicht alle Informationen und Erkenntnisse über die Familie oder das betroffene Kind sind schriftlich fixiert. Es ist davon auszugehen, dass Prozesse inoffizieller Datengewinnung nicht dokumentiert werden.

Filterungsebene 3: Die dritte Ebene bezieht sich auf die Aktenanalyse selbst, die auch Filterungen vornimmt. Zum einen durch eine forschungsmethodologisch begründete Selektion, zum anderen durch die Bildung komplexitätsreduzierender Kategorien, in denen inhaltsschwere Erkenntnisse in Variablen transformiert werden.

Die Grunddaten der Aktenanalyse befinden sich im Anhang.

Im **zweiten Arbeitsschritt** rückte die Recherche des Werdegangs der seit 1994 entlassenen Kinder in den Mittelpunkt, um den finanziellen Aspekt verschiedener Unterbringungsmöglichkeiten zu berücksichtigen. Die Werdegangsrecherche nimmt ihren Ausgang in dem in der Akte hinterlegten Entlassungsort des Kinds und setzt sich dann bei der Identifizierung der zuständigen ASD-Fachkraft fort. In einigen Fällen reichte schon ein telefonischer Kontakt mit dieser und aufgrund der erhaltenen Information konnte der Werdegang des Kinds innerhalb oder auch außerhalb der Jugendhilfe rekonstruiert werden.

Arbeitsschritt 2 A: „Detektivarbeit"

Bei vielen Kindern jedoch gestaltete sich dieses Vorgehen sehr viel mühsamer (Beckmann 2014, 150): Vor allem bei den Kindern aus den frühen KiD-Jahren (1994–2000) waren nicht selten die ehemals fallfederführenden Fachkräfte aufgrund interner Wechsel, Verrentung, Mutterschaftsurlaub, Elternzeit etc. nicht mehr zuständig. Überdies sind einige der Akten aufgrund der Zeitspanne von mindestens fünf Jahren, in der keine Maßnahme mehr installiert gewesen ist, ins Archiv gewandert. Dieses liegt bei den „alten" Fällen nicht in elektronischer Form vor, sondern befindet sich häufig ganz klassisch im Keller o.Ä.

Die besondere Herausforderung der Recherche lag zu jedem der drei Erhebungszeiträume in der Motivation der vielfach nicht (mehr) zuständigen Fachkräfte der Jugendämter, der Mitarbeitenden der freien Träger und der Sorgeberechtigten, die benötigten Informationen über den Verbleib und den Werdegang des jeweiligen Kinds zugänglich zu machen. Alle gewonnenen Daten stützen sich demzufolge auf die entweder telefonisch, per Mail oder Fax übermittelten Informationen.

Für insgesamt 320 der 461[2] Kinder, für die das KiD eine Empfehlung aussprechen konnte, hat sich dieses aufwendige und zeitintensive Vorgehen bewährt; für 141 Kinder konnten keine Informationen über ihr „Leben nach dem KiD" generiert werden.

Eins ist im Vergleich der drei Forschungsintervalle deutlich geworden: Obwohl die Entlassung der Kinder der zweiten und dritten Kohorte jeweils nur höchstens sechs Jahre zurücklag (in der ersten dagegen bis zu zwölf Jahren), gestaltete sich die Datengewinnung in den letzten beiden Zeiträumen (2006 bis 2012 und 2012 bis 2018) ungleich schwieriger.

Bei genauerer Betrachtung erwies sich entweder der Zuständigkeitswechsel *innerhalb* des Jugendamts selbst als problematisch oder der Zuständigkeitswechsel *zwischen* verschiedenen Jugendämtern: Ersterer ist auf die zunehmende Fluk-

2 Die 17 Kinder, für die das KiD in der Regel aufgrund zu kurzer Verweildauer keine Empfehlung aussprechen konnte, sind in der Werdegangsrecherche nicht berücksichtigt worden.

tuation in den Jugendämtern zurückzuführen (Biesel 2011, 19). Blieben bis vor einigen Jahren die Mitarbeitenden ihrem im Vergleich zu anderen Feldern der Sozialen Arbeit gut bezahlten Job über Jahre und Jahrzehnte hinweg „treu", so wird die Arbeit insbesondere im komplexen Arbeitsfeld des ASD von den Berufseinsteiger*innen zunehmend als intensives Lernfeld begriffen. Nach wenigen Jahren wird die dort erworbene Expertise für weniger nervenaufreibende Arbeitsfelder genutzt. Viele der jetzt neu zuständigen Kolleg*innen hatten keinerlei Interesse an der Mitwirkung bei der Verlaufsstudie – sicherlich zum Teil auch, weil sie die angefragten Kinder selbst nie kennengelernt und betreut haben.

Probleme infolge des Zuständigkeitswechsels zwischen zwei Jugendämtern sind auch dem Deutschen Institut für Jugendhilfe- und Familienrecht aufgefallen (Meysen/Eschelbach 2012, 196): Es stellte fest, dass jede Fachkraft selbst innerhalb eines Amts eigene Vorstellungen und ein eigenes Prozedere bei der Weitergabe von Daten und Unterlagen im Falle eines Zuständigkeitswechsels hat. Mit Blick auf die Dauer bzw. den Zeitpunkt der Übergabe stellten die Forschenden fest, dass mehr als die Hälfte aller Fälle erst nach drei Monaten an die neu zuständige Fachkraft übergeben wurde. Das Bundeskinderschutzgesetz hat 2012 mittels der Einführung bundesweit einheitlicher Standards zur „Fallübergabe bei Zuständigkeitswechsel" (§ 86c KJHG) an dieser Stelle reagiert und Abhilfe geschaffen.

Bei der Wiederaufnahme der VS im Jahr 2012 und fortlaufend im Jahr 2018 hat sich eine Fokussierung der mittlerweile insgesamt 240 volljährigen Kinder angeboten. Von großem Interesse war dementsprechend der Blick auf einen hoffentlich erreichten Schulabschluss, die durchlaufene Ausbildungssituation und die berufliche Lage. Ein weiterer Schwerpunkt lag in der Erfassung besonderer Lebensereignisse wie z.B. Unterbringung in einer Psychiatrie oder Inhaftierung sowie natürlich der familiären Situation. Die Befunde sollen vor dem Hintergrund der vierten These „Die finanziell günstigere Unterbringung von Kindern entgegen der fachlichen Empfehlung bedeutet langfristig eine kostenintensivere Maßnahme für das Jugendamt und damit auch für die Kommune (unter Umständen bei späterer Delinquenz auch für das Land)" mit der Variable 25 „Umsetzung der Empfehlung" in Bezug gesetzt werden. Entlang der Logik dieser These lassen sich rein ökonomisch betrachtet folgende Annahmen formulieren (Beckmann 2014, 152): Ein empfehlungsgemäß (meist kostenintensiv) untergebrachtes Kind wird aufgrund der pädagogischen Unterstützung eher einen Schulabschluss schaffen als ein nicht empfehlungsgemäß untergebrachtes Kind. Mit dem Schulabschluss wird es anschlussfähiger an den Arbeitsmarkt sein und in diesem Sinne langfristig gesehen den Staat als steuerzahlende*r Arbeitnehmer*in unterstützen. In der Umkehrung ergibt sich die Annahme, dass die nicht empfehlungsgemäß untergebrachten Kinder aufgrund mangelnder fachlicher Begleitung auch der Bezugspersonen weniger oft einen Schulabschluss schaffen. Damit steigt das Risiko von gering qualifizierter Beschäftigung und Erwerbslosigkeit, womit langfristig gesehen der Staat finanziell belastet wird.

Arbeitsschritt 2 B: Fragebogen

Um diesen Annahmen nachgehen zu können, ist ein kurzer Fragebogen (siehe Anhang) entwickelt worden, da dieser gerade dort Aussagen treffen kann, „wo Zahlenverhältnisse oder ein Überblick zu einem Thema oder einer Fragestellung intendiert sind“ (Schneider 2013, 24 f). Bei der Erstellung gilt es, grundsätzlich Wert darauf zu legen, dass die Fragen verständlich und kurz formuliert sind und diese einem gewissen Spannungsbogen folgen. Der Aufbau eines Fragebogens muss in sich logisch sein, das heißt, er bedarf einer thematischen Gliederung.

Auch für diesen Arbeitsschritt bildete die letzte in der KiD-Akte hinterlegte Adresse den Ausgangspunkt, welche entweder den Sorgeberechtigten oder einer Jugendhilfeeinrichtung zugeordnet werden kann. Die Kontaktaufnahme zu den Eltern oder jeweiligen Sorgeberechtigten erfolgte mittels eines postalisch zugestellten offiziellen Anschreibens; die Kontaktaufnahme zu der weiterführenden Jugendhilfeeinrichtung erfolgte telefonisch und/oder per Mail mit dem offiziellen Anschreiben im Anhang. Schon nach diesem ersten Schritt zeichnete sich bei vielen der jetzt Volljährigen ab, dass die letztbekannte Meldeadresse wahrscheinlich aufgrund von Umzügen, Namenswechsel infolge von Heirat u.Ä. nicht mehr aktuell war. Bei der ersten Wiederaufnahme der Studie im Jahr 2012 ist in diesen Fällen ein offizielles Anschreiben an das zuletzt zuständige Einwohner*innenmeldeamt versendet worden, mit der Bitte die alte Adresse abzugleichen und die neue mitzuteilen. Alle Einwohner*innenmeldeämter waren sehr bemüht, konnten jedoch nicht immer mit einer Folgeadresse helfen. Beunruhigenderweise konnten fünf der zu diesem Zeitpunkt 151 Volljährigen keinem der Meldeämter zugeordnet werden; bei weiteren 31 kamen die Anschreiben an die laut des jeweils zuständigen Einwohner*innenmeldeamts gültige Adresse mit dem Hinweis „Unbekannt verzogen“ zurück. Inwieweit dieser Umstand auf das im Jahr 2002 veränderte Melderechtsrahmengesetz (MRRG) zurückzuführen ist, kann an dieser Stelle nicht beantwortet werden. Im novellierten MRRG entfällt nach § 11 die „Pflicht zur Abmeldung eines Bürgers“, sofern der Umzug innerhalb Deutschlands stattfindet. Auch die Nutzung des kostenpflichtigen Service „Lieferung aktueller Umzugsdaten" der Deutschen Post/Dialogmarketing führte zu keinem Ergebnis, sodass in dem zweiten Erhebungszeitraum letztlich nur 115 der 151 mittlerweile volljährigen KiD-Kinder gefunden werden konnten. Im dritten Erhebungszeitraum gestaltete sich dieser Arbeitsschritt ähnlich schwierig, sodass von den 89 jetzt erwachsenen KiD-Kindern der Zeitspanne 01.04.2012 bis 31.03.2018 lediglich 31 erreicht werden konnten.

Parallel zur Suche in der analogen Welt startete sowohl 2013 als auch 2019 die Suche im Internet, konkret über das soziale Netzwerk Facebook. Die digitale Recherche war überraschenderweise völlig erfolglos, was möglicherweise damit zusammenhängt, dass die Kontaktanfrage bei den namentlich gefundenen potenziell ehemaligen KiD-Kindern nicht als „Freund" erfolgte und somit entlang der Facebook-Logik in einem anderen Ordner hinterlegt worden ist.

Bei den ermittelten Anschriften ist im nächsten Schritt ein Brief an das erwachsene KiD-Kind oder die Sorgeberechtigten geschickt worden, mit der Bitte den beiliegenden kurzen Fragebogen im frankierten Rückumschlag zurückzusenden.

Der Rücklauf aus den aufwendigen im Zeitraum April bis September 2013 sowie Juni bis November 2019 telefonisch, postalisch und digital durchgeführten Recherchen liegt bei 36 %. Anders formuliert gibt es persönliche Rückmeldungen von 52 der 146 „gefundenen" von insgesamt 240 Volljährigen. Das bleibt einerseits hinter der erwarteten Datenmenge zurück, ist andererseits im Vergleich zu der oft einstelligen Rücklaufquote bei Befragungen im sozialwissenschaftlichen Feld zufriedenstellend.

Arbeitsschritt 2 C: Interviews

Wurde das Forschungsdesign schon 2012 durch den Fragebogen erweitert, so kam auf Wunsch des KiD 2018 mit dem Expert*inneninterview ein Instrument der qualitativen Forschung hinzu. Letzteres eignet sich „zur Rekonstruktion komplexer Wissensbestände" (Meuser/Nagel 2013, 457). In der KiD-VS folgt das Forscherinnenteam der Expert*innendefinition von Gläser und Laudel:

> „Experte" beschreibt die spezifische Rolle des Interviewpartners als Quelle von Spezialwissen über die zu erforschenden sozialen Sachverhalte. Experteninterviews sind eine Methode, dieses Wissen zu erschließen. (2010, 12)

Ziel war es, den jetzt erwachsenen KiD-Kindern als Expert*innen ihrer jeweiligen Situation auf Augenhöhe zu begegnen und dabei deutlich zu machen, welcher Bedarf an Informationen besteht. Dazu war es notwendig, eine selbstläufige Präsentation von möglichst vielen Informationen zu den zwei durch das KiD und das Forschungs- und Fortbildungszentrum KindgeRECHT formulierten Oberkategorien „Transgenerationale Weitergabe von Gewalterfahrungen" sowie „Beteiligung durch Akteure der Jugendhilfe" mittels eines im Vorfeld ausgearbeiteten Interviewleitfadens (siehe Anhang) zu erlangen.

Vier jetzt erwachsene Ehemalige signalisierten ihre Bereitschaft und dementsprechend sind im Zeitraum September bis November 2019 vier Interviews geführt worden, die in Anlehnung an Przyborski und Wohlrab-Sahr jeweils sechs Phasen durchliefen (Przyborski/Wohlrab-Sahr 2014, 125):

Phase eins beinhaltete ein „Vorgespräch", in dem die Erläuterung des Forschungsinteresses und die Anerkennung des Expert*innenstatus stattfand. Hier erfolgte die Klärung der Rahmenbedingungen wie Zusicherung der Anonymität, Dauer des Interviews, Aufzeichnungserlaubnis sowie Vereinbarung zum Datenschutz. Als „Gelegenheit zur Selbstpräsentation der Experten" kann die zweite Phase beschrieben werden. In Phase drei wurde die „selbstläufige Sachverhaltsdarstellung" durch eine offene Frage stimuliert, wobei das Gegenüber nicht unterbrochen werden durfte. Mit der „Aufforderung zur beispielhaften und ergänzenden Detaillierung" wurde durch immanentes Nachfragen der Detaillierungsgrad nachjustiert sowie Auslassungen oder konkrete Beispiele zum besseren Verständnis erfragt. Einige Fragen des Leitfadens hatten sich meist in dieser Phase bereits geklärt. Mit der „Aufforderung zur spezifischen Sachverhaltsdarstellung" konnten durch exmanentes Nachfragen noch fehlende Sachverhalte oder Themen geklärt werden. Abschließend erfolgte die Phase der „Aufforderung zu Theoretisierung/Generierung von Deutungswissen". Hier wurden Interpretationen dadurch provoziert, indem der*die Expert*in gebeten worden ist, eigene Einschätzungen bzw. Rückschlüsse vorzunehmen (Beckmann/Ehlting/Klaes 2018, 81).

Zur Auswertung qualitativ erhobenen Datenmaterials gibt es grundsätzlich verschiedene Analyseverfahren. Für die Bearbeitung der drei Expert*inneninterviews schien die Methode der qualitativen Inhaltsanalyse[3] am geeignetsten. Diese nutzt eine systematisierende Technik, ohne dabei in vorschnelle Quantifizierungen abzurutschen. Das Datenmaterial wird streng methodisch kontrolliert und schrittweise analysiert.

3 Die qualitative Inhaltsanalyse wurde im deutschsprachigen Raum vor allem von Philipp Mayring entwickelt und steht in der Tradition sozialwissenschaftlicher Textanalysemethoden wie der objektiven Hermeneutik und der Grounded Theory (Mayring 2000).

Gläser und Laudel haben das Verfahren von Mayring abgewandelt und vier Schritte der Datengewinnung eingeführt, die auch bei den vorliegenden Interviews zur Anwendung kamen (2010, 206 ff.).

Vorbereitung der Extraktion: Die Interviews wurden transkribiert. Da sich der Umfang mit rund drei Stunden Interviewmaterial im überschaubaren Rahmen hielt, ist auf die Bearbeitung mittels der Software MAXQDA verzichtet worden. Die Entwicklung des Suchrasters stützte sich auf die theoretischen Vorüberlegungen.

Bei der *Extraktion* wurde das Material nach relevanten Informationen durchsucht. Die Textpassagen mit relevanten Informationen wurden markiert und den zwei Oberkategorien zugeordnet. Ließen sich Informationen dem Kategoriensystem nicht oder nicht eindeutig zuordnen, wurden die Kategorien entweder modifiziert, erweitert oder neu gebildet, um eine klare Zuordnung zu ermöglichen. Die Extraktion wurde immer nur im Originaltext vollzogen. Die *Aufbereitung der Daten* erfolgte mit dem Ziel, die Qualität des Materials zu verbessern. Verstreuungen wurden zusammengefasst, redundante Informationen beseitigt und eine Fehlerkorrektur durchgeführt. Widersprüchliche Informationen gelten in diesem Zusammenhang nicht als Fehler, sondern sind als interpretationswürdige Daten weiter mitgeführt worden.

Für die *Auswertung* gibt es kein festgelegtes Verfahren; in der vorliegenden Studie wurden vor allem Gemeinsamkeiten und Unterschiede im Kontext der zwei Themenfelder „Beteiligung durch Akteure der Jugendhilfe (KiD/Jugendamt)" sowie „transgenerationale Weitergabe von Gewalterfahrungen" herausgearbeitet und interpretiert.

Literatur

Beckmann, Kathinka (2014): Kinderschutz in öffentlicher Verantwortung. Eine Verlaufsstudie von 346 Werdegängen im Kontext kommunaler Sozial- und Haushaltspolitik. 2. aktualisierte und erweiterte Auflage. Schwalbach/Ts.

Beckmann, Kathinka/Ehlting, Thora/Klaes, Sophie (2018): Berufliche Realität im Jugendamt: der ASD in strukturellen Zwängen. 2. korrigierte Auflage. Berlin.

Biesel, Kay (2011): Wenn Jugendämter scheitern. Zum Umgang mit Fehlern im Kinderschutz. Bielefeld.

Diekmann, Andreas (2002): Empirische Sozialforschung. Grundlagen, Methoden, Anwendungen. Hamburg.

Dilling, Horst/Freyberger, Harald J. (Hg.) (1999): Taschenführer zur Klassifikation psychischer Störungen. Bern.

Gläser, Jochen/Laudel, Grit (2010): Experteninterviews und qualitative Inhaltsanalyse. 4. Auflage. Wiesbaden.

Hoffmeyer-Zlotnik, Jürgen H. P./Hess, Doris/Geis, Alfons J. (2004): Computerunterstützte Vercodung der International Standard Classification of Occupations (ISCO-88). In: ZUMA-Nachrichten, Nr. 55, S. 29–52.

Meuser, Michael/Nagel, Ulrike (2013): Experteninterviews – wissenssoziologische Voraussetzungen und methodische Durchführung. In: Friebertshäuser, Barbara/Langer, Antje/Prengel, Annedore (Hg.): Qualitative Forschungsmethoden in der Erziehungswissenschaft. 4. durchgesehene Auflage. Weinheim/Basel.

Meysen, Thomas/Eschelbach, Diana (2012): Das neue Bundeskinderschutzgesetz. Baden-Baden.

Mayring, Phillip (2000): Qualitative Inhaltsanalyse. In: Forum Qualitative Social Research. Online unter: http://www.qualitative-research.net/index.php/fqs/article/view/1089/2383#g4

Przyborski, Aglaja/Wohlrab-Sahr, Monika (2014): Qualitative Sozialforschung. Ein Arbeitsbuch. 2. Auflage. München.

Schneider, Armin (2013): Fragebogen in der Sozialen Arbeit. Opladen/Toronto.

Anhang

Grunddaten der Aktenanalyse

Geschlecht	Häufigkeit	Prozent	Gültige Prozente
männlich	241	49,4	50,3
weiblich	238	48,8	49,7
Gesamt	**479**	**98,2**	**100**

Tabelle 1: Geschlecht

Alter bei Aufnahme	Häufigkeit	Prozent	Gültige Prozente
2	1	0,2	0,2
3	11	2,3	2,3
4	35	7,2	7,3
5	51	10,5	10,7
6	48	9,8	10
7	67	13,7	14
8	73	15	15,3
9	66	13,5	13,8
10	56	11,5	11,7
11	38	7,8	7,9
12	22	4,5	4,6
13	10	2	2,1
Gesamt	**478**	**98**	**100**

Tabelle 2: Alter bei Aufnahme
Durchschnittsalter: 7,8 Jahre

Familienkonstellation Lebensort	Häufigkeit	Prozent	Gültige Prozente	Kumulierte Prozente
Eltern + Geschwister	72	14,8	15,1	15,1
Eltern	8	1,6	1,7	16,7
Mutter	93	19,1	19,5	36,2
Mutter + neuer Lebenspartner	72	14,8	15,1	51,3
Vater	23	4,7	4,8	56,1
Vater + neue Lebenspartnerin	15	3,1	3,1	59,2
Großeltern/sonstige Verwandte	20	4,1	4,2	63,4
Pflegefamilie	52	10,7	10,9	74,3
Adoptivfamilie	1	0,2	0,2	74,5
Wohngruppe	64	13,1	13,4	87,9
spezialisierte Wohngruppe (psychiatrische WG, heilpäd. WG etc.)	17	3,5	3,6	91,4
Klinik/Krankenhaus	20	4,1	4,2	95,6
Sonstiges	19	3,9	4	99,6
keine Angabe	2	0,4	0,4	100
Gesamt	**478**	**98**	**100**	

Tabelle 3: Familienkonstellation Lebensort vor KiD

Lebensort recodiert	Häufigkeit	Prozent
familiärer Lebensort	356	72
nicht familiärer, finanzierter Lebensort	133	28
Gesamt	**476**	**100**

Tabelle 4: Lebensort recodiert

Art der Maßnahme	Anzahl	Prozent
Sozialpädagogische Familienhilfe (SPFH)	259	58
Einzelfallhilfe/Erziehungsbeistand	36	8
zwischenzeitliche Fremdunterbringung	247	55
andauernde Fremdunterbringung	109	24
ambulante therapeutische Maßnahme	239	53
Sonstiges	254	57

Tabelle 5: Art der Maßnahme

Zahl der Maßnahmen	Anzahl	Prozent
1 Maßnahme	89	19
2 Maßnahmen	145	31
3 Maßnahmen	110	23
4 Maßnahmen	85	18
5 Maßnahmen	19	4
keine Maßnahme	23	5
Gesamt	**471**	**100**

Tabelle 6: Zahl der Maßnahmen

Impulsgeber*innen für Aufnahme	Häufigkeit	Prozent	Gültige Prozente	Kumulierte Prozente
bisherige Hilfe (spez. Abt. v. JA)	145	29,7	30,5	50
Jugendamt	114	23,4	23,9	73,9
Kernfamilie	104	21,3	21,8	95,8
Schule	32	6,6	6,7	14,9
Kindergarten/Kinderhort/Kita	27	5,5	5,7	8,2
Arzt/Ärztin/Klinik	22	4,5	4,6	19,5
Polizei/Staatsanwaltschaft/Gericht	8	1,6	1,7	97,5
keine Angabe	7	1,4	1,5	100
Sonstige	5	1	1,1	98,5
Verwandte	5	1	1,1	1,1
Freund*Innen/Bekannte der Familie	4	0,8	0,8	1,9
Nachbar*innen	3	0,6	0,6	2,5
Gesamt	**476**	**97,5**	**100**	

Tabelle 7: Impulsgeber*innen für Aufnahme

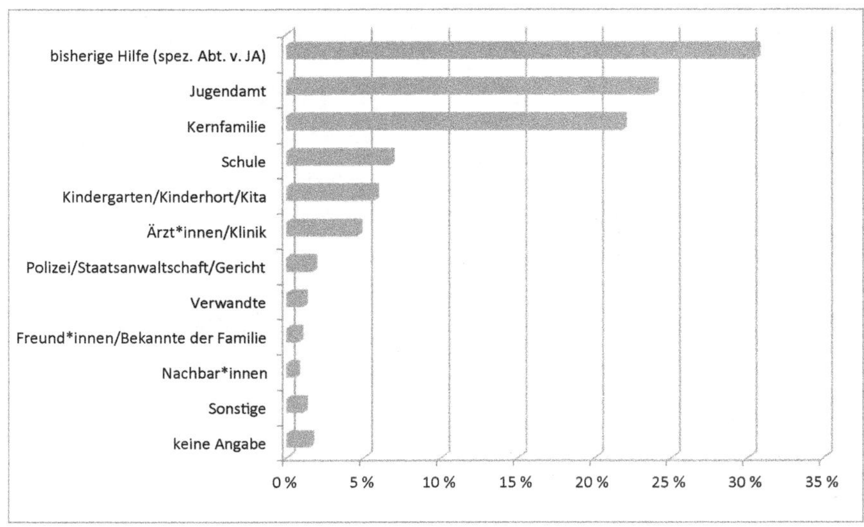

Abbildung 1: Impulsgeber*innen vor Aufnahme

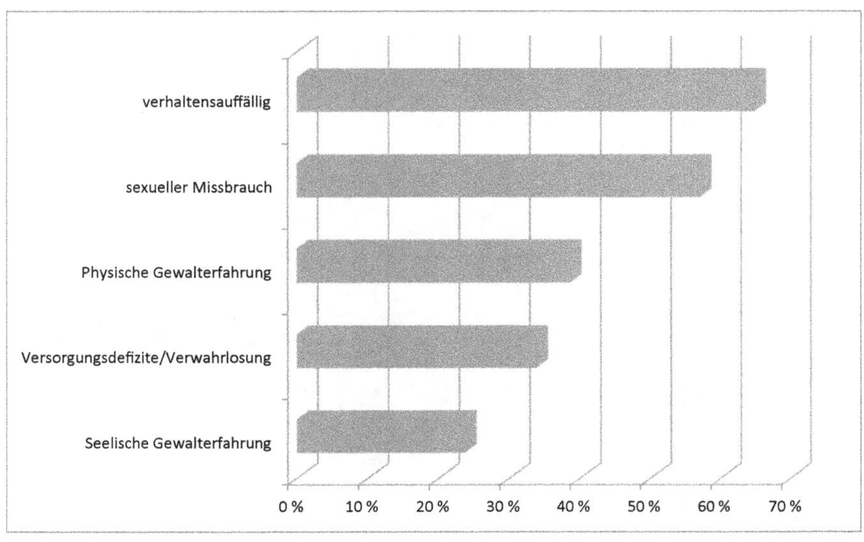

Abbildung 2: Verdachtsdiagnosen

Impulsgeber für Verdachts-diagnose	sexueller Missbrauch	physische Gewalt-erfahrung	seelische Gewalt-erfahrung	Verwahr-losung	Verhaltens-auffällig-keit
Verwandte	1	1	1	3	2
Freund*innen/Bekannte der Familie	3	2	1	2	1
Nachbar*innen	3	2	1	2	3
Kindergarten/Kinderhort/Kita	14	12	6	8	12
Schule	12	15	7	13	18
Arzt/Ärztin/Klinik	10	10	4	7	13
bisherige Hilfe (spez. Abt. v. JA)	84	64	44	61	112
Jugendamt	69	49	31	46	67
Kernfamilie	66	20	12	15	75
Polizei/Staatsanwaltschaft/Gericht	4	4	1	2	0
Sonstiges	3	4	5	1	4
Keine Angabe	3	1	0	1	2
Gesamt	**272**	**184**	**113**	**161**	**309**

Tabelle 8: Impulsgeber für Verdachtsdiagnose

Verdachtsdiagnose/Diagnose physische Gewalterfahrung	keine	Gewalt-erfahrung	möglich	k. A.	Gesamt
keine physische Gewalterfahrung	125	137	14	9	285
physische Gewalterfahrung	39	139	3	3	184
keine Angabe	3	1	1	3	8
Gesamt	**167**	**277**	**18**	**15**	**477**

Tabelle 9: Verdachtsdiagnose/Diagnose physische Gewalterfahrung

Verdachtsdiagnose/Diagnose Versorgungsdefizit	keine	Versor-gungs-defizite	möglich	k. A.	Gesamt
kein Versorgungsdefizit	116	182	3	6	307
Versorgungsdefizite/Verwahr-losung	6	148	1	6	161
keine Angabe	2	4	0	3	9
Gesamt	**124**	**334**	**4**	**15**	**477**

Tabelle 10: Verdachtsdiagnose/Diagnose Versorgungsdefizit

Verdachtsdiagnose/Diagnose sexueller Missbrauch	kein	sexueller Miss-brauch	möglich	k. A.	Gesamt
kein sexueller Missbrauch	122	42	29	6	199
sexueller Missbrauch	56	151	59	6	272
keine Angabe	2	0	1	3	6
Gesamt	**180**	**193**	**89**	**15**	**477**

Tabelle 11: Verdachtsdiagnose/Diagnose sexueller Missbrauch

Geschlecht/Diagnose sex. Missbrauch	kein	sexueller Miss-brauch	unklar	k. A.	Gesamt
männlich	115	76	42	8	241
weiblich	66	117	47	7	237
Gesamt	**181**	**193**	**89**	**15**	**478**

Tabelle 12: Geschlecht/Diagnose sex. Missbrauch

Schädiger*in	ja	möglich	nein	k. A.	Summe
mehrere Geschwister der Sorge-berechtigten	1	3	464	10	478
Pflegebruder	2	2	464	10	478
Sohn vom neuen Lebenspartner	2	3	463	10	478
Halbschwester	3	2	463	10	478
Tante	3	2	463	10	478
neue Lebenspartnerin d. Vaters	3	3	462	10	478
Pflege-/Adoptivmutter	3	4	460	11	478
Freundin der Familie	4	1	463	10	478
Halbbruder	5	3	460	10	478
mehrere Geschwister	6	1	460	11	478
sonstige Verwandte	6	5	457	10	478
unbekannt	7	14	447	10	478
Pflege-/Adoptivvater	8	3	456	11	478
Großmutter	9	10	449	10	478
Onkel	9	18	441	10	478
Schwester	10	3	455	10	478
familienextern: erwachsen	22	20	426	10	478
Bruder	24	15	429	10	478
Freund der Familie	26	15	427	10	478
Großvater	26	19	423	10	478
familienextern: minderjährig	30	24	414	10	478
neuer Lebenspartner d. Mutter	66	32	371	9	478
Vater	120	78	271	9	478
Mutter	128	33	307	10	478

Tabelle 13: Schädiger*in

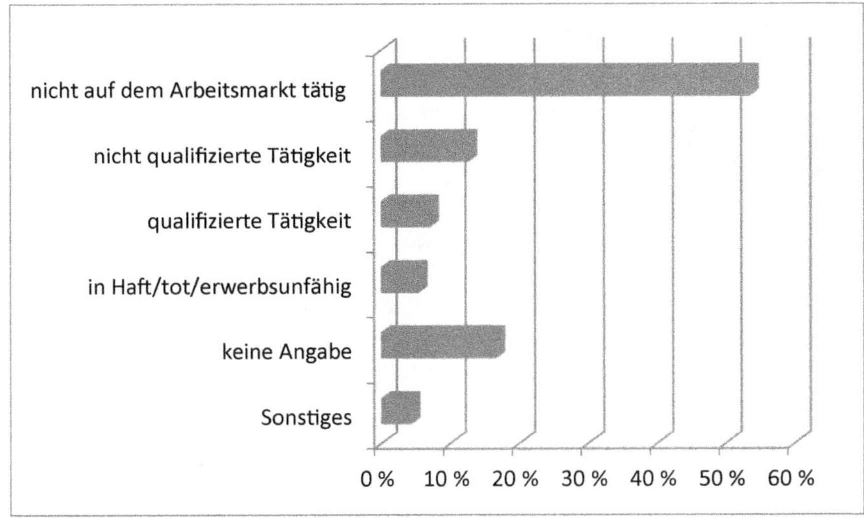

Abbildung 3: Beruf Mutter

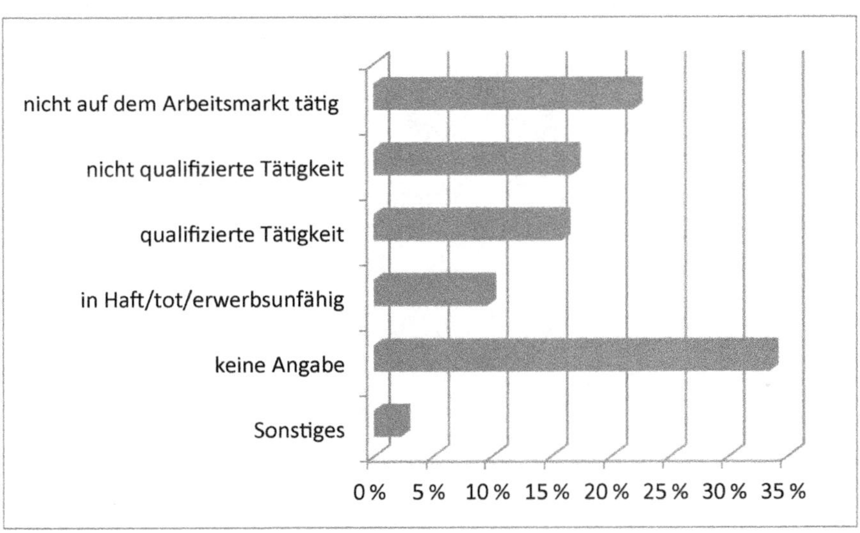

Abbildung 4: Beruf Vater

Phys. Gewalter-fahrung Mutter		keine	phys. GE Kind	möglich	keine Angabe	Gesamt
nein	Anzahl Anteil	49 47%	52 50%	3 3%	1 1%	105 100%
ja (phys. Gewal-terfahrung)	Anzahl Anteil	88 32%	172 62%	11 4%	5 2%	276 100%
möglicherweise	Anzahl Anteil	16 55%	12 41%	0 0%	1 3%	29 100%
keine Angabe	Anzahl Anteil	15 22%	41 60%	4 6%	8 12%	68 100%
Gesamt	**Anzahl Anteil**	**168 35%**	**277 58%**	**18 4%**	**15 3%**	**478 100%**

Tabelle 14: Phys. Gewalterfahrung Mutter

Sex. Gewalter-fahrung Mutter		kein	Sex. GE Kind	möglich	keine Angabe	Gesamt
nein	Anzahl Anteil	79 43%	70 38%	32 18%	2 1%	183 100%
ja (sex.GE)	Anzahl Anteil	44 29%	68 45%	38 25%	2 1%	152 100%
möglicherweise	Anzahl Anteil	21 36%	26 44%	10 17%	2 3%	59 100%
keine Angabe	Anzahl Anteil	37 44%	29 35%	9 11%	9 11%	84 100%
Gesamt	**Anzahl Anteil**	**181 0%**	**193 0%**	**89 0%**	**15 0%**	**478 100%**

Tabelle 15: Sex. Gewalterfahrung Mutter

Diagnose	ja	möglich
posttraumatische Belastungsstörung	262	2
reaktive Bindungsstörung	304	8
Störung des Sozialverhaltens	197	0
emotionale Störung mit Trennungsangst	61	5
nicht näher bezeichn. Entwicklungsstörung	118	0
Entwicklungsstörung (mot., sprachl. Defizite etc.)	250	1
Enuresis (Einnässen)	140	0
Enkopresis (Einkoten)	51	1
Persönlichkeitsstörung	64	6
sexueller Missbrauch	193	89
Gewalterfahrung/körperliche Misshandlung	277	18
Versorgungsdefizite	334	4
Nicht organische Schlafstörungen	157	3
Anpassungsstörung	98	2
Angststörung	37	0
somatoforme Störung	94	4
hohes Angstniveau	233	0
depressiver Verarbeitungsmodus	254	0

Tabelle 16: Diagnose

Symptom	ja	möglich
Affektlabilität/Affektisolation	195	3
dissoziative Zustände	99	2
Borderline-Anteile	42	1
aggressive Verhaltensweisen	340	1
autoaggressive Verhaltensweisen	101	0
Pseudodebilität	30	3
sexuell entgrenztes Verhalten	277	1

Tabelle 17: Symptom

	Empfehlung gefolgt	Empfehlung nicht gefolgt	Gesamt
Düsseldorf	115	36	151
andere	231	79	310
Gesamt	**346**	**115**	**461**

Tabelle 18: Empfehlungen des KiD gefolgt/nicht gefolgt

Fragebogen

Bitte kreuzen Sie in den Kästchen an oder benennen Sonstiges

1. Ich habe einen Hauptschulabschluss ____, einen Realschulabschluss ____, das Abitur ____, einen Fachhochschulabschluss ____, Hochschulabschluss ____, keinen Schulabschluss ____.

2. Ich bin in beruflicher Ausbildung ja ____/nein ____ bzw. ich habe eine berufliche Ausbildung ja ____/nein ____.

3. Zurzeit bin ich
   - in meinem Beruf tätig ____,
   - in ungelernter Tätigkeit ____,
   - arbeitslos ____,
   - in Elternzeit ____,
   - Sonstiges ____.

4. Mein Familienstand ist
   ledig ____, verheiratet ____, geschieden ____, verwitwet ____.

   Zurzeit lebe ich
   allein ____, mit einem*r Partner*in zusammen ____, von meinem*r Partner*in getrennt ____.

5. Ich habe ____ Kind/Kinder und war bei der Geburt meines ersten Kinds ____ Jahre alt.

6. Ich selbst bin noch in einer Jugendhilfemaßnahme ja ____/nein ____; mein Kind/meine Kinder sind in einer Jugendhilfemaßnahme ja ____/nein ____.

7. Meine Meinung zur Jugendhilfemaßnahme wurde von den Fachkräften erfragt

vor meiner Zeit im KiD	im KiD	nach meiner Zeit im KiD
ja ____ nein ____	ja ____ nein ____	ja ____ nein ____

Meine Meinung zur Jugendhilfemaßnahme war bedeutsam für die getroffene Entscheidung

vor meiner Zeit im KiD	im KiD	nach meiner Zeit im KiD
ja ____ nein ____	ja ____ nein ____	ja ____ nein ____

Ich hätte mir mehr Mitsprachemöglichkeiten gewünscht

vor meiner Zeit im KiD	im KiD	nach meiner Zeit im KiD
ja ____ nein ____	ja ____ nein ____	ja ____ nein ____
Wenn ja, welche		

8. Lebensweg seit Entlassung aus dem KiD
   - weitere Jugendhilfemaßnahme: stationär ____/ambulant ____;
   - Obdachlosigkeit ____;
   - Psychiatrieaufenthalt ____;
     wenn ja, mit therapeutischer Unterstützungsleistung ja ____/nein ____.

   - Sonstiges: ____
     ____

Wenn Sie sich für ein Interview zur Verfügung stellen würden, tragen Sie hier bitte Ihre Daten ein:

Name: ____

E-Mail-Adresse: ____

Telefonnummer: ____

Herzlichen Dank für Ihre Unterstützung!

Interviewleitfaden

Entwurf Leitfaden

Einleitend …
Zunächst möchte ich mich bei Ihnen bedanken, dass Sie sich bereit erklärt haben, mit mir dieses Interview zu führen . Diese Befragung wird von mir im Rahmen der Werdegangsrecherche des KiD Düsseldorf durchgeführt und analysiert. Das Forschungsprojekt verfolgt das Ziel, einen Einblick in die Betreuungssituation aus Sicht der damals dort lebenden Kinder zu gewinnen. Das Interview wird ca. 45 Minuten in Anspruch nehmen. Ich freue mich sehr, dass Sie das Forschungsprojekt unterstützen und sich für das Interview zur Verfügung stellen.

Die Interviews fließen mit in die Studie ein. Um das Gespräch vollständig dokumentieren und anschließend auswerten zu können, möchte ich das Interview gern auf Tonband aufzeichnen, damit ich mich auf das Gespräch konzentrieren kann. Diese Dokumentation wird ausschließlich für wissenschaftliche Zwecke verwendet und selbstverständlich anonym behandelt. … Sind Sie damit einverstanden?

Auf Nachfrage: Die Aufzeichnungen werden verschriftlicht und ausgewertet. Die verschriftlichten Daten sowie die Aufzeichnungen werden nach der Verwendung vernichtet und sind während der Studie für keinen anderen als die Forschenden zugänglich.

1. Einstiegsfrage

Unsere Studie beschäftigt sich mit dem Werdegang von Kindern, die ehemals im KiD gelebt haben. Zu Beginn würde ich Sie gerne fragen:

Wie würden Sie die Geschichte Ihrer Familie und das Zusammenleben beschreiben? Wer gehörte zur Familie dazu und welche Beziehungen gab es untereinander? (Was wissen Sie über die Biografie Ihrer Eltern? Gibt es irgendetwas, bei dem Sie das Gefühl haben, dass es sich bei Ihnen wiederholt?

2. Weitere Vertiefungsfragen/Themenblöcke

2.1 Zeit im KiD/Beteiligung

2.1.1 In welcher Lebenssituation haben Sie sich vor der Aufnahme im KiD befunden?
Wie haben Sie von der bevorstehenden Aufnahme erfahren, wer hat Sie darüber informiert?

2.1.2 Welche Möglichkeiten gab es für Sie, Ihre Wünsche und Meinung zu äußern? Was passierte mit diesen Informationen?

2.1.3 In welcher Form haben nach der Aufnahme im KiD Kontakte und Gespräche mit Ihrem*r Jugendamtssachbearbeiter*in/Vormund stattgefunden? Wie haben Sie diese Gespräche erlebt?

2.1.4 Welche Möglichkeiten hatten Sie, von sich aus Kontakt zum*r Sachbearbeiter*in/Vormund aufzunehmen?

2.1.5 Glauben Sie, dass je nach Alter Ihre Anliegen anders berücksichtigt worden wären?

2.1.6 Wie haben Sie die Zeit im KiD erlebt? WAS haben Sie DORT als hilfreich erlebt, was als hinderlich in Bezug auf Ihre persönliche Entwicklung?

2.1.7 Hatte Ihr*e Mentor*in da eine besondere Bedeutung?

2.2 Familiensystem

2.2.1 Kommen wir zu Ihrer aktuellen Lebenssituation. Erzählen Sie doch mal, wie sich Ihr Leben aktuell gestaltet.
(Wer gehört dazu, Beziehung/Kontakt zu Familie, Partnerschaften, Werdegang/Beruf)

2.2.2 Wenn Sie Ihre bisherigen Beziehungen reflektieren, können Sie da Parallelen zu Ihre Herkunftsfamilie erkennen?
(Hier: Gibt es irgendetwas, bei dem Sie das Gefühl haben, dass es sich bei Ihnen wiederholt?)

2.2.3 Welche pädagogischen Herausforderungen erleben Sie mit Ihren Kindern? Haben Sie besondere Strategien im Umgang damit? Erhalten Unterstützung, wenn ja, von wem?

2.3 Abschlussfragen

2.3.1 Versuchen Sie noch einmal, Ihre Perspektive als Kind im KiD einzunehmen: Welche positiven und negativen Erinnerungen verbinden Sie mit der Zeit in der Gruppe?

2.3.2 Und wenn wir aus heutiger Sicht darauf schauen, schätzen Sie dann einige Situationen anders ein?

Abschließende Fragen

An dieser Stelle würde ich gerne noch ein paar Fragen zu Ihrer Person stellen.

3.1 Wie alt sind Sie?
3.2 In welchem Alter und wie lange haben Sie im KiD gelebt?
3.3 Wenn Sie den Wunsch frei hätten, den Aufenthalt im KiD zu verändern, wie würde das dann aussehen?
3.4 Gibt es noch eine Anregung oder Anmerkung, die Sie mir mit auf den Weg geben wollen, die Ihnen wichtig erscheint, aber nicht angesprochen wurde? Blieb aus Ihrer Sicht eine wichtige Frage ungestellt?

Herzlichen Dank für die Zeit, die Sie sich genommen haben und dass Sie für das Interview zur Verfügung standen.

Autorinnen und Autoren

KATHINKA BECKMANN sammelte Berufserfahrung unter anderem in einem Jugendamt und in der stationären Jugendhilfe. Seit 2007 ist sie Professorin im Studiengang „Pädagogik der Frühen Kindheit“ an der Hochschule Koblenz und leitet dort den Studienschwerpunkt „Kinderschutz & Diagnostik“ im Master Kindheits- und Sozialwissenschaften. Im Jahr 2018 wurde ihr der Gert-Unterberg-Preis für besonderes Engagement im Kinderschutz verliehen.

FRANZISKA BREITFELD ist Volljuristin. Sie studierte Jura in Berlin und Leuven (Belgien) mit Schwerpunkt Rechtspolitik und Rechtsgestaltung sowie Childhood Studies & Children's Rights in Berlin und London. Sie leitet das Forschungs- und Fortbildungszentrum KindgeRECHT.

CLAUS GOLLMANN ist Paar- und Familientherapeut, Supervisor sowie Kinder- und Jugendlichenpsychotherapeut. Er entwickelte und leitet die erste stationäre diagnostisch/therapeutische Facheinrichtung für gewaltgeschädigte Kinder („KiD Kind in Düsseldorf“) und ist Gründer und Geschäftsführer der Dachorganisation „KiD Kind in Diagnostik“.

VERA MORAWETZ ist Psychologische Psychotherapeutin. Sie ist sowohl im Gesundheitssystem als auch in der Jugendhilfe sowie in der Fort- und Weiterbildung tätig. Schwerpunkte ihrer Arbeit liegen in der Arbeit bei „KiD Kind in Düsseldorf“ sowie der Dachorganisation „KiD Kind in Diagnostik“.

KATJA WERNER ist Sozialarbeiterin und Kriminologin. Sie studierte in Nürnberg, Örebro (Schweden) und Hamburg. Sie ist als wissenschaftliche Mitarbeiterin im Forschungs- und Fortbildungszentrum KindgeRECHT tätig. Ihre Schwerpunkte sind Gewaltschutz, Gewalt unter Kindern und Diskriminierung von Kindern.

Danksagung

Die Autor*innen bedanken sich sehr herzlich bei den ehemaligen KiD-Kindern, die an der Befragungen und den Interviews teilgenommen haben sowie bei den (Mit-)Forschenden Thora Ehlting, Sophie Klaes und Olli S.